Livre

Lea Ypi

Livre

Virando adulta no
fim da história

tradução
Pedro Maia Soares

todavia

À memória de minha avó Leman Ypi (Nini), 1918-2006

Os seres humanos não fazem história por vontade própria. Mas mesmo assim fazem história.

Rosa Luxemburgo

Parte I

1. Stálin **13**

2. O outro Ypi **25**

3. 471: uma breve biografia **39**

4. Tio Enver nos deixou para sempre **49**

5. Latas de coca-cola **61**

6. Camarada Mamuazel **73**

7. Eles cheiram a protetor solar **85**

8. *Brigatista* **101**

9. Ahmet obteve seu diploma **115**

10. O fim da história **125**

Parte II

11. Meias cinza **143**

12. Uma carta de Atenas **157**

13. Todo mundo quer ir embora **173**

14. Jogos competitivos **185**

15. Eu sempre carregava uma faca **197**

16. É tudo parte da sociedade civil **209**

17. O Crocodilo **223**

18. Reformas estruturais **235**

19. Não chore **245**

20. Como o resto da Europa **257**

21. 1997 **267**

22. Os filósofos têm apenas interpretado o mundo; a questão, porém, é transformá-lo **285**

Epílogo **295**

Agradecimentos **301**

Parte I

Parte I

I.
Stálin

Nunca questionei o significado da liberdade até o dia em que abracei Stálin. De perto, ele era muito mais alto do que eu esperava. Nossa professora Nora tinha nos contado que imperialistas e revisionistas gostavam de enfatizar que Stálin era um homem baixo. Na verdade, ele não era tão baixo quanto Luís XIV, cuja altura, disse ela, eles estranhamente nunca mencionavam. De qualquer modo, acrescentou ela gravemente, concentrar-se nas aparências e não no que de fato importava era um erro típico do imperialismo. Stálin era um gigante, e seus feitos eram muito mais relevantes do que seu físico.

O que tornava Stálin realmente especial, esclareceu ela, era que ele sorria com os olhos. Dá para acreditar nisso? Sorrir com os olhos? Isso porque o bigode amigável que adornava seu rosto cobria seus lábios, de modo que, se você se concentrasse apenas nos lábios, nunca saberia se Stálin estava sorrindo ou fazendo outra coisa. Mas bastava dar uma olhada em seus olhos, penetrantes, inteligentes e castanhos, para saber. Stálin estava sorrindo. Algumas pessoas são incapazes de olhar nos olhos. Elas claramente têm algo a esconder. Stálin olhava diretamente para você, e se ele quisesse, ou se você se comportasse bem, seus olhos sorririam. Ele sempre usava um casaco despretensioso e sapatos marrons simples, e gostava de colocar a mão direita sob o lado esquerdo do casaco, como se estivesse segurando seu coração. A mão esquerda, muitas vezes ele a enfiava no bolso.

"No bolso?", perguntamos. "Não é mal-educado andar com a mão no bolso? Os adultos sempre nos dizem para tirar a mão do bolso."

"Bem, sim", disse Nora. "Mas faz frio na União Soviética. E de qualquer modo", acrescentou ela, "Napoleão também sempre estava com a mão no bolso. Ninguém nunca disse que isso era mal-educado."

"Não no bolso do casaco", disse eu timidamente. "No seu colete. Na época dele, isso era um sinal de boa educação."

A professora Nora me ignorou e estava prestes a responder a outra pergunta.

"*E* ele era baixo", interrompi.

"Como você sabe?"

"Minha avó me contou."

"O que ela lhe disse?"

"Ela me disse que Napoleão era baixo, mas quando o professor de Marx, Hangel, ou Hegel, não me lembro, o viu, disse que se podia ver o espírito do mundo montado num cavalo."

"Hangel", ela corrigiu. "Hangel estava certo. Napoleão mudou a Europa. Ele espalhou as instituições políticas do Iluminismo. Foi um dos grandes. Mas não tão grande quanto Stálin. Se o professor de Marx, Hangel, tivesse visto Stálin em pé, obviamente não em um cavalo, mas talvez em um tanque, ele também teria afirmado enxergar o espírito do mundo. Stálin foi uma fonte vital de inspiração para muito mais gente, para milhões de nossos irmãos e irmãs na África e na Ásia, não só na Europa."

"Stálin amava as crianças?", perguntamos.

"Claro que sim."

"Até mais do que Lênin?"

"Quase o mesmo tanto, mas seus inimigos sempre tentaram esconder isso. Eles fizeram Stálin parecer pior do que Lênin porque Stálin era mais forte e muito, muito mais perigoso para eles. Lênin mudou a Rússia, mas Stálin mudou o mundo. É por isso que o fato de Stálin amar as crianças tanto quanto Lênin nunca foi devidamente relatado."

"Stálin amava as crianças tanto quanto o tio Enver?"

A professora Nora hesitou.

"Ele as amava mais?"

"Vocês sabem a resposta", disse ela com um sorriso caloroso.

É possível que Stálin amasse crianças. É provável que as crianças amassem Stálin. O que é certo, absolutamente certo, é que nunca o amei mais do que naquela tarde chuvosa de dezembro, quando corri do porto para o pequeno jardim perto do Palácio da Cultura, suada, trêmula e com o coração batendo tão forte que pensei que o cuspiria no chão. Eu tinha corrido o mais rápido que pude por mais de um quilômetro e meio quando finalmente avistei o pequeno jardim. Quando Stálin apareceu no horizonte, eu soube que estaria a salvo. Ele estava ali, solene como sempre, com seu casaco despretensioso, sapatos simples de bronze e a mão direita sob o casaco, como se estivesse sustentando seu coração. Parei, olhei em volta para garantir que ninguém estava me seguindo e me aproximei. Com minha bochecha direita pressionada contra a coxa de Stálin e meus braços lutando para circundar a parte de trás de seus joelhos, eu não era visível. Tentei recuperar o fôlego, fechei os olhos e comecei a contar. Um. Dois. Três. Quando cheguei a 37, já não conseguia ouvir os cães ladrarem. O som trovejante de sapatos pisoteando o concreto tornou-se um eco distante. Apenas os slogans dos manifestantes reverberavam ocasionalmente: *"Liberdade, democracia, liberdade, democracia"*.

Quando tive certeza de minha segurança, soltei Stálin. Sentei-me no chão e dei uma olhada mais cuidadosa. As últimas gotas de chuva em seus sapatos estavam secando e a tinta em seu casaco começara a desbotar. Stálin era exatamente como a professora Nora o descrevera: um gigante de bronze com mãos e pés muito maiores do que eu esperava. Inclinando meu pescoço para trás, levantei a cabeça para confirmar que seu bigode realmente cobria o lábio superior e que ele sorria com os olhos.

Mas não havia sorriso. Não havia olhos, lábios, nem mesmo bigode. Os hooligans haviam roubado a cabeça de Stálin.

Cobri minha boca para sufocar um grito. Stálin, o gigante de bronze com o bigode amigável que estava no jardim do Palácio da Cultura desde muito antes de eu nascer, decapitado? Stálin, de quem Hangel teria dito ver o espírito do mundo em cima de um tanque? Por quê? O que eles queriam? Por que gritavam "*Liberdade, democracia, liberdade, democracia*"? O que isso significava?

Eu nunca havia pensado muito na liberdade. Não havia necessidade. Tínhamos muita liberdade. Eu me sentia tão livre que muitas vezes entendia minha liberdade como um fardo e, às vezes, tal qual naquele dia, como uma ameaça.

Não queria acabar em um protesto. Eu mal sabia o que era um protesto. Apenas algumas horas antes, eu estivera parada na chuva perto do portão da escola, imaginando qual caminho seguir de volta para casa, se virar à esquerda, virar à direita ou seguir em frente. Eu era livre para decidir. Cada caminho levantava questões diferentes, e eu tinha de pesar causas e consequências, refletir sobre suas implicações e tomar uma decisão da qual eu sabia que poderia me arrepender.

Certamente, eu estava me arrependendo disso naquele dia. Escolhi com liberdade o caminho a pé para casa e tomei a decisão errada. Acabara de concluir meu turno de limpeza na escola, após o término das aulas. Nós nos revezávamos para limpar nossa sala de aula em grupos de quatro, mas os meninos muitas vezes davam desculpas e só sobravam as meninas. Compartilhei o turno com minha amiga Elona. Em um dia normal, Elona e eu saíamos da escola depois da limpeza, parávamos na velha sentada na calçada na esquina da rua que vendia sementes de girassol e perguntávamos a ela: "Podemos experimentar? São salgadas ou sem sal? Torradas ou não?". A mulher abria um dos três sacos que carregava, o torrado e salgado, o torrado e sem sal, o não torrado e sem sal, e experimentávamos algumas sementes de cada um. Quando tínhamos moedas sobrando, havia muitas possibilidades de escolha.

Depois, virávamos à esquerda para ir à casa de Elona, mastigando sementes de girassol e lutando um pouco para entrar com as chaves enferrujadas presas ao colar de sua mãe que ela usava por baixo do uniforme escolar. Lá, teríamos que escolher do que brincaríamos. Em dezembro era fácil. Naquela época do ano começavam os preparativos para o concurso nacional de canções, e compúnhamos nossas próprias canções e fingíamos que iríamos aparecer na televisão nacional. Eu escrevia as letras e Elona as cantava e, às vezes, eu oferecia um acompanhamento de bateria, usando uma grande colher de pau para bater nas panelas na cozinha. Recentemente, porém, Elona havia perdido o interesse pelo concurso de canções. Era mais provável que ela quisesse brincar de adulto. Em vez de bater panelas na cozinha, ela queria que ficássemos no quarto de seus pais, experimentássemos os grampos de cabelo de sua mãe, vestíssemos seu velho vestido de noiva ou usássemos maquiagem e fingíssemos amamentar bonecas até a hora do almoço. Nesse ponto eu teria de decidir se continuaria brincando, como Elona queria, ou a convenceria a fritar ovos, ou, se não tivesse ovos, se comeríamos pão e azeite, ou talvez só pão. Mas essas eram escolhas triviais.

O verdadeiro dilema surgiu depois de uma discussão que Elona e eu tivemos sobre a limpeza da sala de aula naquele dia. Ela insistiu que deveríamos varrer e esfregar, caso contrário, nunca receberíamos a faixa de melhores faxineiras do mês, que sempre entusiasmava muito sua mãe. Respondi que sempre varríamos nos dias ímpares da semana, e varríamos e esfregávamos nos dias pares, e como era um dia ímpar, poderíamos ir para casa mais cedo e ainda receber a faixa da limpeza. Ela respondeu que não era isso que a professora esperava, e me lembrou da vez em que meus pais foram chamados à escola porque eu havia sido negligente com a limpeza. Eu disse que ela estava errada; a verdadeira razão era a equipe de controle de se-gunda-feira de manhã, que descobrira que minhas unhas esta-vam compridas demais. Ela sustentou que isso não importava, que, de qualquer forma, a maneira correta de limpar a sala de aula era varrer e esfregar, e mesmo que recebêssemos a faixa no final do mês, seria como se tivéssemos trapaceado. Além disso, acrescentou ela como se isto encerrasse a discussão, era assim que ela limpava em casa, porque era assim que sua mãe costu-mava fazer. Eu disse a Elona que ela não poderia usar sua mãe daquele jeito todas as vezes, apenas para conseguir o que queria. Fui embora com raiva, e enquanto estava na chuva junto ao por-tão da escola, perguntei-me se Elona tinha o direito de espe-rar que todos fossem gentis com ela, mesmo quando ela estava errada. Perguntei-me se deveria ter fingido que adorava varrer e esfregar, assim como fingia que adorava brincar de adulto.

Nunca havia lhe contado, mas eu odiava aquela brincadeira. Odiava ficar no quarto da mãe dela e experimentar o vestido de noiva. Achava enervante vestir as roupas de uma pessoa morta, ou tocar na maquiagem que ela usara apenas alguns meses an-tes, como se fôssemos ela. Mas era tudo recente. Elona estava ansiosa para ter uma irmãzinha que brincaria com meu irmão-zinho. Em vez disso, sua mãe morreu, a irmãzinha foi enviada para o orfanato e só restou o vestido de noiva. Eu não queria magoá-la ao recusar-me a usá-lo, ou lhe dizer que eu sentia re-pulsa pelos grampos de cabelo. Claro que eu era livre para di-zer a ela o que eu pensava sobre brincar de adulto, assim como era livre para deixá-la limpar a sala de aula sozinha; ninguém me impedia. Mas decidi que era melhor deixar Elona ouvir a verdade, mesmo que pudesse magoá-la, do que mentir indefi-nidamente apenas para mantê-la feliz.

Se eu não virasse à esquerda para ir à casa de Elona, poderia virar à direita. Seria o caminho mais curto para casa, seguindo duas vielas estreitas que se uniam à rua principal em frente a um depósito de biscoitos. Aqui surgia um dilema diferente. Um grupo considerável de crianças se reunia todos os dias após o término das aulas, no momento crítico em que o caminhão de distribuição era esperado. Se eu escolhesse esse caminho, teria que aderir ao que chamávamos de "ação por biscoitos". Eu formava uma fila com as outras crianças contra as paredes externas do depósito, esperando ansiosa a chegada do caminhão, monitorando as portas, ouvindo com atenção os sons do tráfego potencialmente perturbador, como pessoas em bicicletas ou uma ocasional carroça puxada a cavalo. A certa altura, a porta do depósito se abria e dois trabalhadores do transporte apareciam carregando caixas de biscoitos, como se fossem gêmeos de Atlas carregando a Terra. Havia uma pequena comoção, e todos nós avançávamos ao canto de "Ó ganancioso, ó ganancioso, biscoitos, biscoitos, ó homem ganancioso!". A fila organizada se dividia então espontaneamente em uma vanguarda de crianças de uniforme preto estendendo braços para tentar agarrar os joelhos dos trabalhadores do transporte, e uma retaguarda que avançava em direção ao portão da oficina para obstruir a saída. Os trabalhadores torciam a metade inferior de seus corpos para se libertar do abraço, enquanto enrijeciam a metade superior para agarrar com mais firmeza as caixas de biscoitos. Um pacote escorregava, uma briga começava e então uma gerente surgia de dentro do depósito trazendo quantos biscoitos fossem necessários para satisfazer a todos e dispersar a reunião.

Eu era livre para virar à direita ou continuar andando em linha reta, e se virasse à direita, isso era o que eu esperava que acontecesse. Era tudo perfeitamente inocente, e era insensato, talvez injusto, pedir a uma menina de onze anos que só estava voltando para casa, sem ter saído à procura de guloseimas, que seguisse em frente, ignorando o cheiro delicioso de biscoitos que vinha das janelas abertas do depósito. Seria igualmente irracional esperar que ela ignorasse os olhares estranhos e curiosos das outras crianças e passasse parecendo indiferente à chegada do caminhão. No entanto, era justo isso que meus pais me haviam pedido na noite anterior àquele miserável dia de dezembro de 1990, e é em parte por isso que a decisão sobre o caminho de volta para casa estava diretamente ligada à questão da liberdade.

Tinha sido minha culpa, até certo ponto. Eu nunca deveria ter ido para casa carregando biscoitos como um troféu. Mas era também culpa da nova gerente do lugar. Recém-contratada, ela não estava acostumada com os hábitos de seu novo local de trabalho e confundiu o aparecimento das crianças naquele dia com um evento pontual. Em vez de oferecer um biscoito para cada criança, como todos os outros gerentes anteriores, ela havia entregado pacotes inteiros. Alarmados com essa mudança, e com suas implicações para a "ação por biscoitos" nos dias seguintes, em vez de comer no local, todos nós guardamos os pacotes em nossas mochilas escolares e fugimos às pressas.

Confesso que não imaginava que meus pais fariam tanto barulho quando lhes mostrei os biscoitos e expliquei onde os havia conseguido. Eu certamente não esperava que a primeira pergunta fosse: "Alguém viu você?". Claro, alguém me viu, principalmente a pessoa que entregou os pacotes. Não, eu não me lembrava *exatamente* do rosto dela. Sim, ela era de meia-idade. Nem alta, nem baixa, talvez mediana. Cabelo ondulado, escuro. Sorriso grande e cordial. Nesse ponto, o rosto do meu pai ficou pálido. Ele se levantou da poltrona, com a cabeça entre as mãos. Minha mãe saiu da sala e fez sinal para que ele a seguisse até a cozinha. Minha avó começou a acariciar meus cabelos em silêncio, e meu irmãozinho, a quem eu tinha dado um biscoito extra, parou de mastigar, sentou-se num canto e começou a chorar de tensão.

Fizeram-me prometer que nunca mais me demoraria no pátio do depósito, ou entraria na fila junto à parede, e tive de declarar que entendia a importância de deixar os trabalhadores continuarem com seus deveres, e que se todos se comportassem como eu,

logo os biscoitos desapareceriam completamente das lojas. RE-
-CI-PRO-CI-DA-DE, enfatizou meu pai. O socialismo é construído
com base na reciprocidade.

Ao fazer a promessa, sabia que seria difícil mantê-la. Ou talvez
não — quem sabe? Mas eu tinha pelo menos que fazer o esforço
de boa-fé. Eu não tinha ninguém para culpar por seguir em frente
em vez de virar à direita, ou por não voltar para buscar Elona depois do turno da limpeza para brincar de casinha, ou por escolher
ignorar os biscoitos naquele dia. As decisões foram todas minhas.
Eu tinha feito o meu melhor e mesmo assim acabei no lugar errado na hora errada, e agora o resultado de toda aquela liberdade
era o terror absoluto de que os cães pudessem voltar para me de-
vorar ou que eu fosse esmagada por uma debandada.

Não que eu pudesse prever que daria de cara com um protesto,
ou que Stálin proporcionaria abrigo. Se eu não tivesse visto cenas
de agitação em outros lugares recentemente na televisão, nem
saberia que o estranho espetáculo de pessoas gritando slogans e
a polícia com seus cães era chamado de "protesto". Alguns meses antes, em julho de 1990, dezenas de albaneses haviam escalado os muros de embaixadas estrangeiras, forçando sua entrada.
Fiquei perplexa, sem saber o motivo de alguém querer se tran-
car numa embaixada estrangeira. Conversamos sobre isso na escola, e Elona disse que certa vez uma família, uma família inteira
de seis pessoas, dois irmãos e quatro irmãs, entrou clandestina-
mente na embaixada italiana em Tirana vestidos como turistas
estrangeiros. Eles moraram lá por cinco anos — cinco anos inteiros — em apenas dois quartos. Depois outro turista, dessa vez
de verdade, chamado Javier Pérez de Cuéllar, visitou nosso país
e conversou com os que haviam escalado a embaixada e depois
com o Partido para comunicar o desejo deles de morar na Itália.

Fiquei intrigada com a história de Elona e perguntei ao meu
pai o que ela significava. "Eles são *uligans*", respondeu ele, "como
disseram na TV." Ele esclareceu que *hooligan* era uma palavra

estrangeira para a qual não tínhamos tradução albanesa. Nós não precisamos disso. Os hooligans eram principalmente jovens raivosos, que iam a partidas de futebol, bebiam demais e se metiam em encrencas, que brigavam com os torcedores do outro time e queimavam bandeiras sem motivo. Eles viviam principalmente no Ocidente, embora houvesse alguns no Oriente também, mas como não estávamos nem no Oriente nem no Ocidente, na Albânia eles não existiam até pouco tempo atrás.

Pensei nos hooligans enquanto tentava entender o que acabara de encontrar. Claramente, se alguém fosse um hooligan, não estaria fora de questão escalar os muros da embaixada, gritar com a polícia, perturbar a ordem pública ou decapitar estátuas. Claramente, os hooligans faziam o mesmo no Ocidente; talvez eles tivessem se infiltrado em nosso país apenas para causar problemas. Mas as pessoas que haviam escalado os muros da embaixada alguns meses antes definitivamente não eram estrangeiras. O que esses hooligans diferentes tinham em comum?

Lembrei-me vagamente de algo chamado protesto do Muro de Berlim no ano anterior. Havíamos conversado sobre isso na escola, e a professora Nora explicou que estava relacionado à luta entre imperialismo e revisionismo, e que cada um segurava um espelho para o outro, mas ambos os espelhos estavam quebrados. Nada disso nos dizia respeito. Nossos inimigos tentavam periodicamente derrubar nosso governo, mas fracassavam com a mesma regularidade. No final dos anos 1940, nos separamos da Iugoslávia quando esta rompeu com Stálin. Na década de 1960, quando Khruschóv desonrou o legado de Stálin e nos acusou de "desvio nacionalista de esquerda", interrompemos as relações diplomáticas com a União Soviética. No final dos anos 1970, abandonamos nossa aliança com a China quando esta decidiu enriquecer e trair a Revolução Cultural. Não importava. Apesar de cercados por inimigos poderosos, sabíamos que estávamos do lado certo da história. Cada vez que nossos inimigos nos ameaçavam, o Partido, apoiado pelo povo, emergia mais forte. Ao longo dos séculos, lutáramos contra impérios poderosos e mostráramos ao resto do mundo como até mesmo uma pequena nação na borda dos Bálcãs pode encontrar forças para resistir. Agora liderávamos a luta para realizar a transição mais difícil: a da liberdade socialista para a comunista — de um Estado revolucionário governado por leis justas para uma sociedade sem classes, onde o próprio Estado definharia.

É claro que a liberdade tinha um custo, disse a professora Nora. Sempre defendemos a liberdade sozinhos. Agora *eles* todos estavam pagando um preço. *Eles* estavam em desordem. Nós permanecíamos firmes. Continuaríamos a dar o exemplo. Não tínhamos dinheiro nem armas, mas continuávamos a resistir ao canto de sereia do Oriente revisionista e do Ocidente imperialista, e nossa existência dava esperança a todas as outras pequenas nações cuja dignidade continuava a ser pisoteada. A honra de pertencer a uma sociedade justa seria igualada apenas pela gratidão sentida por estar protegida dos horrores que se desenrolavam em outras partes do mundo, lugares onde crianças morriam de fome, congelavam no frio ou eram forçadas a trabalhar.

"Vocês viram esta mão?", disse a professora Nora, levantando a mão direita no final do discurso com um olhar feroz no rosto. "Esta mão sempre será forte. Esta mão sempre lutará. Vocês sabem por quê? Ela apertou a mão do camarada Enver. Fiquei dias sem lavá-la, depois do Congresso. Mas mesmo depois de lavá-la, a força ainda estava lá. Ela nunca vai me deixar, nunca até eu morrer."

Pensei na mão da professora Nora e nas palavras que ela nos dissera apenas alguns meses antes. Eu ainda estava sentada no chão em frente à estátua de bronze de Stálin, organizando meus pensamentos, tentando reunir coragem para me levantar e refazer os passos de volta para casa. Eu queria me lembrar de cada palavra dela, evocar seu orgulho e força quando ela nos contou como defenderia a liberdade porque apertara a mão do tio Enver. Eu queria ser como ela. Também devo defender minha liberdade, pensei. Deve ser possível superar meu medo. Eu nunca apertara a mão do tio Enver. Nunca o havia encontrado. Mas talvez as pernas de Stálin fossem suficientes para me dar força.

Levantei-me. Tentei pensar como minha professora. Tínhamos o socialismo. O socialismo nos dava liberdade. Os manifestantes estavam enganados. Ninguém estava procurando liberdade. Todos já eram livres, assim como eu, simplesmente por exercer essa liberdade, ou defendê-la, ou tomando decisões que tinham de tomar, sobre qual caminho seguir para casa, se virar à direita ou à esquerda ou seguir em frente. Talvez também, assim como eu, tivessem dado de cara com o porto por engano, acabando no lugar errado na hora errada. Talvez quando viram a polícia e os cães, eles só ficaram com muito medo, e o mesmo pode ser dito da polícia e dos cães, que eles também tiveram muito medo, especialmente quando viram pessoas correndo. Talvez ambos os lados estivessem simplesmente perseguindo um ao outro sem saber quem seguia quem, e é por isso que as pessoas começaram a gritar *"liberdade, democracia"* por medo e incerteza, para explicar que era isso que não queriam perder, em vez de ser o que elas desejavam.

E talvez a cabeça de Stálin não tivesse nenhuma relação com aquilo. Talvez tivesse sido danificada durante a noite pela tempestade e pela chuva e alguém já a tivesse recolhido para que pudesse ser consertada e logo a devolveria como nova para ocupar seu antigo lugar, com os olhos afiados e sorridentes, e o grosso bigode amigável cobrindo o lábio superior, exatamente como me disseram que parecia, exatamente como sempre foi.

Abracei Stálin uma última vez, me virei, olhei para o horizonte para medir a distância até minha casa, respirei fundo e comecei a correr.

2.

O outro Ypi

"*Mais te voilà enfin! On t'attend depuis deux heures! Nous nous sommes inquiétés! Ta mère est déjà de retour! Papa est allé te chercher à l'école! Ton frère pleure!*",* trovejou uma figura alta e magra, toda vestida de preto. Nini estava esperando no alto do morro havia mais de uma hora, perguntando aos transeuntes se haviam me visto, enxugando nervosa as mãos no avental, apertando cada vez mais os olhos para tentar avistar minha mochila de couro vermelho.

Percebi que minha avó estava zangada. Ela tinha um jeito bizarro de repreender, fazia com que eu me sentisse responsável, lembrava as consequências que minhas ações tinham para os outros, listava todas as maneiras pelas quais a busca dos objetivos de outras pessoas era interrompida pela priorização egoísta dos meus. Enquanto seu monólogo em francês continuava incessante, meu pai também apareceu na base da encosta. Ele correu morro acima ofegante, segurando sua bomba de asma como um coquetel molotov em miniatura. Ele continuava a olhar para trás como se suspeitasse que estava sendo seguido. Eu me escondi atrás de minha avó.

"Ela saiu da escola depois da limpeza", disse meu pai, correndo na direção de Nini. "Tentei refazer seus passos. Não a vi em lugar nenhum." Visivelmente agitado, ele parou para inalar de sua

---

* "Chegaste finalmente! Estamos te esperando há duas horas! Estávamos preocupados. Tua mãe já voltou! Papai foi te procurar na escola! Teu irmão está chorando!" [Esta e as demais notas são da edição original.]

bomba. "Acho que houve um protesto", sussurrou, indicando com um gesto que continuaria sua explicação lá dentro.

"Ela está aqui", respondeu minha avó.

Meu pai deu um suspiro de alívio e então, ao me notar, ficou sério.

"Vá para o seu quarto", ordenou.

"Não foi um protesto. Eram *uligans*", murmurei enquanto atravessava o pátio, me perguntando por que meu pai usara aquela outra palavra: protesto.

Lá dentro, encontrei minha mãe ocupada com uma grande operação de limpeza da casa. Ela estava no processo de trazer do sótão coisas que não eram vistas havia anos: um saco de lã, uma escada enferrujada e os velhos livros dos anos de universidade do meu avô. Pude ver que ela estava agitada. Tinha a tendência de canalizar sua frustração procurando novas tarefas domésticas: quanto maior a frustração, mais ambiciosa a escala de seus projetos. Quando estava zangada com outras pessoas, não dizia nada, mas batia em panelas e frigideiras, xingava os talheres que caíam no chão, jogava bandejas em armários. Quando estava com raiva de si mesma, reorganizava os móveis, arrastava mesas pela sala, empilhava cadeiras e enrolava o tapete pesado da nossa sala para poder esfregar o chão.

"Eu vi *uligans*", contei-lhe ansiosa para compartilhar minha aventura. "O chão está molhado", respondeu ela com uma voz ameaçadora, batendo duas vezes no meu tornozelo com a ponta úmida do esfregão para indicar que eu deveria ter deixado meus sapatos do lado de fora.

"Ou talvez não fossem hooligans", continuei, desamarrando os cadarços. "Talvez fossem manifestantes."

Ela parou e me encarou com um olhar vazio.

"O único hooligan aqui é você", disse, levantando o esfregão do chão e acenando duas vezes na direção do meu quarto. "Não temos manifestantes neste país."

Minha mãe sempre fora indiferente a assuntos políticos. No passado, apenas meu pai e minha avó (a mãe dele) os acompanhavam de perto. Eles falavam com frequência sobre a revolução nicaraguense e a Guerra das Malvinas; estavam entusiasmados com o início das negociações para acabar com o apartheid na África do Sul. Meu pai disse que, se ele fosse norte-americano e convocado para a Guerra do Vietnã, teria recusado o alistamento. Tivemos sorte que nosso país apoiou os vietcongues, enfatizou muitas vezes. Ele tinha uma tendência a fazer graça com as coisas mais trágicas, e suas piadas sobre política anti-imperialista eram lendárias entre minhas amigas. Sempre que eu as convidava para dormir em casa e estendíamos colchões no chão do quarto, ele enfiava a cabeça pela porta no fim da noite e dizia: "Durma bem, acampamento palestino!".

Com os recentes acontecimentos no Oriente, ou no que chamávamos de "o bloco revisionista", alguma coisa parecia diferente. Eu não sabia dizer o que era. Lembrava-me vagamente de ouvir sobre o Solidariedade uma vez na televisão italiana. Parecia dizer respeito a protestos dos trabalhadores e, como vivíamos num estado operário, achei que seria interessante escrever sobre isso no boletim de "informações políticas" que precisávamos preparar para a escola. "Não acho que seja tão interessante", disse meu pai quando perguntei a ele sobre isso. "Tenho outra coisa para o seu boletim informativo. A cooperativa na aldeia onde eu trabalho ultrapassou a meta de produção de trigo estabelecida no atual plano quinquenal. Eles não produziram milho suficiente, mas compensaram com trigo. Estavam no noticiário ontem à noite."

Sempre que surgiam protestos, minha família relutava em responder a perguntas. Pareciam cansados ou irritados e desligavam a televisão ou baixavam o volume a ponto de as notícias se tornarem ininteligíveis. Ninguém parecia compartilhar da minha curiosidade. Era óbvio que eu não podia contar com eles para explicar nada. Era mais sensato esperar até a aula de educação moral na escola e perguntar à minha professora Nora. Ela sempre dava respostas claras e inequívocas. Explicava política com o tipo de entusiasmo que meus pais só mostravam quando comerciais de sabonetes e cremes apareciam na televisão iugoslava. Sempre que meu pai pegava um anúncio na TV Skopje, especialmente se fosse um de higiene pessoal, ele logo gritava: "*Reklama! Reklama!*". Minha mãe e minha avó largavam tudo o que estavam fazendo na cozinha e corriam para a sala de estar para ver uma bela mulher com um sorriso encantador no rosto que mostrava como lavar as mãos. Se elas se atrasassem e chegassem quando os anúncios já tinham acabado, meu pai dizia se desculpando: "Não é minha culpa, eu chamei vocês, vocês chegaram tarde!", e isso, em geral, marcava o início de uma discussão sobre como *elas* estavam atrasadas porque *ele* nunca ajudava com nada em casa. A discussão logo se transformava numa troca de insultos, e os insultos podiam se deteriorar numa briga, muitas vezes com jogadores de basquete iugoslavos continuando a marcar pontos em segundo plano, até que o próximo lote de anúncios chegasse e a paz fosse restaurada. Minha família sempre brigava por tudo. Tudo, menos política.

No quarto, encontrei meu irmão, Lani, soluçando. Quando me viu, enxugou as lágrimas e perguntou se eu havia trazido biscoitos.

"Hoje não", respondi. "Não vim por lá." Ele parecia prestes a chorar de novo.

"Tenho que ficar aqui", eu disse. "Para refletir. Quer ouvir uma história? É sobre um homem num cavalo que parecia o espírito do mundo, mas depois sua cabeça foi cortada."

"Eu não quero ouvir isso", ele respondeu, com novas lágrimas escorrendo pelo rosto. "Estou assustado. Tenho medo de pessoas sem cabeça. Quero biscoitos."

"Você quer brincar de escolinha?", ofereci, sentindo-me levemente culpada.

Lani assentiu com a cabeça. Ele e eu adorávamos brincar de escolinha. Ele se sentava à minha mesa, fingia ser um professor e rabiscava notas enquanto eu preparava minha lição de casa. Ele se interessava especialmente pelas aulas de história. Depois de memorizar os acontecimentos, eu repetia o texto em voz alta com diálogos dramatizados entre os principais personagens históricos, muitas vezes personificados com a ajuda de minhas bonecas.

Naquele dia, os personagens e os eventos eram familiares. Estudávamos a ocupação da Albânia por fascistas italianos durante a Segunda Guerra Mundial, com foco na cumplicidade do décimo primeiro-ministro do país. Aquele homem, um traidor albanês, como a professora Nora o chamava, fora o responsável pela transferência da soberania para a Itália após a fuga do rei Zog. O governo de Zog, e tudo o que aconteceu depois, marcou o fim das aspirações albanesas de se tornar uma sociedade verdadeiramente livre. Após séculos de servidão sob o império otomano e décadas de luta contra as grandes potências que buscavam dividir o país, patriotas de todas as regiões se uniram em 1912, desafiando as diferenças étnicas e religiosas, para lutar pela independência. Então Zog, explicou a professora Nora, eliminou seus adversários, concentrou o poder e se declarou rei dos albaneses, até que o país foi ocupado por fascistas, com a ajuda de colaboracionistas albaneses. Em 7 de abril de 1939, data oficial da invasão italiana na Albânia, muitos soldados e cidadãos comuns lutaram bravamente contra navios de guerra italianos, enfrentando o bombardeio de artilharia com suas poucas armas, até seu último suspiro nas linhas de defesa. No entanto, outros albaneses — os beis, os latifundiários e as elites comerciais, que haviam servido àquele rei explorador e sanguinário — agora corriam para saudar as forças de ocupação, ávidos por assumir cargos na nova administração colonial. Alguns, inclusive o ex-primeiro-ministro do país, até agradeceram às autoridades italianas por libertar o país do jugo pesado do rei Zog. Alguns meses depois, esse ex-primeiro-ministro foi morto por uma bomba aérea. Sua vida como traidor que havia colaborado com o rei e sua morte como um canalha fascista eram o tema da minha tarefa de história naquele dia.

Havia uma grande empolgação quando falávamos sobre fascismo na escola. Aconteciam discussões animadas e as crianças quase explodiam de orgulho. Perguntavam-nos se podíamos trazer exemplos de parentes que lutaram na guerra ou apoiaram o movimento de resistência. O avô de Elona, por exemplo, com apenas quinze anos, aderira às fileiras dos partisans nas montanhas para lutar contra os invasores italianos. Depois de libertar a Albânia em 1944, ele se mudou para a Iugoslávia a fim de ajudar a resistência lá. Com frequência, ele vinha nos falar sobre seu tempo de partisan e sobre como a Albânia e a Iugoslávia foram os únicos países que venceram a guerra sem a ajuda das forças aliadas. Outras crianças mencionavam avôs ou tios-avôs e tias-avós que apoiaram os antifascistas com comida e abrigo. Alguns levavam para a aula roupas ou objetos pessoais que pertenceram a parentes jovens que sacrificaram a vida pelo movimento: uma camisa, um lenço bordado à mão, uma carta enviada à família poucas horas antes da execução.

"Nós temos parentes que participaram da guerra antifascista?", perguntei à minha família. Eles pensaram muito, vasculharam fotos de família, consultaram parentes, então chegaram a Baba Mustafa: um tio-avô do primo de segundo grau da esposa do meu tio. Baba Mustafa tinha as chaves de uma mesquita local, onde abrigara um grupo de partisans certa tarde após o ataque a uma guarnição nazista, quando os italianos deixaram o país e foram substituídos por alemães. Contei com entusiasmo o episódio em sala de aula. "Repete qual é a relação dele com você?", perguntou Elona. "O que ele estava fazendo na mesquita? Por que ele tinha as chaves?", brincou outra amiga, Marsida. "O que aconteceu com os partisans depois?", quis saber uma terceira, Besa. Tentei responder às perguntas da melhor maneira possível, mas a verdade é que não me deram detalhes suficientes para satisfazer a curiosidade das minhas amigas. A discussão tornou-se confusa, depois desconfortável. Após algumas trocas de palavras, minha relação com Baba Mustafa e sua contribuição para a resistência antifascista começaram a parecer marginais e depois exageradas. No fim, foi difícil para mim suprimir a impressão de que até mesmo Nora havia silenciosamente concluído que ele era um produto da minha imaginação.

A cada 5 de maio, dia em que homenageávamos os heróis da guerra, delegações de funcionários do Partido visitavam nosso bairro para oferecer suas condolências renovadas às famílias dos mártires e lembrá-los de como o sangue de seus entes queridos não fora derramado em vão. Sentava-me à janela da nossa cozinha e observava com amarga inveja minhas amigas, vestidas com suas melhores roupas, carregando grandes buquês de rosas vermelhas frescas, agitando bandeiras e cantando canções de resistência enquanto lideravam o caminho para suas casas. Seus pais faziam fila para apertar a mão de representantes do Partido, fotos oficiais eram tiradas e os álbuns que chegavam alguns dias depois eram levados à escola para serem expostos. Eu não tinha nada a oferecer.

Não bastava que minha família não tivesse mártires socialistas para comemorar. Acontecia que o traidor albanês, o décimo primeiro-ministro do país, o traidor nacional, o inimigo de classe, o alvo merecedor de ódio e desprezo nas discussões escolares, por acaso compartilhava um sobrenome comigo e um nome com meu pai: Xhaferr Ypi. Todos os anos, quando ele aparecia nos livros didáticos, eu tinha de explicar pacientemente que, embora o sobrenome fosse o mesmo, não éramos parentes. Tinha de explicar que meu pai recebera o nome de seu avô, que por acaso carregava o mesmo nome e sobrenome de nosso antigo primeiro-ministro. Todos os anos eu odiava essa conversa.

Prendi a respiração enquanto lia a tarefa de história, depois pensei por um momento e me levantei com raiva, segurando o livro na mão. "Venha comigo", ordenei a Lani. "É sobre o outro Ypi de novo." Ele me seguiu submisso, ainda chupando a caneta com a qual desenhava. Bati a porta atrás de mim e marchei em direção à cozinha.

"Não vou à escola amanhã!", anunciei.

A princípio, ninguém percebeu. Minha mãe, meu pai e minha avó estavam todos do mesmo lado de uma pequena mesa de carvalho, de costas para a entrada, sentados precariamente em três cadeiras dobráveis colocadas uma bem ao lado da outra. Com o cotovelo repousado sobre a mesa, a palma das mãos cobrindo as têmporas e a cabeça inclinada tão longe do centro de gravidade de modo que pareciam estar prestes a se soltar. Todos os três pareciam absortos em um misterioso ritual coletivo envolvendo um objeto enigmático que suas figuras ocultavam da vista.

Esperei para ouvir a reação ao meu veredicto. Não ouvi nada além de um som abafado. Fiquei na ponta dos pés e inclinei a cabeça para a frente. No centro da mesa, reconheci o rádio da família.

"Eu não vou à escola amanhã!"

Levantei minha voz, adentrando mais na cozinha, com o livro de história aberto na foto do primeiro-ministro. Lani bateu um pé no chão e me olhou com cumplicidade. Meu pai se contorceu bruscamente com a expressão culpada de alguém pego em um ato subversivo. Minha mãe desligou o rádio. Captei as duas últimas palavras antes que o som desaparecesse: "pluralismo político".

"Quem disse para você sair do seu quarto?" A pergunta do meu pai soou como uma ameaça.

"É ele de novo", eu disse, ignorando sua censura, minha voz ainda alta, mas começando a tremer. "É Ypi, o traidor. Eu não vou à escola amanhã. Não vou perder meu tempo explicando que não temos nada a ver com *aquele* homem. Eu já disse isso a todos antes, repeti várias vezes. Mas vão perguntar de novo, eles vão, como se nunca tivessem ouvido, como se não soubessem. Vão perguntar de novo, eles sempre perguntam, e eu não tenho mais explicações."

Eu já havia recitado aquele monólogo antes, cada vez que o fascismo surgia nas aulas de história ou de literatura ou na aula de educação moral. Minha família sempre se recusou a me deixar faltar à escola. Sabia que eles recusariam desta vez também. Eu nunca conseguia explicar a eles como era sentir a pressão das minhas amigas. Nunca conseguia explicar a elas como era viver numa família em que o passado parecia irrelevante e tudo o que importava era debater o presente e planejar o futuro. Eu não conseguia explicar a mim mesma a sensação persistente que tinha então, e que só agora consigo articular, de que a vida que vivi, dentro e fora das paredes da casa, na verdade não era uma vida, mas duas, vidas que às vezes complementavam e apoiavam uma à outra, mas que principalmente colidiam com uma realidade que eu não conseguia entender por completo.

Meus pais se entreolharam. Nini olhou para eles, depois virou-se para mim e disse num tom de voz que pretendia ser ao mesmo tempo firme e tranquilizador:

"Claro que você vai. Você não fez nada de errado."

"*Nós* não fizemos nada de errado", corrigiu minha mãe. Ela estendeu a mão para o rádio a fim de indicar que queria ouvir mais, e que minha presença na cozinha logo deixaria de ser bem-vinda.

"Não tem a ver comigo", insisti. "Não tem a ver conosco. É o homem traidor. Se tivéssemos alguém cujo heroísmo desse para comemorar, eu poderia mencioná-lo na aula e as pessoas não ficariam tão obcecadas em perguntar sobre minha relação com aquele outro Ypi. Mas não temos ninguém, ninguém em nossa família, nem mesmo na família estendida, nenhum parente que alguma vez tentou defender a nossa liberdade. Ninguém nunca se importou com a liberdade nesta casa."

"Isso não é verdade", disse meu pai. "Nós temos alguém. Temos você. Você se importa com a liberdade. Você é uma lutadora da liberdade."

O diálogo se desenrolava como inúmeras vezes antes: minha avó argumentando que seria irracional faltar à escola apenas por causa de um sobrenome, meu pai desviando a atenção com uma piada e minha mãe ansiosa para retornar ao que eu havia interrompido de maneira inconveniente.

Mas desta vez algo inesperado aconteceu. Minha mãe largou o rádio de repente, levantou-se e virou-se para mim. "Diga a eles que Ypi não fez nada de errado", disse ela.

Nini franziu a testa, depois olhou para meu pai, perplexa. Ele pegou sua bomba de asma e tentou evitar os olhos dela, virando-se para minha mãe com uma expressão preocupada. Minha mãe reagiu com um olhar feroz, olhos que faiscavam de raiva. Ela estava com a aparência de alguém que calculou suas ações para serem perturbadoras. Ignorando a censura silenciosa de meu pai, ela continuou de onde havia parado. "Ele não fez nada de errado. Ele era um fascista? Eu não sei. Pode ser. Defendeu a liberdade? Depende. Para ser livre, é preciso estar vivo. Talvez ele estivesse tentando salvar vidas. Que chance a Albânia tinha de enfrentar a Itália? Era dependente dela em todos os sentidos. Para que haver derramamento de sangue? Os *fascistas* já haviam conquistado o país. Os fascistas controlavam os mercados. Foi Zog quem lhes deu ações de todas as grandes empresas estatais. As mercadorias italianas chegaram muito antes das armas italianas. Nossas estradas foram construídas por fascistas. Os arquitetos de Mussolini projetaram nossos prédios governamentais muito antes de seus oficiais os ocuparem. O que eles chamam de *invasão* fascista..."

Ela fez uma pausa, torcendo a boca num sorriso sarcástico enquanto pronunciava a palavra *invasão*.

"Não é o momento", interrompeu Nini. Ela se virou para mim. "O que importa é que *você* não fez nada de errado. *Você* não tem nada a temer."

"Quem são *eles*?", perguntei, confusa e curiosa sobre as palavras de minha mãe. Não consegui entender tudo o que ela disse, mas fiquei intrigada com o tempo que levou sua intervenção. Não era do feitio dela se envolver em explicações extensas. Era a primeira vez que ouvia minha mãe dar opiniões sobre política e história. Nunca soube que ela tivesse alguma.

"Dizem que Zog era um tirano e um fascista", minha mãe continuou, ignorando minha pergunta e a advertência de Nini. "Se você obedece a um tirano, qual é o sentido de lutar contra outro? Qual é o sentido de morrer para defender a independência de um país que já está ocupado em tudo, menos no nome? Os verdadeiros inimigos do povo — Não puxe minha manga" — disse ela, interrompendo-se, e virou-se agressivamente para meu pai, que agora estava muito perto dela e começara a respirar pesadamente. "Eles dizem que ele era um traidor, bem..."

"Quem são *eles*?", perguntei novamente, cada vez mais intrigada.

"Eles, eles são... ela quer dizer os revisionistas", meu pai apressou-se a explicar no lugar dela. Depois hesitou e, sem saber como continuar, mudou de assunto: "Pedi para você refletir no seu quarto. Por que você saiu?"

"Eu refleti. Não quero ir para a escola."

Minha mãe deu uma bufada de escárnio. Ela saiu da mesa e começou a bater em panelas e frigideiras e a amassar talheres na pia.

Na manhã seguinte, Nini não me acordou para a escola como de costume. Ela não disse por quê. Eu sabia que alguma coisa estava diferente, que alguma coisa havia acontecido no dia anterior, algo que mudou a maneira como eu olhava para minha família e pensava em meus pais. É difícil dizer se o que aconteceu estava relacionado ao meu encontro com Stálin, ao programa de rádio, ou àquele primeiro-ministro cujas façanhas, morte e presença em minha vida eu tentava em vão ignorar. Perguntei-me por que meu pai sussurrou quando discutiu o protesto com minha avó. Por que ele não os chamou de hooligans? Também me perguntei por que minha mãe tentou justificar as ações de um político fascista. Como ela poderia ter simpatia por um opressor do povo?

Nos dias seguintes, os protestos se multiplicaram. Agora a televisão estatal também os conhecia por esse nome. Iniciados por estudantes universitários na capital, espalharam-se pelo resto do país. Havia rumores de que os trabalhadores estavam se preparando para sair das fábricas e se juntar aos jovens nas ruas. O que começara como uma onda de agitação por causa das condições econômicas, com estudantes que lamentavam a escassez de alimentos, má calefação nos dormitórios e frequentes cortes de energia nas salas de aula, logo se transformou em outra coisa, uma demanda por mudanças cuja natureza exata não estava clara até mesmo para aqueles que as convocavam. Acadêmicos proeminentes, inclusive ex-membros do Partido, deram entrevistas inéditas à *Voz da América*, explicando que seria um erro reduzir as queixas dos estudantes a questões econômicas. O que o movimento defendia, explicaram eles, era o fim do sistema de partido único e o reconhecimento do pluralismo político. Eles queriam democracia *de verdade* e liberdade *de verdade*.

Eu crescera acreditando que minha família compartilhava meu entusiasmo pelo Partido, o desejo de servir ao país, o desprezo por nossos inimigos e a preocupação de não termos heróis de guerra para lembrar. Dessa vez parecia diferente. Minhas perguntas sobre política, o país, os protestos e como explicar o que estava acontecendo só encontraram respostas curtas e evasivas. Queria saber por que todos exigiam liberdade se já éramos um dos países mais livres do planeta, como sempre dizia a professora Nora. Quando mencionei o nome dela em casa, meus pais reviraram os olhos. Comecei a suspeitar que eles não estavam na melhor posição para me responder, e que eu não podia mais confiar neles. Não só minhas perguntas sobre o país ficavam sem resposta; agora eu também me perguntava sobre que tipo de família eu tinha. Duvidei deles e, ao duvidar, descobri que meu controle sobre quem eu era começava a escapar.

Agora tenho consciência de algo que não entendi claramente na época; os padrões que moldaram minha infância, aquelas leis invisíveis que deram estrutura à minha vida, minha percepção das pessoas cujos julgamentos me ajudaram a entender o mundo — todas essas coisas mudaram para sempre em dezembro de 1990. Seria um exagero sugerir que o dia em que abracei Stálin foi o dia em que me tornei adulta, o dia em que percebi que cabia a mim dar sentido à minha própria vida. Mas não seria exagero dizer que foi o dia em que perdi minha inocência infantil. Pela primeira vez, questionei se a liberdade e a democracia não seriam a realidade em que vivíamos, mas uma misteriosa condição futura sobre a qual eu sabia muito pouco.

Minha avó sempre dizia que não sabemos como pensar no futuro; devemos voltar ao passado. Comecei a me perguntar sobre a história da minha vida, de como nasci, de como as coisas eram antes de eu estar aqui. Tentei verificar os detalhes sobre os quais poderia ter me confundido, por ser jovem demais para lembrá-los corretamente. Era uma história que eu escutara inúmeras vezes antes; a história de uma realidade fixa na qual eu aos poucos descobrira meu papel, por mais complicada que fosse. Dessa vez era diferente. Dessa vez, não havia pontos fixos, tudo tinha de ser refeito do zero. A história da minha vida não era a história dos eventos que ocorreram em algum período específico, mas a história da busca pelas perguntas certas, as perguntas que eu nunca pensara em fazer.

3.
471: uma breve biografia

Venho de uma família que minha professora Nora costumava chamar de "intelectuais". "Há muitos filhos de intelectuais nesta classe", dizia ela na escola, com um olhar vagamente desaprovador no rosto. "Um intelectual", meu pai me tranquilizou, "é simplesmente alguém com formação universitária. Mas não se preocupe. Em última análise, todo mundo é trabalhador. Todos nós vivemos num estado de classe trabalhadora."

Embora meus pais fossem oficialmente "intelectuais" porque foram à universidade, nenhum deles estudou o que queria estudar. A história de meu pai era a mais confusa das duas. Ele era talentoso em ciências e, ainda no ensino médio, ganhou olimpíadas de matemática, física, química e biologia. Ele queria continuar estudando matemática, mas foi informado pelo Partido que tinha de se juntar à verdadeira classe trabalhadora devido à sua "biografia". Minha família mencionava com frequência essa palavra, mas eu nunca a entendia. Tinha aplicações tão amplas que não se conseguia distinguir seu significado em nenhum contexto específico. Se você perguntasse aos meus pais como eles se conheceram e por que eles se casaram, eles responderiam: "Biografia". Se minha mãe estivesse preparando um pedido de emprego, lembrariam a ela: "Não esqueça de acrescentar algumas linhas sobre sua biografia". Se eu fizesse uma nova amiga na escola, meus pais perguntavam um ao outro:

"Sabemos alguma coisa sobre a biografia deles?"

As biografias eram cuidadosamente separadas em boas e ruins, melhores ou piores, limpas ou manchadas, relevantes ou irrelevantes, transparentes ou confusas, suspeitas ou dignas de confiança, aquelas que precisavam ser lembradas e aquelas que precisavam ser esquecidas. A biografia era a resposta universal para todos os tipos de perguntas, o fundamento sem o qual todo conhecimento era reduzido a opinião. Há palavras cujo significado é absurdo indagar, seja porque são tão básicas que explicam a si e a tudo que se relaciona a elas, seja porque podemos ter vergonha de revelar que, depois de tantos anos de escutá-la, ainda não a entendemos. A biografia era assim. Depois que a palavra era dita, restava aceitá-la.

Meu pai era filho único. Seu nome oficial era Xhaferr, como o do traidor albanês, mas todos o chamavam de Zafo, o que o poupava de pedir desculpas toda vez que se apresentava. Zafo fora criado por sua mãe. Em 1946, quando ele tinha três anos, meu avô, Asllan, que nunca conheci, o deixou para ir para a universidade em algum lugar; isso fazia parte de sua biografia. Quando Asllan voltou depois de quinze anos, a família fez uma festa para comemorar e Nini usou batom. Meu pai nunca tinha visto sua mãe de batom e declarou que não a reconhecia, que ela parecia um palhaço e que não iria mais morar com eles. Então, ele teve uma grande briga com seu pai; Nini limpou o batom e nunca mais usou maquiagem. Os dois homens continuaram a ter discussões ao longo dos anos. Meu pai se recusava a reconhecer a autoridade de Asllan, enquanto meu avô dizia que a força de vontade de meu pai era "como manteiga" e que ele vivia somente como "um porco satisfeito". Nini gostava de repetir a frase completa do marido: "É melhor ser um ser humano insatisfeito do que um porco satisfeito". Mas meu pai nunca pareceu particularmente satisfeito. Em vez disso, ele tinha frequentes ataques de ansiedade, que geralmente vinham quando sua asma piorava e que ele fazia o possível para esconder.

Zafo contraíra asma quando criança, na época em que o Partido pedira que ele e Nini mudassem de casa para um celeiro mofado. Isso também fazia parte da biografia deles. Meu avô não estava lá quando isso aconteceu, mas, aparentemente, mais tarde, ele disse que muitas pessoas tinham asma e que meu pai não deveria reclamar demais. Ele também disse que meu pai deveria agradecer ao governo todos os dias por estarmos sob o socialismo. Se vivêssemos no Ocidente, meu pai teria se tornado um vagabundo, cantando canções *bobdylan* debaixo de uma ponte para ganhar dinheiro. Também achava essa parte misteriosa, não só porque ninguém nunca explicou o que era *bobdylan*, mas também porque meu pai era completamente desafinado e nunca havia tocado nenhum instrumento. Em vez disso, era obcecado por duas coisas, ambas que ele tentou me ensinar: como dançar "como o pequeno Ali" e o que ele chamava de "mágica das fórmulas de Vieta" para resolver problemas de álgebra. A primeira era um conjunto de movimentos de boxe, mas o treinamento tendia a parar justo quando eu achava que os havia dominado, porque meu pai ficava sem fôlego. A segunda podia durar dias, às vezes até semanas, e sua empolgação com as fórmulas de Vieta crescia na proporção da minha frustração.

A parte confusa na biografia de meu pai não era o fato de terem lhe dito que não poderia ir para a universidade, mas sim que ele acabou indo apesar disso. Alguns dias antes do início do ano letivo, ele compareceu diante de uma comissão de médicos e minha avó lhes disse que, se meu pai não fosse autorizado a estudar na universidade, ele se mataria. Em seguida, a comissão fez algumas perguntas e o enviou para casa com uma carta que instruía as autoridades competentes a autorizá-lo a continuar com o ensino superior. Ele não podia estudar matemática porque então poderia se tornar professor, e ele não tinha permissão para se tornar professor por causa de sua biografia. Foi então enviado para fazer a silvicultura, mas claramente foi bom o suficiente para ele, já que nunca tentou se matar. Em vez disso, viajava para Tirana de Kavajë, a pequena cidade onde sua família morava, ao lado de muitas outras famílias cujas biografias eram semelhantes à sua.

Enquanto a matemática era uma das maiores paixões do meu pai, não havia nada no mundo que minha mãe detestasse mais. Isso também era lamentável, porque ela não apenas teve de estudar matemática na universidade, como também tinha de ensiná-la para crianças do ensino médio. O fato de que podiam confiar à minha mãe o papel de professora, e ao meu pai não, sugeria que a biografia dela era melhor que a dele, embora só um pouco, porque, se fosse muito melhor, eles não teriam se casado. Minha mãe adorava Schiller e Goethe, ia a concertos de Mozart e Beethoven e aprendera a tocar violão com os soviéticos que visitaram a Casa dos Pioneiros antes de rompermos nossa aliança com eles logo após o XX Congresso do Partido. Ela foi autorizada a estudar literatura, mas seus pais a encorajaram a mudar de curso porque tinham dificuldades financeiras e, com um diploma de ciências, ela poderia obter uma bolsa de estudos.

Minha mãe era a terceira de sete filhos: cinco meninas e dois meninos. Sua mãe, Nona Fozi, trabalhava numa fábrica de produtos químicos, e seu pai, que chamávamos de Baçi, limpava calhas. Nas poucas fotos que temos da minha mãe criança, ela aparece extremamente magra, frágil e com olheiras, como se estivesse anêmica. Ela nunca falava sobre sua infância, mas deve ter sido miserável, porque quando meu pai certa vez sugeriu assistir a um documentário histórico sobre a Grande Fome de Bengala, ela respondeu: "Zafo, eu sei o que é fome, não preciso vê-la na televisão". Ela era quase sempre hostil à televisão. O único programa para o qual ela abriu uma exceção foi *Dinastia* no canal iugoslavo, não necessariamente porque seguia o enredo, mas porque gostava de inspecionar a decoração de interiores. "É muito bonito", dizia ela, com uma expressão de desejo. "Muito muito bonito."

A família de minha mãe morava e dividia seus ganhos com duas avós e um primo-irmão do pai dela chamado Hysen, que estava com eles desde que ficara órfão aos treze anos. Minha mãe gostava muito de Hysen. Um dia, durante a guerra, quando ela voltou para casa da maternidade, Hysen se recusou a chamá-la pelo nome, Vjollca, declarando que ela era bonita como uma boneca. Isso lhe deu o apelido de Doli, pelo qual todos a chamavam. Hysen frequentara um internato em Viena e a ensinara a dançar valsa e a recitar o "Erlkönig" de Goethe em alemão. Às vezes minha mãe andava pela casa e declamava: "*Wer reitet so spät durch Nacht und Wind? Es ist der Vater mit seinem Kind*",* alternando entre uma voz muito alta para a pergunta e um tom abafado para a resposta. Sempre achei que o poema contava a história de uma criança que não conseguia dormir, até que ela o recitou inteiro para mim numa noite de inverno, enquanto havia uma tempestade do lado de fora da nossa janela e assávamos castanhas no fogo. Então ela traduziu, e ainda posso sentir os arrepios na espinha ao lembrar dos dois últimos versos: "Ele chega em casa com apuro e pavor, com o menino em seus braços; mas o menino está morto".

Minha mãe e Hysen também compartilhavam a paixão por fazer carros, barcos, trens e aviões com papel de rascunho; todos para serem enviados em viagens imaginárias. Hysen sofria de algum tipo de doença mental e tinha derrames frequentes, e depois de cada derrame ele adormecia profundamente, quase como se estivesse em coma. Quando acordava, falava só alemão, depois uma mistura de alemão e albanês, e ao melhorar o suficiente para sair da cama, ele e minha mãe desenhavam mapas de nossa cidade, Durrës, circulando áreas

---

* "Quem cavalga tão tarde numa noite ventosa? É o pai e seu filho."

particulares de terra ao redor dela, marcando prédios e estradas, depois faziam barquinhos de papel que, segundo ele, carregavam o ouro da família. Todos os barcos tinham o nome de Teuta, a antiga rainha da Ilíria que enviara piratas para combater os romanos, embora cada um tivesse um número diferente: *Teuta I, Teuta II, Teuta III*. Minha mãe disse que Hysen se preparava para o que chamava de "tempo de paz". No tempo de paz, ele prometia que minha mãe e seus irmãos se mudariam para um castelo, vagariam pelas terras que possuíam, montariam cavalos de corrida e se vestiriam como príncipes e princesas. Sempre que Hysen lhe contava a história do que eles poderiam esperar uma vez que a "paz" chegasse, minha mãe esquecia que tinha passado um dia inteiro sem comer.

Hysen também ensinou minha mãe a jogar xadrez, e a família a incentivou a entrar para o clube da cidade, porque ela poderia conseguir agasalhos esportivos de graça e viajar para participar de torneios. Aos vinte e dois anos, foi campeã nacional de xadrez e defendeu o título por alguns anos. Lembro-me do som ritmado de seus saltos enquanto caminhava por um grande salão do Palácio do Esporte, onde treinava equipes de jovens, deslizando de uma fileira de mesas para outra, acompanhada apenas pelo tique-taque dos grandes relógios de xadrez de madeira colocados entre os jogadores. Ela observava cada jogo por alguns minutos sem dizer uma palavra, e se uma criança estivesse prestes a cometer um erro, ela levantava o dedo indicador e batia uma ou duas vezes no cavalo ou no bispo ameaçador, depois passava a inspecionar a mesa seguinte. "É um esporte para o cérebro", ela dizia, quando me incentivava a jogar, e tomava como uma ofensa pessoal quando eu esperava que se distraísse com outras crianças e fugia para assistir pingue-pongue em outra sala. "A beleza do xadrez", insistia, "é que não tem nada a ver com biografia. Tudo depende só de você."

Quando minha mãe ficava doente, tendia a descrever as mudanças em seu corpo com a mesma precisão monótona e desapaixonada com que explicava as regras básicas para mover as peças de xadrez no tabuleiro. Ela sempre descrevia somente o que estava acontecendo, e nunca como se sentia a respeito daquilo. Pouco reclamava; nunca a vi chorar. Ela emanava confiança suprema e autoridade absoluta; do tipo desfrutado por quem de algum modo consegue convencer os outros de que seria contra o próprio interesse deles questionar sua subordinação a ela. Estava sempre no controle. Sempre, exceto uma vez — o momento em que nasci. Na manhã em que deveria ser internada no hospital, trancou-se no banheiro, tentando pentear o cabelo como alguém que ela havia visto recentemente na televisão, a primeira mulher que acabara de se tornar primeira-ministra do Reino Unido. Como minha mãe quase nunca escovava o cabelo, muito menos o arrumava, isso era um sinal claro, se não de pânico, de ansiedade sem precedentes.

Em 8 de setembro de 1979, o *Zëri i Popullit*, órgão oficial do Partido, reportou um ataque do governo racista rodesiano de Abel Muzorewa a Moçambique, criticou novas explosões nucleares em locais de testes nos Estados Unidos, destacou um caso recente de corrupção entre policiais de Houston como um excelente exemplo da degeneração do capitalismo e denunciou a exploração infantil nas fábricas têxteis de Madri. Um longo editorial condenou *Voz da América* e a *Novosti* por serem armas de agressão ideológica das duas maiores superpotências do mundo. A página de notícias estrangeiras incluía uma mensagem de solidariedade às greves em curso em todo o mundo: trabalhadores navais no porto de Rotterdam, mecânicos na British Leyland, professores no Peru, Costa Rica e Colômbia. Eu nasci às dez da manhã.

Meus pais levaram alguns anos para engravidar; mais ou menos desde que os Acordos de Helsinque foram assinados em agosto de 1975, como meu pai gostava de lembrar. Quando nasci, minhas chances de sobrevivência eram de trinta por cento. Meus pais não ousaram me dar um nome, mas comemoraram o número do hospital que me atribuíram: 471. Só bebês mortos não recebiam números e, como eu ainda não estava morta, havia vida para comemorar.

"Estávamos de luto havia décadas", disse minha avó mais tarde. "Quando você nasceu, houve esperança. A esperança é uma coisa pela qual temos de lutar. Mas chega um ponto em que ela se transforma em ilusão; é muito perigoso. Tudo se resume a como se interpretam os fatos." 471 foi o suficiente para dar esperança à minha família, mas não mais que isso.

Minha mãe e eu nos separamos desde o momento em que nasci: ela ficou na maternidade até se recuperar da operação, e eu fui encaminhada para outro hospital, onde fiquei ligada a várias máquinas, sem mostrar sinais de melhora até que minha avó decidiu pedir permissão para me levar de volta para casa. Quando saí da incubadora, com cinco meses e pouco menos de três quilos, do tamanho de um recém-nascido, as chances de minha sobrevivência aumentaram para cinquenta por cento. "Quase as mesmas dos diplomatas americanos em Teerã", meu pai brincou mais tarde, "mas se Nini não tivesse insistido, você poderia ter ficado refém por mais tempo." O fato de o pedido de minha avó ter sido aceito era um bom sinal para nossa biografia.

Nos meus primeiros meses de vida, o único quarto que minha família alugava de um ex-trabalhador de cooperativa foi transformado numa unidade de terapia intensiva. Meu pai trazia lenha do jardim para manter o fogo aceso, minha mãe ficava acordada até tarde costurando roupas para mim, e minha avó esterilizava tudo o que via: talheres, tesouras, panelas e frigideiras, mas também coisas não relacionadas, como martelos e alicates. Visitantes eram proibidos, a menos que viessem usando máscaras, mas como as máscaras eram escassas, eles logo desapareceram.

"Em qualquer outra família, ela não teria conseguido", declarou no meu primeiro aniversário a dra. Elvira, que vinha periodicamente verificar minha saúde. "Parabéns! Vocês podem parar de chamá-la 471. Olhem para essas bochechas gordinhas. É melhor chamá-la de 'pimentão recheado'."

Devo ter recebido reforços de imunidade estranhos quando eu era pequena porque, com exceção daqueles primeiros meses, quase nunca adoeci de novo. Quando criança, eu adoecia tão raramente que cheguei a idealizar a doença, a pensar na convalescença como uma espécie de prêmio distribuído a poucos escolhidos, imaginando quais desafios teria que superar para me tornar digna de uma febre alta, uma tosse seca, ou até mesmo uma simples dor de garganta. Sempre que uma infecção circulava pela minha classe, eu perguntava às crianças que estavam fora da escola se eu poderia dar-lhes abraços extras na esperança de pegar suas doenças. Nas raras ocasiões em que conseguia contrair alguma coisa, ficava em casa, tomando chá de louro, e pedia à minha avó que me contasse a história de como a 471 sobreviveu para se tornar o pimentão recheado. "Como é minha biografia?", eu perguntava. "Você foi uma criança prematura", era sempre sua primeira frase. "Você veio antes de estarmos prontos. Afora isso, sua biografia até agora é tão boa quanto possível."

Foi só quando Elona perdeu a mãe em circunstâncias muito semelhantes às que minha mãe e eu sobrevivemos que percebi que as coisas poderiam ter sido diferentes para nós também. Comecei a pensar na minha vida como uma história de aventura milagrosa. Mas Nini nunca admitiu que tivesse sido um milagre; sempre rejeitou a possibilidade de que as coisas pudessem ter acontecido de outro modo. Ela relatava os primeiros meses de minha existência com uma atribuição tão exata de causa e efeito que parecia mais uma análise de teoria científica, mais uma reconstrução das leis da natureza do que o relato de eventos que poderiam ter tomado um rumo diferente. O sucesso sempre se devia a pessoas certas fazerem as escolhas certas, lutarem pela esperança quando ela parecia justificada e interpretarem os fatos de forma a distinguir a esperança da ilusão.

No fim, minha avó dizia, estamos sempre no comando de nosso destino. A "biografia" era crucial para conhecer os limites do seu mundo, mas depois que fossem conhecidos, você ficava livre para escolher e se tornava responsável por suas decisões. Haveria ganhos e haveria perdas. Era preciso evitar se sentir lisonjeado pelas vitórias e aprender a aceitar a derrota. Como os movimentos no xadrez que minha mãe costumava descrever, era possível jogar se você dominasse as regras.

4.
Tio Enver nos deixou para sempre

"Aconteceu uma coisa horrível", disse Flora, nossa professora da pré-escola, exortando todas as crianças de cinco e seis anos a se sentarem em cadeiras coloridas de madeira dispostas em semicírculo. Era 11 de abril de 1985. "O tio Enver nos... nos... nos deixou... para sempre." Ela pronunciou essas palavras como se desse seu último suspiro, como se essa fosse a última frase que diria. Depois disso, deixou-se cair numa das pequenas cadeiras, levou a mão ao peito como se doesse, sacudiu a cabeça e respirou fundo: inspira, expira, inspira, expira. Seguiu-se um longo silêncio.

Então Flora levantou com grande determinação e esfregou os olhos. Durante aqueles poucos minutos de silêncio, ela se transformou numa pessoa diferente. "Crianças", falou solenemente. "Ouçam com atenção. É muito importante que vocês entendam. Tio Enver faleceu. Mas sua obra continua viva. O Partido continua vivo. Todos continuaremos sua obra e seguiremos seu exemplo."

Naquele dia, conversamos bastante sobre a morte. Minha amiga Marsida, cujo pai consertava sapatos, e cujo avô fora o imã da mesquita local antes de a religião ser abolida, disse que antigamente as pessoas acreditavam que não morremos de verdade quando morremos. Claro, respondemos, claro que não morremos. Toda a nossa obra, como a do tio Enver, continua viva.

Mas Marsida protestou, porque não era isso que ela queria dizer. Ela não quisera dizer que nossa obra continua viva enquanto estamos mortos. Em vez disso, queria dizer que quando as pessoas morrem há uma parte delas que continua a viver, e que vai para um lugar diferente, dependendo de como você se comportou durante a vida. Ela não conseguia se lembrar como se chamava essa parte. Seu avô lhe havia explicado.

Estávamos incrédulas. Um lugar diferente? "Como alguém pode ir a algum lugar quando está morto?", perguntei. "Quando você está morto, não pode se mover. Põem você direto num caixão."

"Você já viu uma pessoa morta de verdade?", perguntou Marsida.

Respondi que não. Mas tinha visto caixões. E tinha visto para onde eles iam, muito fundo na terra, com a ajuda de cordas. Eu os vi quando visitamos o túmulo do meu avô no cemitério, no domingo. Tinha visto até túmulos de crianças. Certa vez, risquei o mármore de uma delas com um pedaço de vidro que encontrei no chão, e minha avó me repreendeu. Na lápide, havia uma foto em preto e branco que mostrava uma garotinha sorridente usando uma grande fita um pouco parecida com a minha. Ela havia morrido ao cair de uma árvore. Nini me contou que é por isso que temos cemitérios, para sabermos onde estão os mortos e podermos visitar seus túmulos e conversar com eles sobre como estamos continuando a obra deles.

Marsida respondeu que também tinha visto caixões, muitas vezes. Ela vira não só os feitos para adultos, que eram pretos; uma vez vira também um caixão pequeno, que era vermelho e menos pesado para levantar do que os outros, porque bastava um único homem para carregá-lo.

Então outra amiga, Besa, que era um pouco mais velha, entrou na conversa. Ela vira uma pessoa morta de verdade. Tinha visto seu tio. Espiara pelo buraco da fechadura do quarto onde ele esperava para ser lavado e vestido com suas melhores roupas antes de ser colocado em seu caixão que ali estava, aberto, pronto, bem ao lado dele. Ele ainda estava deitado no sofá. Estava branco como giz e tinha sangue na cabeça porque acabara de cair de um poste de eletricidade no trabalho. "Minha tia reclamou que ninguém fechou seus olhos quando aquilo aconteceu", disse ela. "Não tem como nenhuma parte dele ter ido a algum lugar."

"Sim." Assenti com a cabeça. "Minha avó me disse que, quando as pessoas morrem e nós as enterramos, os insetos se alimentam de seus corpos, então eles derretem na terra e se tornam adubo, que é necessário para outras coisas crescerem, como flores ou plantas ou qualquer outra coisa. Eles não podem ir a lugar nenhum", insisti.

"Além disso, pessoas mortas fedem", acrescentou Besa. "Quando meu tio morreu, ouvi minha tia falar que o funeral tinha de ser organizado rapidamente porque se não o enterrássemos logo, ele começaria a feder."

"Eca", disse eu. "Uma vez teve um salame na geladeira que começou a feder depois de um corte de energia. Estava tão fedido que meu pai corria pela casa com um prendedor de roupa preso ao nariz e a boca bem aberta, ofegante, gritando: 'Socorro! Socorro!'."

Todos riram. A professora Flora nos ouviu e nos mandou ficar no canto, para refletir, disse ela, sobre como podíamos rir num dia tão triste para nossa nação. Quando voltei para casa e contei à minha avó que o tio Enver estava morto, e que eu havia sido mandada para o canto por causa do salame podre na nossa geladeira, não pude segurar as lágrimas que escorreram pelo meu rosto. Não sei se foi a vergonha de ser repreendida no dia errado, a tristeza pela perda do tio Enver, uma combinação de ambos, ou talvez outra coisa, totalmente sem relação.

Aquela primeira conversa sobre a morte e o que acontece depois repetiu-se na escola vários anos mais tarde. A professora Nora nos contou que antigamente as pessoas se reuniam em grandes edifícios chamados igrejas e mesquitas para cantar canções e recitar poemas dedicados a alguém ou algo que chamavam de Deus, que tínhamos de distinguir com cuidado dos deuses da mitologia grega como Zeus, Hera ou Poseidon. Ninguém sabia como era aquele Deus único, mas pessoas diferentes tinham interpretações distintas. Alguns, como católicos e cristãos ortodoxos, acreditavam que Deus tinha um filho que também era meio humano. Outros, os muçulmanos, pensavam que Deus estava em toda parte, desde as menores partículas de matéria até o universo inteiro. Outros ainda, os judeus, pensavam que Deus criaria um rei que os salvaria no fim dos dias. Os profetas que eles reconheciam também eram diferentes. No passado, grupos religiosos haviam lutado ferozmente entre si, matando e mutilando pessoas inocentes em disputas a respeito de qual profeta estava certo. Mas não em nosso país. Em nosso país, católicos, cristãos ortodoxos, muçulmanos e judeus sempre se respeitaram porque se importavam mais com a nação do que com suas divergências sobre a aparência de Deus. Então veio o Partido, mais pessoas começaram a ler e escrever, e quanto mais aprendiam sobre como o mundo funcionava, mais descobriam que a religião era uma ilusão, algo que os ricos e poderosos usavam para dar aos pobres falsas esperanças, prometendo-lhes justiça e felicidade em outra vida.

Perguntamos se existia outra vida depois que morremos.

"Não existe", respondeu a professora Nora com a convicção característica. Ela explicou que era tudo uma maneira de fazer com que as pessoas parassem de lutar por seus direitos na única vida que tinham, para que os ricos pudessem se beneficiar.

Os capitalistas, que não necessariamente acreditavam em Deus, queriam mantê-lo porque isso tornava mais fácil explorar os trabalhadores e culpar um ser mágico, e não eles próprios, pela miséria que causavam. Mas depois que as pessoas aprenderam a ler e escrever, e o Partido estava lá para guiá-las, elas pararam de confiar em Deus. E também deixaram de acreditar em todo tipo de superstição, como mau-olhado, ou carregar alho para evitar a má sorte, ou outras maneiras de fingir que as pessoas não eram livres para fazer o certo, mas sim controladas por forças sobrenaturais. Felizmente, com a ajuda do Partido, podíamos enfim entender que Deus era apenas uma invenção para nos deixar com medo e para depender daqueles que fingiam ter o poder de traduzir a palavra de Deus ou de explicar suas regras.

"Mas foi difícil se livrar completamente de Deus", disse a professora Nora. "Algumas pessoas, alguns reacionários, continuaram acreditando nele. Quando o Partido ficou forte o suficiente para combatê-las, tomaram-se medidas voluntárias para transformar todos os locais de culto em espaços de formação e desenvolvimento da juventude. As igrejas passaram a ser centros esportivos; mesquitas tornaram-se salas de conferências. É por isso que não só Deus não existe", concluiu a professora Nora, "como também não temos mais igrejas e mesquitas. Nós destruímos todas elas." Ela ergueu um pouco a voz. "Nunca devemos voltar a esses costumes atrasados. Não existe Deus em nenhum lugar. Não existe Deus, não existe vida após a morte, não existe imortalidade da alma. Quando morremos, morremos. A única coisa que vive eternamente é a obra que fizemos, os projetos que criamos, os ideais que deixamos para os outros perseguirem em nosso nome."

Às vezes, eu pensava nas palavras da professora Nora no caminho de volta da escola, quando passava pelo prédio da sede do Partido e olhava para uma das janelas. Olhava para cima instintivamente, porque era isso que eu sempre havia visto minha mãe fazer, cada vez que passávamos pelo prédio. Eu repetia o gesto dela. Por algum motivo, eu associava a sede do Partido a Deus e a pensamentos sobre a vida após a morte. Tudo começou num momento em que voltávamos para casa do nosso passeio habitual de domingo, e eu estava pedalando atrás de meus pais quando ouvi minha mãe sussurrar para meu pai: "Não, não a janela com o vaso de flores, a outra. Ele gritou: 'Allahu-akbar!'".

"Allahu-akbar", ela repetiu.

"Quem é ele?", perguntei enquanto ainda pedalava. "O que significa 'allahu-aka'?"

Meu pai se virou abruptamente. "Nada", respondeu. "Isso não significa nada."

"Você acabou de dizer 'allahu-aka'", insisti, andando adiante e parando minha bicicleta na frente dele.

"É um péssimo hábito ouvir a conversa de adultos", disse meu pai, visivelmente irritado. "'Allahu-akbar' é o que as pessoas que acreditam em Deus costumavam dizer, para reconhecer e celebrar a grandeza Dele."

"Você quer dizer como 'Viva o Partido'?", perguntei.

"Deus não é o mesmo que o Partido", explicou meu pai. "'Allahu-akbar' é o que as pessoas de fé muçulmana teriam falado em orações. Você conhece diferentes crenças religiosas porque a professora Nora explicou para você na aula de educação moral", disse. "'Allah' significava Deus em árabe."

"Conhecemos alguém que era muçulmano antigamente?"

"Nós somos muçulmanos", respondeu minha mãe, tirando da bolsa um lenço para limpar a lama que acabara de ver nos meus sapatos. "Nós *éramos* muçulmanos", corrigiu meu pai. "A maioria das pessoas na Albânia era muçulmana."

Perguntei se os muçulmanos acreditavam na vida após a morte. Minha mãe assentiu enquanto ainda estava abaixada, esfregando a ponta do meu sapato.

"Então eles eram tão tolos quanto todas as outras pessoas que acreditavam em um Deus diferente", eu disse, me contorcendo para sair do aperto de minha mãe e pedalar a toda velocidade.

Sempre que eu passava pela sede do Partido no caminho de volta da escola, pensava no homem que gritara "Allahu-akbar!" da janela do quinto andar. Que estranho, pensei, que todos esses fanáticos religiosos discordassem uns dos outros a respeito de como exatamente Deus era, e mesmo assim todos acreditassem que partes de nós sobreviveriam depois de morrermos. Se tinha uma coisa que podia convencer a nós, crianças, da irracionalidade da religião, da natureza ridícula da crença na existência de Deus, era a ideia de que poderia existir vida depois da que tivemos. Na escola, fomos ensinados a pensar sobre desenvolvimento e decadência em termos evolutivos. Estudamos a natureza com os olhos de Darwin e a história com os olhos de Marx. Distinguíamos entre ciência e mito, razão e preconceito, dúvida saudável e superstição dogmática. Fomos ensinados a acreditar que ideias e aspirações corretas sobrevivem graças a todos os nossos esforços coletivos, mas que a vida dos indivíduos deve sempre chegar ao fim, como a vida de insetos, pássaros e outros animais. Pensar que as pessoas merecem um destino diferente do resto da natureza era ser escravo do mito e do dogma em detrimento da ciência e da razão. A ciência e a razão eram tudo o que importava. Somente com a ajuda delas poderíamos conhecer a natureza e o mundo. E quanto mais sabíamos mais podíamos explicar e controlar o que a princípio parecia misterioso.

"Você entendeu?", lembro-me de dizer a Nini em meio às lágrimas, no dia em que Enver Hoxha morreu. "Tio Enver não vive mais. Sua obra viverá para sempre. Mas meu desejo de conhecê-lo nunca será realizado."

Minha avó insistiu para que eu almoçasse. Ela continuou elogiando o *byrek* que havia feito. "Eu experimentei", disse ela. "Está delicioso."

Eu me perguntei como ela podia comer num dia assim. Como alguém podia pensar em comida? Eu não estava com fome. Estava triste demais. Tio Enver se fora para sempre. Todos os seus livros, que eu adorava, permaneceriam sem dedicatória. Nem sequer tínhamos uma foto dele na nossa sala de estar. Eu sentiria terrivelmente a falta dele. "Vou cortar uma foto do livro que ele escreveu para seus amigos pioneiros e emoldurar", anunciei. "Vou colocá-la ao lado da minha cama."

Nini parou de insistir no almoço. "Você tem razão", disse ela. "Também não estou com fome, só dei uma mordida." Ela estava, no entanto, determinada a me impedir de cortar a foto. "Nesta casa não vandalizamos livros."

O enterro aconteceu alguns dias depois. Havia uma chuva preguiçosa, depois de um longo período de sol. Olhamos para a tela da televisão, que mostrava milhares de pessoas alinhadas em ambos os lados da avenida principal de Tirana para assistir ao cortejo fúnebre: soldados em lágrimas, velhas chorando e esfregando o rosto em desespero, estudantes universitários com um olhar vazio. As imagens eram acompanhadas por uma marcha sinfônica. O repórter falou pouco e devagar, como um miserável Sísifo incumbido de fazer comentários enquanto rolava sua pedra morro acima. *"Até a Natureza lamenta a perda de um dos maiores revolucionários de nosso tempo"*, disse. Seguiu-se uma longa pausa. Ouviam-se somente as notas da marcha fúnebre. *"Sempre que o camarada Enver aparecia na tribuna no Primeiro de Maio, o clima mudava, o sol saía de trás das nuvens. Hoje, até o céu chora. A chuva se mistura com as lágrimas das pessoas."*

Minha família assistia em silêncio.

"O país lamenta a perda de seu filho mais eminente, o pai fundador da nação albanesa moderna, o estrategista inteligente que organizou a resistência contra o fascismo italiano, o general brilhante que derrotou os nazistas, o pensador revolucionário que evitou tanto o oportunismo quanto o sectarismo, o orgulhoso estadista que resistiu às tentativas revisionistas iugoslavas de anexar nossa amada nação, o político que nunca caiu nas conspirações imperialistas anglo-americanas e que nunca se rendeu aos soviéticos e à pressão revisionista chinesa." A câmera focou no caixão, coberto por uma grande bandeira albanesa,

depois nos rostos enlutados de membros do Politburo, depois no novo secretário-geral do Partido, que estava prestes a fazer um discurso. A música continuava. Depois de outra pausa, o comentarista recuperou as forças e voltou a falar. *"O camarada Enver trabalhou tanto para a nação quanto para a solidariedade do proletariado internacional. Ele sabia que o único caminho a seguir é a autodeterminação nacional, juntamente com uma luta implacável contra os inimigos internos e externos do socialismo. O camarada Enver agora nos deixou para continuar a luta sem ele. Sentiremos falta de sua orientação brilhante, de suas palavras sábias, de sua paixão revolucionária, de seu sorriso caloroso. Sentiremos falta dele. A dor é grande. Devemos aprender a transformar a dor em força. Faremos isso amanhã. Hoje a dor é simplesmente grande demais."*

"Eu sei!" Minha mãe rompeu de repente o silêncio. "Estava me perguntando sobre isso. É da Terceira Sinfonia de Beethoven. A marcha fúnebre. É Beethoven."

"Não, não é", meu pai retrucou instantaneamente, como se estivesse esperando pelos comentários dela o tempo todo. "É daquele compositor albanês, não consigo lembrar qual. Mas eu já ouvi isso antes, não é novo", acrescentou, com o entusiasmo que manifestava somente quando surgia a oportunidade de contradizer minha mãe.

"Zafo, você não faz a menor ideia", disse minha mãe. "Você é completamente surdo para música. Quando foi a última vez que você foi a um concerto de música clássica? A única coisa que você ouve é o som do programa esportivo no rádio. A música de fundo é do segundo movimento da Terceira Sinfonia de Beethoven; a 'Eroica'. Chama-se 'Marcha Fúnebre'."

Ele estava prestes a contradizê-la novamente quando Nini interveio para confirmar que minha mãe estava certa. "É da sinfonia que Beethoven começou a compor em homenagem a Napoleão. Também reconheço, Asllan gostava muito dela." A referência ao meu avô sempre resolvia as discussões familiares.

"Vocês vão mesmo me levar para prestar minha homenagem diante do túmulo?", perguntei, com lágrimas nos olhos, paralisada diante das imagens em movimento na tela, e me perguntando por que, em vez de chorar, minha família estava falando sobre música.

"Neste domingo", minha avó respondeu, vagamente distraída.

"Vão permitir visitas já neste domingo?"

"Não para o túmulo do tio Enver, não", corrigiu-se Nini. "Achei que você se referia ao do seu avô."

"Todos os coletivos de trabalhadores prestarão homenagem ao camarada Enver nas próximas semanas", disse meu pai. "Quando for a minha vez, levo você."

Por algumas semanas, esperei ansiosamente por essa visita. Uma tarde, meu pai voltou do trabalho anunciando que estivera em Tirana para visitar o túmulo do tio Enver. "Você foi?", perguntei com uma mistura de raiva e decepção. "Você disse que me levaria. Você não cumpriu sua promessa."

"Eu tentei", meu pai respondeu se desculpando. "Saímos de manhã cedo, com o primeiro trem, e quando vim te acordar, você estava dormindo, não me ouviu. Nini tentou chamá-la também, e você apenas se mexeu e virou para o outro lado. Já era tarde e eu tinha que sair. Não se preocupe, pimentão recheado. Tenho certeza de que haverá outra oportunidade."

Fiquei inconsolável. Chorei e disse que era óbvio que meus pais não amavam o tio Enver tanto quanto eu, que provavelmente não o amavam de forma alguma. Era mentira que tinham me chamado naquela manhã, eu disse, porque se tivessem me dito na noite anterior que visitaríamos seu túmulo, eu não teria dormido nada e teria saltado da cama imediatamente. A verdade é que eles não se importavam; não se importavam em visitar o túmulo do tio Enver nem em pôr sua foto em nossa sala de estar. Eu tinha pedido milhões de vezes para emoldurar uma foto do tio Enver, e eles nunca me trouxeram uma. Todos os meus amigos tinham fotos expostas em suas estantes de livros; minha amiga Besa tinha até uma grande foto dela no colo do tio Enver tirada durante o último Congresso, quando ela lhe levou um buquê de rosas vermelhas e recitou um poema para o Partido. Eu nunca tinha ido a nenhum Congresso, e não tínhamos nada.

Meus pais tentaram me tranquilizar. Eles amavam o Partido e o tio Enver tanto quanto eu, diziam. O único motivo pelo qual faltava uma foto dele em nossa sala de estar era que estávamos esperando para ampliá-la. Precisávamos de uma moldura adequada, acrescentou minha mãe, que teria de ser feita sob medida. As molduras de madeira comuns que se encontravam na loja de arte não eram dignas do tio Enver. "Estamos trabalhando nisso", enfatizou também meu pai. "Era para ser uma surpresa de aniversário."

Sacudi a cabeça, descrente. "Vocês não vão fazer isso no meu aniversário" falei, enxugando as lágrimas. "Eu sei disso. Vocês simplesmente vão esquecer. Vocês não amam o tio Enver. É claro que vocês não sentem falta dele, porque se sentissem, já teriam uma foto pequena e também comprariam uma grande."

Meus pais pareciam alarmados. Eles se entreolharam. "Vou te contar um segredo", disse Nini. "Eu conheci o tio Enver. Eu o conheci muitos, muitos anos atrás, quando seu avô e eu ainda éramos jovens. Os dois eram amigos. Como eu não poderia amá-lo se fomos amigos?" Ela prometeu que um dia me mostraria as cartas que haviam trocado. "Mas", disse ela, "você deve prometer uma coisa em troca: que nunca mais dirá, para nós ou para qualquer outra pessoa, que não amamos ou sentimos falta do tio Enver. *Tu vas me donner ta parole d'honneur*, certo?"*

---

* "Vais me dar tua palavra de honra, certo?"

5.
Latas de coca-cola

Minha família aceitava que algumas regras fossem menos importantes que outras e que algumas promessas pudessem se tornar obsoletas com o tempo. Nisso eles não eram diferentes das outras pessoas, do resto da sociedade ou mesmo do Estado. Parte do desafio de crescer era descobrir quais regras se desvaneciam ao longo do tempo, quais eram superadas por outras obrigações mais importantes e quais permaneciam inflexíveis.

Tomemos as compras no mercado. Havia sempre filas. Elas sempre se formavam antes da chegada do caminhão de distribuição. Esperava-se sempre que a pessoa entrasse nelas, a menos que tivesse feito amizade com o comerciante. Essa era a regra geral. Mas também havia brechas. Qualquer um tinha permissão para sair da fila, desde que encontrasse um objeto apropriado para substituí-lo durante sua ausência. Poderia ser uma velha sacola de compras, uma lata, um tijolo ou uma pedra. Em seguida, havia outra regra, avidamente endossada e prontamente aplicada, a saber, que quando os suprimentos chegassem, o objeto deixado como substituto perderia imediatamente sua função representativa. Não importava se fosse uma sacola, lata, tijolo ou pedra que estava em seu lugar. A bolsa passava a ser apenas uma bolsa; não poderia mais ser você.

As filas dividiam-se entre aquelas em que nada acontecia e aquelas em que sempre havia algo acontecendo. No primeiro caso, a manutenção da ordem social poderia ser delegada a objetos. No segundo, as filas eram animadas, barulhentas e turbulentas; todos tinham que estar presentes e todos os participantes se movimentavam enquanto tentavam avistar o balcão,

61

ver quanto restava do que acabara de chegar, e enquanto o comerciante procurava por algum amigo na fila que precisasse priorizar.

Durante meu treinamento para abrir caminho no sistema de filas, perguntei certa vez por que tínhamos de deixar uma pedra na fila do queijo para que pudéssemos entrar na fila do querosene e deixar uma lata ali, já que nada estava acontecendo em nenhuma delas. Foi quando aprendi que as filas podiam durar um dia inteiro, e às vezes a noite, ou várias noites, e era essencial deixar que sacolas de compras, recipientes ou pedras de tamanho adequado assumissem algumas das funções representativas que de outro modo sobrecarregariam seus donos. Os objetos na fila eram monitorados periodicamente e os participantes se revezavam para garantir que sacolas, latas ou pedras representativas não fossem removidas ou substituídas inadvertidamente por coisas não autorizadas. Nos raríssimos casos em que o sistema se rompia, eclodiam brigas e as filas se tornavam desagradáveis, bestiais e longas. As pessoas lutavam ferozmente por pedras que pareciam semelhantes, ou sacolas de rede que haviam sido substituídas descaradamente por sacos, ou latas de querosene que inesperadamente dobravam de tamanho.

Comportar-se com respeito na fila ou unir forças para manter os padrões de sua formação podia marcar o início de amizades duradouras. Um vizinho que se conhecia na fila ou um amigo que se fazia enquanto compartilhava as tarefas de supervisão logo se tornaria alguém a quem apelar em todo tipo de adversidade: se um idoso em sua casa ficasse inesperadamente doente e você precisasse cuidar das crianças, ou se você descobrisse que ficara sem açúcar no meio do preparo de um bolo de aniversário, ou se precisasse de alguém com quem trocar vales-alimentação, pois poderia ter acumulado um estoque de algumas coisas, mas ficado sem outras. Contávamos com amigos e vizinhos para tudo. Sempre que surgia a necessidade, simplesmente batíamos à porta deles, a qualquer hora do dia. Se não tinham o que procurávamos, ou se não podiam ajudar no que precisávamos, ofereciam substituições ou recomendavam outra família que pudesse ajudar.

Esse equilíbrio sutil entre seguir regras e infringi-las também se aplicava a outras áreas. Aplicava-se se você aparecesse na pré-escola ou na escola com um uniforme que parecia amassado ou, pior, estivesse manchado, ou quando o barbeiro ou seus pais cortavam seu cabelo em um estilo que poderia ser considerado imperialista, ou se você deixasse as unhas crescerem além do limite do comprimento aceito ou as tivesse pintado com uma cor incomum, revisionista, como roxo muito escuro. O mesmo princípio, conforme descobri mais tarde, também se aplicava a questões mais gerais, como se homens e mulheres eram efetivamente iguais, se as opiniões dos membros do Partido de escalão inferior e superior tinham o mesmo peso, em que medida as piadas sobre o Partido e o Estado podiam ter implicações sérias e, como no meu caso, com quem era apropriado compartilhar observações sobre fotos na sala de estar.

O truque sempre consistia em saber qual e quando uma regra era relevante e, idealmente, se ela se afrouxava com o passar do tempo, se era tão séria quanto se pensava, ou se era muito rígida em alguns aspectos, mas menos em outros — e como se poderia saber a diferença para evitar descobrir tarde demais. O domínio da sutil fronteira entre seguir e infringir regras era, para nós, crianças, a verdadeira marca de crescimento, maturidade e integração social.

De minha parte, descobri numa noite de agosto de 1985 que a promessa que fizera a meus pais de nunca revelar a indiferença deles às lembranças fotográficas de nosso líder era estritamente obrigatória, tão rigorosa que todas as outras promessas empalideciam diante dela. Foi no fim de um dia em que passei a maior parte do tempo no topo de uma figueira, no jardim dos Papas.

Os Papas eram nossos vizinhos mais próximos, um casal de sessenta e poucos anos com filhos que já haviam saído de casa quando eu nasci. Minha mãe fez amizade com a esposa, Donika, quando as duas uniram forças contra uma mulher que elas acreditavam querer ocupar seu lugar na fila do querosene. Como minha mãe, Donika tinha tendência de desconfiar das pessoas, e a primeira impressão que se tinha dela era de hostilidade. Era baixa, redonda, brigava com frequência com os vizinhos e tinha má reputação junto às crianças, embora comigo fosse extraordinariamente simpática. Antes de se aposentar, Donika fora funcionária dos Correios. Ela passara boa parte da vida gritando "Alô, alô!" por linhas telefônicas interrompidas e, em consequência, desenvolvera uma tendência a transformar todas as vogais em A e pronunciar o final de cada palavra de um modo alongado, como se estivesse tocando uma campainha de alarme: ALAA, ALAA, ALAA. Ou se estivesse ligando para minha mãe, Doli: DALAA, DALAA, DALAA.

O marido de Donika chamava-se Mihal e era um funcionário altamente respeitado do Partido local, com um bigode grosso que parecia um pouco com o de Stálin. Mihal lutara na guerra, destruíra muitos inimigos e colecionara uma dúzia de medalhas com as quais eu ficava mais feliz em brincar do que ele parecia orgulhoso por possuir. Fiquei fascinada com a história de um soldado nazista que ele matara, um homem loiro chamado Hans, a quem Mihal oferecera água para lavar o sangue de sua boca enquanto ele dava seus últimos suspiros. Hans recusara e continuara a murmurar "Heil Hitler". Pedi a Mihal que descrevesse como havia matado Hans, mas ele preferiu falar sobre a última coisa que se lembrava dele: seu bigode fino, um bigode que ainda não havia crescido totalmente, disse.

"Meu próprio bigode também não havia crescido", acrescentou, e fiquei intrigada com a maneira como ele falou de Hans quase com carinho, como se estivesse descrevendo um amigo perdido há muito tempo com quem ele compartilhara boas lembranças, em vez de um inimigo mortal cuja vida ele havia tomado.

Os Papas nos emprestavam dinheiro com frequência, cuidavam de mim quando meus pais e minha avó estavam ausentes e tinham uma chave reserva de nossa casa. Eu passava longas noites de verão em seu jardim, comendo uvas de suas videiras, antes de me juntar a eles para jantar, quando Mihal me dava um gostinho de seu *raki* e me deixava pular da mesa usando seu velho gorro de partisan. Do jardim deles, havia uma vista espetacular para o mar, além de uma figueira gigantesca com frutas deliciosas. Mihal me dissera que subindo naquela árvore se podia ver o pôr do sol e contar os barcos que entravam e saíam do porto. Mas sempre relutei, pois não parava de pensar na garotinha cujo túmulo ficava ao lado da lápide do meu avô que havia morrido após cair de uma árvore.

Naquele dia, no fim de agosto de 1985, porém, reuni coragem para subir na árvore. Mas não foi para ver o pôr do sol ou contar os barcos no porto que me esforcei para chegar ao topo. Foi em protesto. Durante todo aquele verão, minha família e os Papas não se falaram. No fim de junho, minha mãe e Donika tiveram uma discussão, que se transformou numa briga que envolveu todos os outros, e no fim eu era a única pessoa da minha família com quem os Papas ainda falavam.

O motivo da discussão foi uma lata de coca-cola. Um dia, em meados de junho, minha mãe comprara uma lata vazia de outra professora de sua escola, pelo equivalente ao que se pagaria por uma pintura do nosso herói nacional Skanderbeg na loja de turismo. Ela passou a tarde deliberando com minha avó onde colocá-la e, como estava vazia, se a enfeitaria com uma rosa fresca do jardim. Elas decidiram que, embora a rosa fosse uma ideia original, ela desviaria a atenção do valor estético da lata, e por isso a deixaram nua, em cima do nosso melhor pano bordado.

Alguns dias depois dessa discussão, a lata desapareceu. Depois reapareceu em cima da televisão dos Papas.

Os Papas tinham acesso à nossa casa, sabiam do velho casaco do meu avô, em cujo bolso estava guardado todo o nosso dinheiro, e ajudaram-nos a obter autorização do Partido para a construção particular da nossa casa. Eu tinha a impressão de que eles também sabiam muitas coisas sobre nossa biografia, mas nunca lhes perguntei o quê, pois não entendia muito bem o que significava biografia e não queria passar vergonha. Mihal, que ainda era ativo nos círculos locais do Partido, sempre ajudava meus pais a resolver questões administrativas e os defendia tanto nas reuniões do Partido quanto nas do conselho local.

A participação no conselho local era obrigatória para todos do bairro, mas a adesão ao Partido era seletiva, aberta somente a pessoas com boas biografias. Meus pais não estavam autorizados a ser membros, mas Mihal era um veterano, e sua opinião sobre os méritos de diferentes candidatos tinha muito peso. Certa vez, ele quase impediu que outra vizinha, Vera, entrasse, porque numa das reuniões do conselho ela alegou que minha família era reacionária e dava desculpas sobre limpar aos domingos. A limpeza dominical era, em teoria, optativa, mas na prática era um daqueles casos em que a norma significava o contrário do que dizia. Quando meus pais eram novos no bairro, eles lutaram para interpretar a recomendação da maneira certa. Não demoraram a aprender.

Minha família e os Papas passavam muito tempo juntos: limpavam a rua juntos aos domingos e ajudavam outros vizinhos quando era preciso organizar um casamento ou um funeral. Os casamentos eram geralmente realizados no jardim das pessoas, com centenas de convidados. Todos se mobilizavam para ajudar a fazer o jantar, trazer bancos e mesas das escolas locais, ou arrumar o lugar onde a orquestra tocaria música noite adentro. Nossas duas famílias sempre carregavam os bancos juntas e sentavam-se lado a lado durante o jantar e as comemorações. As crianças ficavam acordadas até o amanhecer, cantando e dançando, e quando as festividades chegavam ao auge, os convidados se aproximavam da noiva, agitando uma nota de cem leques, que lambiam e batiam na testa dela, como mandava o costume. Mihal sempre batia na minha testa também, dizendo que eu dançava melhor e era mais inteligente do que a noiva.

No fim do verão, minha mãe e Mihal costumavam juntar recursos para fazer *raki* juntos. Durante aqueles longos dias destilando uvas fermentadas, esperando o álcool pingar do bico e testar o quão forte ou fraca estava a bebida, eles falavam sobre os velhos tempos. Certa vez, ouvi minha mãe mencionar o porto de nossa cidade nos anos 1930 e dizer a Mihal que o maior barco que sua família possuíra ainda era usado para exportações. Fiquei confusa e depois perguntei a Mihal o que aquilo significava. Mas ele disse que eles estavam falando sobre *arka* e não *varka* (caixas em vez de barcos), então perguntou se eu queria dançar sobre a mesa, onde ele estava comendo *meze*.

Menciono tudo isso para enfatizar que minha mãe jamais sonharia em acusar os Papas de roubo, não fosse o fato de o objeto roubado ser uma lata de coca-cola. Na época, ela era uma visão extremamente rara. Mais raro ainda era o conhecimento de sua função. Eram marcadoras de status social: se possuíam uma lata, as pessoas a ostentavam em suas salas de estar, geralmente sobre uma toalha de mesa bordada em cima da televisão ou do rádio, muitas vezes ao lado da foto de Enver Hoxha. Sem a lata de coca-cola, nossas casas pareciam iguais. Elas eram pintadas da mesma cor, tinham os mesmos móveis. Com a lata de coca-cola, algo mudava, e não só visualmente. A inveja crescia entre nós. Dúvidas começavam a surgir. A confiança se rompia.

"Minha lata!", exclamou minha mãe quando foi devolver o rolo de massa que Donika lhe emprestara e viu o objeto vermelho em cima da televisão dos Papas. "O que minha lata está fazendo aqui?" Donika apertou os olhos como se não pudesse ver o dedo indicador de minha mãe apontando para a lata, ou como se não pudesse acreditar no que via. "É minha", ela respondeu com orgulho. "Comprei recentemente." "*Eu* comprei recentemente", minha mãe repetiu, "e veja onde foi parar." "Você está dizendo que roubei minha lata?", Donika perguntou, confrontando-a. "Estou dizendo que *sua* lata é, na verdade, *minha* lata", minha mãe respondeu.

Naquele dia, ela e Donika discutiram como nunca antes. Começaram na frente da televisão, mas saíram para a rua, gritando insultos e agitando rolos de massa enquanto todos assistiam. Donika gritou que minha mãe não passava de uma burguesa vestida com roupas de professora, e minha mãe gritou de volta que Donika não passava de uma camponesa vestida de funcionária dos Correios. Depois de um tempo, trouxeram uma testemunha: a vizinha que trabalhava na fábrica de cigarros próxima confirmou que havia vendido a lata vazia para Donika um dia depois que minha mãe comprara a dela.

Nesse momento, minha mãe fez um pedido formal de desculpas. Donika e Mihal estavam tão ofendidos que não aceitaram. Eles viraram as costas e caminharam até sua casa, e pararam de gritar pela janela a fim de convidar meus pais para o café da manhã. Quando se sobrepunham na fila de compras, ignoravam-se, e certa vez Donika chegou a fingir não reconhecer a excelente pedra grande que minha mãe usava como sua substituta quando saía da fila, embora essa tivesse vindo do jardim dos Papas. Nunca descobrimos quem foi o responsável por roubar nossa lata de coca-cola, mas concluímos que não era seguro comprar outra, por mais que melhorasse nossa sala de estar. Aproveitei a oportunidade para pedir que uma foto do tio Enver substituísse a lata de coca-cola em cima da nossa televisão — pedido que meus pais novamente ignoraram.

Durante aquele verão, os Papas ainda me deixaram subir em árvores no seu jardim, mas não me convidaram mais para jantar. Quando perguntei a Mihal se eu poderia brincar com suas medalhas e gorro de partisan, ele disse que faríamos isso em outra ocasião. "Trata-se de dignidade; eles pisaram em nossa dignidade", eu o ouvi dizer a Donika um dia. Comecei a suspeitar que os Papas não estavam realmente irritados com as acusações de meus pais relacionadas às latas de coca-cola, mas chateados com outra coisa, algo mais importante, o tipo de coisa que meus pais nunca poderiam substituir ou consertar. Eu estava inconsolável. Odiava ver Donika passar por minha mãe em silêncio na fila do queijo, e sentia falta de sua voz fina e esganiçada chamando minha mãe da janela quando ela fazia café: Dalaaaa, Dalaaaa, Kaaafaaaa, Kafaaaaa. Meus pais também estavam inconsoláveis, só que não sabiam mais o que dizer para se desculpar.

Depois de algumas semanas assim, pensei em resolver o assunto por conta própria. Decidi me esconder no jardim dos Papas, fingindo estar perdida para que meus pais fossem me procurar. Imaginei que se os Papas vissem como toda a vizinhança se mobilizava para me procurar, e como meus pais estavam chateados por terem perdido sua preciosa primeira filha, talvez eles se juntassem à busca, e talvez nossas famílias ficassem próximas novamente, tal como eram quando dividiam tarefas de limpeza ou sentavam à mesma mesa em casamentos.

A estratégia funcionou. Depois de horas procurando em todos os lugares — exceto nos galhos da figueira, onde eles achavam que eu nunca iria — minha avó estava desesperada. Meu pai perambulava pela rua, tremendo, com a bomba de asma na mão, e até minha mãe — que nunca chorava — quase chorou.

Quando os Papas a viram, esqueceram-se das latas de coca-cola. Donika abraçou minha mãe, que nunca aceitou ser abraçada, e disse a ela que tudo ficaria bem, que logo me encontrariam de novo. Foi nesse momento, observando tudo do topo da árvore, que decidi que nossas duas famílias estavam agora reconciliadas. Desci da árvore com cuidado, mas ainda com cortes e arranhões nos joelhos, e quando apareci com sangue escorrendo das pernas e lágrimas dos olhos, para revelar os detalhes do meu plano, todos ficaram extremamente comovidos. Expliquei que havia subido na figueira e me perdido de propósito. Não aguentava mais ver como minha família e os Papas se ignoravam nas filas. Disse que queria sentar ao lado deles novamente nos casamentos, brincar com o boné de Mihal e pular da mesa para o sofá. Os Papas então declararam: "Não se preocupe, tudo está perdoado e esquecido", e até minha avó assentiu, ela que sempre resolvia as disputas declarando em francês: *"Pardonner oui, oublier jamais"*: perdoar sim, esquecer jamais.

Naquela noite, meus pais convidaram os Papas para o *meze* novamente. Beberam *raki* e riram com vontade de como haviam sido tolos ao deixar latas de coca-cola se interporem entre eles. Mihal lambeu uma nota de cem e a grudou na minha testa. Eu tinha sido muito esperta e corajosa, disse ele, para subir no topo da figueira. Ele também observou mais tarde que as latas de coca-cola eram produzidas em países imperialistas e poderiam ter chegado à Albânia como dispositivos corruptores, introduzidos sub-repticiamente por nossos inimigos para romper os laços de confiança e de solidariedade. No momento da noite em que ele mencionou isso, não ficou claro se falava sério, mas lembro que todos riram, beberam mais *raki*, brindaram ao fim do imperialismo e riram mais um pouco.

Donika, no entanto, estava extremamente séria quando ofereceu a minha mãe sua própria lata de coca-cola. Ela disse que poderiam revezar-se para exibi-la, mantendo-a por duas semanas em cima de uma televisão e duas semanas na outra. Minha mãe recusou, insistindo que não merecíamos, em absoluto, tanta gentileza. Ao contrário, minha mãe disse, se ainda tivéssemos nossa própria lata de coca-cola, *ela* a ofereceria para Donika, para que pudesse usar a dela para sal e a de minha mãe para pimenta, assim como aqueles conjuntos que às vezes apareciam em *Dinastia*. Donika respondeu que não haveria necessidade, que, no fim das contas, as latas de coca-cola tinham começado a se tornar um pouco comuns demais; agora, eram as latas branco e laranja as procuradas, embora ela não conseguisse se lembrar como se chamavam, algo a ver com "fantasia" ou "fantástico". Então ela elogiou o pano em cima do qual estivera a lata, dizendo que ficava muito mais bonito sem nada, que minha mãe havia bordado a tulipa tão lindamente que seria uma pena cobri-la.

"Teríamos uma foto do tio Enver em cima dela", interrompi alegremente em meio ao barulho. "Mas eles nunca querem ter nada a ver com o tio Enver — eles continuam prometendo colocar uma foto lá, e nunca o fazem. Acho que eles não gostam do tio Enver", eu disse, brincando com a nota de cem leques que Mihal acabara de me dar, encorajada por seus comentários sobre como eu tinha sido inteligente. Isso mudou o clima em nossa sala de estar. Todo mundo congelou. Minha mãe, que ria com Donika, e falava coisas bonitas sobre o quanto sentia falta da baclavá que Donika fazia, parou de falar e olhou fixamente para ela, como se tentasse adivinhar seus pensamentos. Nini, que estava na pequena extensão da cozinha preparando mais comida, saiu com uma tigela de pepinos lavados. Suas mãos tremiam. Meu pai, que estava se servindo de mais azeitonas e queijo do prato compartilhado, largou o garfo. Por um curto período, ouviram somente os mosquitos que dançavam ao redor da lâmpada de nossa sala.

Mihal franziu a testa. Depois virou-se para mim com um olhar extremamente sério, até mesmo severo em seu rosto.

"Venha aqui", disse ele, quebrando o silêncio, pedindo-me para sentar em seu colo. "Achei que você fosse uma garota inteligente. Acabei de elogiá-la por ter sido tão inteligente hoje. O que você acabou de dizer não é o que as garotas inteligentes dizem. Foi uma coisa muito estúpida de dizer, a coisa mais estúpida que já ouvi de você." Corei e senti o calor queimando minhas bochechas. "Seus pais amam o tio Enver. Eles adoram o Partido. Você nunca mais deve dizer essas coisas estúpidas para ninguém. Caso contrário, você não merece brincar com minhas medalhas."

Assenti com a cabeça. Tinha começado a tremer e estava prestes a explodir em lágrimas. Mihal deve ter sentido o movimento do meu corpo em seus joelhos e se arrependeu de seu tom. Ele suavizou a voz. "Agora, não comece a chorar", disse ele. "Você não é um bebê. Você é uma garota corajosa. Você lutará por seu país e pelo Partido quando crescer. Seus pais às vezes cometem erros, como com a lata de coca-cola, mas eles são pessoas boas, trabalhadoras e estão criando você bem. Eles cresceram sob o socialismo e amam o Partido e o tio Enver também. Você entende? Você nunca deve repetir o que disse." Eu assenti com a cabeça novamente. Os outros ainda estavam em silêncio. "Venham", disse Mihal. "Vamos fazer outro brinde. Ao futuro de vocês sem divisões da coca-cola." Ele pegou seu copo, mas antes de beber, interrompeu-se, como se outra coisa, algo muito importante, tivesse lhe ocorrido. "Você deve me prometer que, se voltar a ter ideias tolas como essa sobre sua família, virá me contar. Para mim — mais ninguém, nem mesmo a tia Donika. Entende?"

6.
Camarada Mamuazel

"Camarada Mamuazel, pare imediatamente, você está presa!"

Flamur estava na minha frente com os braços e as pernas bem abertos, segurava uma bengala cerca de três vezes maior do que ele na mão esquerda e na direita agarrava alguma coisa pequena que eu não conseguia ver.

"Dê-me seu Juicy Fruit", ele ordenou.

"Deixe-me verificar", respondi, removendo a fita vermelha sedosa que prendia meu cabelo para, em seguida, pegar minha mochila da escola. "Deixe-me ver. Mas não tenho certeza se tenho Juicy Fruit. Talvez tenha Wrigley Spearmint ou Hubba Bubba."

"Você tem", disse ele. "Eu vi Marsida dar para você ontem."

"Não tenho Juicy Fruit", insisti. "Posso te dar Hubba Bubba. São parecidos." Peguei outro pedaço achatado de papel de embrulho colorido do bolso do meu vestido e o segurei debaixo do meu nariz por alguns segundos para demonstrar como era fresco. O papel cheirava melhor do que a mistura usual de borracha e suor; dava quase para lembrar a coisa de verdade. Flamur largou a bengala que segurava e abriu o punho direito, exibindo para si sua própria coleção de embalagens de goma de mascar, verificando o que estava disponível.

"É realmente fresco", insisti. Ele pegou meu papel e cheirou.

"É booooom", disse ele. "Quanto tempo você acha que tem?"

"Não tenho certeza", respondi. "Mas não mais do que três meses. Talvez quatro. Depende de quantas pessoas tiveram isso antes e também..."

"Tá, claro, isso é óbvio", ele me interrompeu de modo agressivo. "Você acha que só sabe essas coisas porque fala francês?"

Tinha aprendido a não responder a esse tipo de provocação. Continuei a olhar para ele, com uma expressão suplicante. Eu estava prestes a chorar, mas se havia uma coisa que Flamur detestava mais do que garotas com fitas eram "bebês chorões". Eu sabia que, se chorasse, perderia toda a minha coleção de papéis de embrulho.

"Você será solta da prisão assim que me disser a senha", disse Flamur, pegando o Hubba Bubba. "Não pense, Mamuazel, que não vi você tirar aquela fita."

"A senha", sussurrei. "A senha é 'Morte ao fascismo, liberdade para o povo'."

Essa é uma das minhas lembranças mais antigas. Talvez eu me lembre da cena com tanta precisão porque ela se desenrolava mais ou menos da mesma maneira quase todos os dias. Flamur era o segundo valentão mais perigoso do bairro. O mais perigoso, Arian, que era alguns anos mais velho que nós, raramente aparecia na rua enquanto brincávamos. Quando o fazia, era para confiscar a corda de alguém, ou para interromper um jogo de amarelinha com instruções para que as crianças voltassem para casa porque estava escurecendo, ou para mandar que trocássemos o jogo de bola por fascistas e partisans. Assim que todos obedeciam, ele voltava para casa. Nós, por outro lado, continuávamos a fazer o que nos fora dito. Ninguém sabia o que aconteceria se não obedecêssemos a suas ordens. Ninguém jamais tentou descobrir.

Flamur era um tipo diferente de valentão. Ele estava sempre na rua, patrulhando para cima e para baixo desde o final das aulas até o anoitecer. Era o filho mais novo de uma família de cinco, e o único menino. Suas três irmãs mais velhas moravam em casa e trabalhavam na fábrica de cigarros. Todas tinham sobrenomes diferentes que começavam com B: Bariu,

Bilbili, Balli. Flamur era o único cujo sobrenome não começava com B e era o mesmo de sua mãe: Meku. Flamur alegava que seu pai estava fora, lutando contra os romanos e os otomanos. Uma vez, quando Marsida cometeu a temeridade de sugerir que havíamos parado de lutar contra esses impérios há muito tempo, ele cortou o rabo de cavalo dela com a tesoura.

Quando Flamur estava sozinho, ele se sentava nos degraus do lado de fora da porta de alguém, batia panelas e cantava melancólicas canções de amor ciganas até que as outras crianças saíssem de suas casas e se reunissem na área de recreação comum. Ele decidia com quais jogos começaríamos, quem teria permissão para jogar primeiro, quem teria de ficar de fora de uma rodada específica porque foi pego trapaceando e quais exceções deveriam ser feitas para acomodar irmãos mais novos — a quem ele também aterrorizava, usando um velho saco marrom com buracos sobre os olhos para parecer um fantasma e agarrando-os inesperadamente. Em geral, usava uma camiseta verde-amarela maior do que ele estampada com a bandeira do Brasil e perambulava pelas ruas acompanhado por um grupo de cães de rua que batizara com nomes de jogadores famosos da seleção brasileira de futebol: Sócrates, Zico, Rivelino e seu cão favorito, Pelé, que era meio cego e tinha algum tipo de doença de pele. Odiava gatos e, se encontrasse um gatinho vira-lata, era muito provável que o jogasse na pilha de lixo no final da rua e o queimasse. Ele também odiava garotas com fitas. Foi ele quem ensinou todo mundo a me chamar de camarada Mamuazel e pedir a senha.

Certa vez, uma das irmãs mais velhas de Flamur foi convocada pelo Partido a comparecer na sede do conselho local porque batera com tanta força nas costas de Flamur com uma cadeira que ela quebrou. Quando minha avó soube da notícia, ela gritou, quase fora de si de raiva, que a violência contra as crianças não era diferente da violência do Estado.

Quando eu estava crescendo, sabia que havia uma coisa diferente em mim, mas não sabia dizer o que era. Minha família, ao contrário da de Flamur, nunca me deu um tapa. Minha mãe costumava ficar fora das coisas: ela disciplinava com autoridade invisível. Para meu pai, disciplinar significava me mandar para algumas horas de "reflexão" no quarto deles — ou, como eu chamava, com exagero infantil, a "prisão", porque não tinha brinquedos. Às vezes, permitiam que eu levasse um livro comigo e, nesses momentos de raiva ferida, escolhia um romance que apresentava órfãos, como *Os miseráveis*, *Sem família* ou *David Copperfield*. Mas nunca deixei que o sofrimento dos protagonistas me distraísse da minha própria angústia ou minimizasse a injustiça de que me julgava vítima. Essas histórias alimentavam fantasias desenfreadas sobre minha família e, depois de algumas horas me perdendo na vida de outras crianças, eu tinha ainda mais dúvidas sobre quem eu realmente era. Como os personagens sobre os quais lia, eu sonhava com uma mudança de sorte, com a intervenção inesperada de um estranho benevolente ou com encontrar consolo na descoberta de um parente distante.

Do quarto dos meus pais, eu escrevia longas cartas para Cocotte, uma das primas da minha avó, que morava sozinha na capital, Tirana, e muitas vezes passava o inverno conosco. Eu as chamava de "as cartas da prisão", as numerava e as dividia por temas. Em minhas cartas, reclamava da dureza dos meus pais, de como eles falavam francês comigo na rua, sem se preocupar que meus amigos pudessem ouvir, e como eles sempre esperavam que eu superasse todos na escola, inclusive em disciplinas como Educação Física, para a qual eu não tinha nenhum talento.

O nome oficial de Cocotte era Shyqyri, mas ela não gostava dele. Dizia que parecia muito comum. Todos na família da minha avó tinham um nome verdadeiro e um apelido francês.

Ela e minha avó cresceram juntas em Salônica. Eram *arnauts*, como os turcos otomanos chamavam as minorias albanesas do império, mas falavam francês entre si, como Nini falava comigo. Sempre que vinha nos visitar, Cocotte dividia um quarto conosco. Ela e minha avó conversavam até tarde da noite, evocando lugares remotos e seu povo: um paxá em Istambul, emigrantes de São Petersburgo, passaportes em Zagreb, mercados de alimentos em Skopje, combatentes em Madri, barcos em Trieste, contas bancárias em Atenas, estâncias de esqui nos Alpes, cães em Belgrado, comícios em Paris e primeiras filas na ópera de Milão.

Naquelas noites geladas de inverno, nosso minúsculo quarto tornava-se um continente, um continente de fronteiras cambiantes, heróis esquecidos de exércitos que não existiam mais, incêndios mortais, bailes exuberantes, disputas de propriedade, casamentos, mortes e novos nascimentos. Eu sentia a necessidade de entender, de conectar minha infância às de Nini e Cocotte, de imaginar o mundo delas, de reorganizar anos que pareciam sem tempo, de lembrar personagens que nunca conhecera ou de atribuir significado a eventos que nunca havia testemunhado. Sentia-me confusa e, às vezes, assustada com o enorme caos das coisas de que ouvia falar, adultos que se perderam uns dos outros, barcos que nunca navegaram, crianças que nunca viveram. Mas, justamente quando achava que meus esforços para entender estavam prestes a produzir resultados, Nini e Cocotte paravam de falar em francês e de repente mudavam para grego.

Elas gostavam muito uma da outra, mas não poderiam ser mais diferentes. Vieram para a Albânia quando já eram adultas, Nini para trabalhar no governo e Cocotte para encontrar um marido. Cocotte não gostava dos gregos nem dos turcos, e não gostava dos homens judeus — embora admitisse com relutância que eles eram "as últimas pessoas inteligentes que restaram em Salônica". O problema é que ela também não gostava dos albaneses, ou pelo menos seus pais continuavam a objetar que fulano era inculto, ou insuficientemente rico, ou politicamente pouco confiável, e em consequência, ela nunca se casou. Tinha um marido imaginário chamado Rexhep ou, em francês, Rémy. "Ao contrário de seu avô", ela costumava dizer na presença de minha avó, "Rémy nunca me causou problemas."

As semanas em que Cocotte nos visitava eram as únicas vezes em que eu falava francês sem relutância. No resto do tempo, eu o odiava. Não era minha língua. Minha avó não era francesa. Não entendia por que isso me fora imposto, por que me ensinaram a falar primeiro francês e depois albanês. Odiava quando as crianças na rua eram mobilizadas por Flamur para zombar do meu albanês de pé quebrado, como quando chamei as fatias de maçã que comíamos de lanche *des morceaux de pommes*. Os pais delas eram geralmente mais solidários, mas até eles pareciam perplexos quando minha avó me chamava para casa no fim do dia e eles me ouviam fazer um resumo de nossas atividades numa língua que não conseguiam entender. "Por que francês?", ouvi um deles perguntar à minha avó um dia. "Por que não russo, inglês ou grego? Há tantas possibilidades." "Não gosto dos gregos", disse minha avó. "E não falo russo nem inglês", acrescentou, talvez para indicar sua hostilidade ao imperialismo.

O momento em que mais odiei o francês foi quando tive de comparecer perante um comitê especial de educação para provar que estava pronta para começar a escola. Normalmente, não era preciso fazer prova para ir à escola — a educação era compulsória e começava entre os seis e os sete anos. Poucas semanas antes do início do ano letivo, os professores se dividiam em equipes de três ou quatro e andavam pela cidade, batendo em cada porta para se certificar de que todas as crianças estavam matriculadas. O Partido se orgulhava de ter abolido o analfabetismo em velocidade recorde, e muitas vezes se ouviam relatos na televisão sobre mulheres idosas de aldeias remotas do Norte que agora eram capazes de ler e assinar documentos com seus nomes, em vez de um simples X. Havia muita excitação nas semanas anteriores ao início do ano letivo; crianças felizes faziam fila na loja dos pioneiros e os pais fofocavam uns com os outros nas salas de aula onde os livros didáticos eram vendidos. No primeiro dia, todos usavam uniformes reluzentes, exibiam seus novos cortes de cabelo e saíam às ruas carregando buquês de flores. Como disse nossa professora Nora: "Nos países imperialistas, tendemos a observar esse entusiasmo apenas durante o período de liquidação". Ninguém sabia o que era uma "liquidação", mas parecia uma pergunta estúpida de se fazer.

No fim do verão de 1985, eu estava ansiosa para começar a escola. Minha mãe me ensinara a ler e escrever, em parte como uma maneira de melhorar meu albanês, que ainda estava claudicante porque todo mundo falava francês comigo, e em parte para que eu não precisasse mais de ajuda para ler a tradução de um velho livro de contos de fadas russos que um dia pertencera a ela. Meu sexto aniversário caiu uma semana depois do início oficial do ano, e meus pais compraram uma mochila de couro vermelha para mim. Eu gostei no começo, até perceber que todas as outras crianças haviam ganhado mochilas escolares marrons ou pretas, principalmente para serem carregadas na mão. Somente algumas iam sobre os ombros. As bolsas marrons e pretas eram vendidas na loja dos pioneiros pouco antes do início de cada ano letivo, ao lado de uniformes pretos, lenços vermelhos e toda a parafernália de sempre: cadernos, canetas, lápis, réguas, compassos, transferidores, kits de educação física. Havia poucas mochilas vermelhas. Elas apareciam nos armazéns por apenas alguns dias e geralmente esgotavam antes de chegar às lojas. A minha tornou-se mais uma coisa que eu tinha de explicar sobre mim mesma: coisas como os vestidos bordados com bainhas de renda que eu usava no Primeiro de Maio ou nos passeios de domingo; os sapatos de couro branco, feitos sob medida pelo pai de Marsida, que era sapateiro; ou meu casaco tricotado à mão, que tinha sido desenhado a partir de um modelo encontrado nas páginas rasgadas de uma revista de moda infantil contrabandeada de algum lugar do Ocidente.

Quando percebi que a mochila vermelha abriria uma nova frente de bullying, relutei em ir à escola. Por alguns dias, a sorte esteve do meu lado. Nenhuma escola na cidade estava preparada para infringir as regras e permitir que eu entrasse antes do tempo. Minha família insistiu. Eles achavam que eu estava pronta e que ficaria entediada na pré-escola. Eles foram aconselhados a obter autorização especial do departamento de educação do Comitê Central do Partido. Uma noite do fim de agosto, ao término dos assuntos oficiais do Comitê, nos apresentamos diante de uma comissão de funcionários do Partido para expor nosso caso.

Meus pais se preparam para a reunião por vários dias. Eles haviam ensaiado o que diriam, tentando antecipar as perguntas que enfrentariam, e me disseram para repetir todos os poemas que eu sabia sobre o Partido e o Tio Enver, bem como as novas canções partidárias que aprendera na pré-escola. Lembro-me de todos nós indo nervosos em direção ao prédio do Comitê Central do Partido, meus pais à frente e minha avó segurando minha mão alguns metros atrás. Eu estava com um vestido vermelho claro e segurava debaixo do braço direito uma pasta marrom que continha o livro com o qual aprendera a ler, além de outra com números e exercícios de matemática elementar. A certa altura, no meio de nossa caminhada, minha mãe se virou para ver o quanto estávamos atrasados e, de repente, emitiu um som alto entre um uivo e um grito. "Branca!", disse ela. "É branca!" Seu rosto se encheu de horror, ela apontou para a fita que segurava meu rabo de cavalo. Meu pai não disse nada, mas, sem esperar mais instruções, virou-se e correu de volta para casa. Quinze minutos depois, ele estava de volta, sem fôlego, segurando uma fita vermelha numa das mãos e sua bomba de asma na outra. Foi-lhe dito que não havia tempo para bombas. Todos nós subimos o lance de escadas que levava ao escritório do departamento de educação, e eu fui repreendida por assobiar a melodia da nova canção partidária que eu tinha aprendido mais cedo naquele dia.

Na reunião, meu pai fez o discurso de abertura. Ele não disse que não seria razoável me manter fora da escola por um ano inteiro simplesmente porque meu aniversário caía uma semana após a data de matrícula. Ele disse que sabia que uma sociedade comunista valorizava a educação mais do que qualquer coisa, e que o Partido seria lealmente servido por uma representante da geração mais jovem de revolucionários tão entusiasmada, tão entusiasmada que havia manifestado várias vezes o desejo de começar a escola assim que possível. É claro, disse ele, que estava ciente de que a decisão final cabia ao Partido e que o Partido decidiria com justiça em qualquer caso. No entanto, meus pais tinham a presunção de acreditar que meu entusiasmo pelo menos merecia ser ouvido.

Ele disse tudo isso enquanto olhava diretamente para o retrato do tio Enver na parede, como se falasse com nosso líder e não com as pessoas na sala. Um membro da comissão batia os dedos na mesa enquanto olhava para o vazio, um segundo fazia anotações enquanto olhava de vez em quando para o vestido de linho de minha mãe, um terceiro olhava para minha avó como se já a tivesse visto em algum lugar. A quarta, uma mulher de cabelo curto e terno cinza-escuro austero, mantinha o olhar fixo na bandeira vermelha que estava sobre a mesa, com um meio sorriso misterioso estampado no rosto.

Ao fim de todos os discursos, das provas de leitura e matemática, e após o recital de poemas, a comissão parecia cética. Eles suspiraram, reviraram os olhos, ergueram as sobrancelhas, então se entreolharam. O homem que tamborilava suavemente na mesa com apenas três dedos começou a bater mais rápido com as duas mãos, fazendo um barulho que parecia chuva. Não passou despercebido. O homem que alternava tomar notas com olhar para o vestido da minha mãe largou a caneta e começou a encará-lo.

Foi minha avó que decidiu romper o silêncio. Com os olhos no terceiro membro da comissão, que ela também parecia finalmente reconhecer, ela disse: "O camarada Mehmet fala francês. Lea também sabe ler em francês. Talvez você queira dar a ela alguma coisa para ler em francês?".

"Não podemos testar isso", respondeu a mulher que estava sorrindo. "Não temos livros para crianças aqui. Certamente, nada de livros para crianças *en français*", acrescentou ela meio zombeteira.

"Talvez ela possa ler uma das obras do camarada Enver", sugeriu Nini. "Posso ver uma tradução de obras selecionadas na estante", acrescentou ela, enquanto o homem chamado Mehmet assentia com a cabeça. Um livro foi tirado da estante, aberto ao acaso e eu li em voz alta algumas linhas. Então tropecei numa palavra, a única palavra que ainda me lembro: "coletivização". Continuei lutando para pronunciá-la. "Colevização", eu disse. "Coletivação", corrigi. "Coletiviz...", não consegui mais terminar a palavra. Senti-me completamente empacada, e meus olhos se encheram de lágrimas.

A essa altura, a comissão começou a bater palmas, espontaneamente, de uma só vez. "Você é muito brilhante!", exclamou o camarada Mehmet. "Isso é muito difícil de ler, mesmo em albanês. Você pode ensinar seus amigos. Você pode até ensiná-los a ler em francês. Você sabia que o tio Enver costumava ser professor de francês na escola quando era jovem? Você vai ser como ele?"

Eu assenti com a cabeça. "Li todos os livros que o tio Enver escreveu para crianças", falei, lambendo as lágrimas e o ranho dos lábios. "Eu sei o que significa *coletismo*, significa que todos nós trabalhamos melhor quando compartilhamos coisas, eu só não consigo pronunciar."

Naquela noite, a comissão aprovou a decisão de suspender a restrição de idade para iniciar a escola e nos mandou embora com uma carta explicando as circunstâncias excepcionais sob as quais ela havia sido tomada. Meus pais voltaram para casa em êxtase, conversando animados sobre a sorte que tivemos de encontrar o camarada Mehmet, a quem minha avó havia dado aulas de francês muitos anos atrás em Kavajë, a pequena cidade onde a família de meu pai morava antes de eu nascer. Eles tentaram comprar cervejas para comemorar, mas os suprimentos da semana na loja haviam acabado, então eles se voltaram para o *raki* caseiro que tínhamos, convidando os Papas para o *meze*. Fizeram brindes, não ao Partido, mas à minha educação, e engoliram uma dose de *raki* atrás da outra, brincando e rindo alto até bem depois da meia-noite.

De minha parte, senti um misto de orgulho e vergonha: orgulho porque logo começaria a escola e vergonha porque ainda não conseguia pronunciar "coletivização". Eu continuara tentando desde que saímos do prédio do Comitê Central e continuava errando. Quando Mihal me pediu para cantar uma música em francês, em vez de obedecer, como todos esperavam, declarei o quanto odiava a língua. Detestei, disse, desde o primeiro dia em que estive na pré-escola, quando as outras crianças de lá insistiram que eu não era como elas porque só falava francês. Meu medo agora, quando começasse a escola, era que

83

acontecesse a mesma coisa, que eu não pudesse fazer novos amigos porque falava francês. Além disso, eu não entendia por que tínhamos de falar uma língua que ninguém mais entendia, a língua de um país que nunca tínhamos visitado e onde ninguém que conhecíamos morava.

"Você ouviu o que o camarada da comissão educacional disse?", perguntou Nini, tentando me convencer. "Tio Enver também falava francês. Ele estudou na França por muitos anos. Ele também ensinou isso para crianças como você. O francês é uma língua importante, a língua dos grandes escritores e filósofos do iluminismo, e a França é o país da Revolução Francesa, que difundiu os ideais de liberdade, igualdade e fraternidade, sobre os quais você aprenderá na escola." Sacudi a cabeça em protesto.

"Você já sabe sobre a Revolução Francesa. Você assistiu a *Cosette* no teatro de fantoches e disse o quanto gostou, lembra?", insistiu Nini.

Eu ainda pensava na pré-escola, mas sua menção a *Cosette* me fez resolver confessar todos os detalhes que ainda não ousara revelar: como as crianças levantavam meu vestido, puxavam minhas fitas e me chamavam de camarada Mamuazel, como desprezavam meu jeito de andar e me provocavam devido às expressões que eu adotava, tudo por causa do meu francês. Pela segunda vez naquele dia, comecei a chorar.

"Você não deve falar francês se isso a deixa infeliz", disse Nini. Nossos vizinhos assentiram com a cabeça.

A partir desse dia, e com exceção das semanas em que Cocotte nos visitava, o francês foi oficialmente abolido. Minha avó falava comigo nessa língua só em um de três casos: quando eu brincava até tarde com uma amiga e ela queria discretamente me encorajar a parar; se ela mesma estava furiosa e queria desabafar; e como forma de repreensão.

7.
Eles cheiram a protetor solar

Ainda associo todos os nossos esforços para aprender com o mundo exterior a Dajti, nome da montanha isolada que cercava nossa capital e dominava sua paisagem como se a tivesse capturado e feito refém. Dajti estava fisicamente distante, mas sempre conosco. Eu nunca a visitei. Ainda não sei o que significa "receber de Dajti": quem recebeu o quê, de quem ou como. Suspeito que havia um satélite ou receptor de TV lá em cima. Dajti estava em todas as casas, em todas as conversas, nos pensamentos de todos. "Eu vi ontem à noite através da Dajti" significava: "Eu estava vivo. Eu infringi uma lei. Eu estava pensando". Por cinco minutos. Por uma hora. Por um dia inteiro. Por quanto tempo Dajti estivesse lá.

Quando meu pai ficava frustrado com os programas da televisão albanesa, ele declarava: "Vou ver se conseguimos pegar a Dajti". Subia então no telhado, virava a antena para lá e para cá e gritava pela janela: "Como está agora, está melhor?" Ao que eu respondia: "O mesmo de antes". Alguns minutos depois ele gritava de novo: "E agora?" E eu gritava de volta: "Sumiu! Sumiu completamente! Antes estava melhor." Então eu ouvia xingamentos, seguidos por sons metálicos que sugeriam que ele ainda estava mexendo na antena. Quanto mais impaciente ele ficava, menos provável era que o sinal voltasse.

No verão a situação melhorava, pelo menos em teoria. Com bom tempo, tínhamos duas opções: Dajti e Direkti. Direkti, o sinal direto, podia ser captado da Itália, graças à nossa proximidade com o Adriático. Na minha cabeça, Dajti era o deus das montanhas e Direkti era o deus do mar. Mas a Direkti era muito mais caprichosa do que a Dajti. Com Dajti, depois que se acertasse a antena, sabia-se que o sinal seria perdido justo na hora do *telegiornale*, o programa de notícias italiano. A Direkti era enganosa. Quando as coisas davam certo, até o *telegiornale* ficava acessível, do começo ao fim. Em outros dias, ela deixava de ser "espelho", como meu pai a chamava para indicar sua satisfação com a visibilidade, para ser um completo nada, uma tela cinza ocupada por teias de aranha trêmulas. Isso significava que quando havia jogos de futebol importantes na televisão, como a Juventus jogando a final da temporada da Serie A, meu pai tinha de enfrentar um dilema: ou ir com a Dajti e esperar que o sinal fosse confiável, mas não ideal, ou arriscar com o "espelho" inconstante da Direkti. Com frequência, escolhia a última, mas ter de assumir as consequências de uma decisão potencialmente enganosa o deixava ansioso ao extremo. Nesses dias, subia no telhado com tristeza, como quem está prestes a enfrentar um adversário cuja superioridade era conhecida. "Vou subir para ver a antena", dizia ele, com resignação na voz e um ocasional toque de desespero. Da relação entre meu pai e a antena — os dramas psicológicos, a dinâmica de atração e repulsão que ela fomentava, o sutil equilíbrio entre triunfo e derrota — dependiam todas as informações vitais do exterior que minha família recebia, da tentativa de assassinato do papa João Paulo II aos rumores de um rompimento entre Albano e Romina Power após o último festival de Sanremo.

Sem Dajti e Direkti, havia pouco para assistir na televisão. Nos dias úteis, a hora da história às seis da tarde e o desenho animado que vinha depois significavam uma luta. Eles coincidiam com o basquete iugoslavo, e a única forma de acordo com meu pai era mudar de canal a cada cinco minutos. Aos domingos havia mais: teatro de marionetes às dez da manhã com filme infantil logo em seguida, depois *Maya, a abelha* na

TV macedônia. Depois era preciso aceitar o que a sorte trouxesse: um programa de cantos e danças folclóricas de diversas regiões do país, um relatório sobre cooperativas que haviam superado a meta do plano quinquenal, um torneio de natação, a previsão do tempo.

As coisas melhoraram quando *Línguas estrangeiras em casa* começou a ser transmitido às cinco da tarde. O programa passava diariamente na televisão albanesa e, portanto, era imune ao poder arbitrário que a antena exercia sobre nossas vidas. Além do inglês, havia francês, italiano e também "Ginástica em condições caseiras". Nunca experimentei este último. Fazíamos muito exercício todas as manhãs no início das aulas, quando todos os professores e alunos se reuniam no pátio da escola para praticar toque nos dedos dos pés, rotações dos braços e alongamentos de quadríceps, seguidos de juramento de lealdade ao Partido. Mas eu assistia a todos os programas de idiomas com grande entusiasmo, especialmente o de italiano. Imagina o quanto você apreciaria dos desenhos da Rai Uno, eu dizia a mim mesma, se pudesse entender do que se tratava.

Línguas estrangeiras em casa era objeto de intensa discussão no recreio. Sempre havia algo a aprender, não só a respeito de línguas estrangeiras, mas também sobre culturas estrangeiras. Lembro-me de uma discussão intensa sobre compras na Inglaterra, tal como reveladas numa cena de supermercado em que a mãe lia uma lista de compras e seus filhos tinham de identificar os itens correspondentes nas prateleiras. Macarrão, aqui. Pão, aqui. Pasta de dente, aqui. Refrigerantes, aqui. Cerveja, aqui.

E assim descobrimos que não havia necessidade de fazer fila. Que qualquer um podia escolher qualquer comida que quisesse. Que as prateleiras transbordavam de mercadorias, mas os clientes da loja compravam tanto que nem conseguiam carregar. Que as pessoas não apresentavam vale-alimentação e pareciam não ter limites para o que e quanto podiam comprar. Nós nos perguntávamos: se as pessoas podiam comprar comida quando quisessem, por que elas escolhiam estocá-la?

O mais intrigante de tudo era como cada produto tinha seu próprio rótulo. Em vez de exibir um nome genérico, como "pasta de dente", "massa" ou "cerveja", continha o que parecia ser o nome ou sobrenome de uma pessoa: massa Barilla, cerveja Heineken ou pasta de dente Colgate. Isso também parecia se aplicar ao próprio supermercado. Por que uma loja não podia ser simplesmente chamada de *Loja de Pão, Loja de Carne, Loja de Roupa ou Loja de Café*?

"Imagine", disse Besa, "ter uma loja chamada *Carne dos Ypi*, ou *Café da Marsida* ou *Pão da Besa*."

"Provavelmente são os nomes das pessoas que os fizeram", disse eu. "Sabe, como nós temos plástico produzido pela brigada de Primeiro de Maio."

Outros contestaram essa interpretação. A professora Nora havia explicado que, fora da Albânia, as pessoas nunca sabiam os nomes daqueles que faziam as coisas, os nomes dos trabalhadores. Ela nos contou que no Ocidente só se conheciam os nomes das fábricas onde elas eram feitas, das pessoas que eram suas donas, de seus filhos e os filhos de seus filhos. Como *Dombey & Filho*.

Outro assunto desconcertante era a função dos carrinhos de compras.

"O carrinho era para carregar crianças", disse eu.

"Comida", Marsida me corrigiu.

"Crianças", insisti.

"Ora, era claramente usado para as duas coisas", disse Besa. "Vocês viram o que as crianças contrabandeavam no carrinho de compras?", acrescentou ela, com o ar de quem sabe distinguir o relevante do detalhe trivial. "A mãe só descobria no final, quando tinha de pagar. Acho que era uma lata de coca-cola."

"Sim, era", disse Marsida. "Mesmo assim foi em frente e a comprou para as crianças. Elas disseram que estavam com sede. Talvez a loja não tivesse água. Talvez eles não tenham tudo, afinal."

"Acho que é uma bebida", quase sussurrei, como se revelasse um segredo. "Essas latas que se vê às vezes em cima das prateleiras das pessoas são para guardar bebidas."

Então Flamur, que estava dando restos de ossos para Pelé, seu cachorro preferido, nos interrompeu. "Blá-blá-blá", ele zombou. "Claro que a coca-cola é uma bebida, todo mundo sabe disso. Já provei. Certa vez, vi um garoto turista jogar uma lata no lixo e a peguei. Ainda estava meio cheia, então experimentei. É um pouco como a *aranxhata* vermelha que vendem na praia, mas para turistas."

Todos olharam para ele com desconfiança.

"Então ele me viu. Ele olhou para mim com olhos raivosos e cintilantes", continuou Flamur. Levantou um pouco a voz, do mesmo jeito que fazia quando começava uma história sobre a luta de seu pai contra os otomanos. "Ele estava com raiva. Muito zangado", repetiu Flamur. "Mas não me bateu. Em vez disso, começou a chorar e eu devolvi a lata, devolvi imediatamente. Ele chorou ainda mais, chutou, pulou em cima e estragou a lata. Eu a deixei lá. Era inútil, nem ficaria de pé numa prateleira."

Nós nos perguntamos se isso realmente acontecera. A professora Nora havia dito que a maioria das crianças turistas que visitavam a Albânia era da classe burguesa. Elas eram notoriamente maldosas, tão maldosas que a maldade de Flamur, e até mesmo de Arian, empalidecia diante delas. Quem sabia o que elas eram capazes de fazer com uma lata?

"Você acha que Flamur realmente pegou uma lata de uma criança turista?", perguntou Marsida depois que Flamur saiu.

"É difícil dizer", respondeu Besa. "Ele passa muito tempo vasculhando latas de lixo para encontrar sobras para seus cães. Ele não roubou. A criança a jogou na lata de lixo."

"Não acho que seja uma história verdadeira", falei. "Nunca conheci nenhuma criança turista."

Na escola nos diziam para não interagir com pessoas que não se parecessem conosco. Éramos aconselhados a mudar de caminho se esbarrássemos com turistas e nunca, em hipótese alguma, deveríamos aceitar qualquer coisa que oferecessem, especialmente gomas de mascar. "Acima de tudo, cuidado com o turista que carrega goma de mascar", enfatizava a professora Nora.

Às vezes, de longe, víamos as crianças turistas que visitavam a praia no verão, ao lado do Adriatik, o hotel para estrangeiros. Uma longa trincheira na areia separava a praia local da praia dos estrangeiros, mas não havia trincheiras na água. Nessas ocasiões, meus primos e eu nadávamos perto da praia dos turistas e praticávamos mergulho ou saltos na água ou cambalhotas para chamar a atenção deles. Às vezes, cantávamos uma cantiga de ninar inglesa que conhecíamos, "Baa Baa Black Sheep": "*Ban ban backship, eni eni you*". Eles olhavam para nós com uma expressão entre confusa e assustada, e meus primos me incitavam então para dizer "olá" em francês. A princípio, me recusei. Recusei-me não porque a professora Nora havia nos dito para não falar com turistas — não achava que a restrição se aplicava em águas rasas, onde não se pode trocar gomas de mascar —, mas porque ainda odiava falar francês. Se era tão bom falar francês, pensei, não deveriam caçoar de mim por isso. Não deveriam me pedir para falar apenas quando turistas estavam envolvidos.

"Não quero cumprimentar", protestei. "Nós não os conhecemos. Eles não vão responder. Além disso, como vocês sabem que eles falam francês? Podem falar outra coisa." Mas meus primos me chamaram de fraca e covarde, e para mostrar a eles que eu não era covarde eu disse um relutante "*Ça va?*". As crianças turistas continuaram olhando. Mudei para: "*Ciao!*". Elas reviraram os olhos. Acrescentei a única frase que sabia em alemão: "*Woher kommen Sie?*": "De onde vocês vêm?". Eu deveria ter dito: "Para onde vocês vão?", porque foi o momento em que elas foram embora. Meus primos disseram então: "Veja, você as assustou. Você deveria ter sorrido". "Por favor, voltem", murmurei para mim mesmo, vendo as crianças desaparecerem atrás de grandes toalhas multicoloridas. Eu odiei vê-las desaparecer. Eu as odiei por não responder. A única coisa que eu odiei mais foi ter sucumbido à pressão.

As crianças turistas tinham brinquedos brilhantes e incomuns que pareciam tão diferentes dos nossos que às vezes nos perguntávamos se eram mesmo brinquedos. Elas usavam colchões flutuantes que exibiam personagens que nunca havíamos visto, tinham baldes e pás de formas estranhas e material plástico exótico para o qual não tínhamos palavras. Elas tinham um cheiro diferente, um cheiro que seduzia de um jeito viciante, que dava vontade de segui-las, de ir abraçá-las para sentir um pouco mais daquele cheiro. Sempre sabíamos quando havia crianças turistas por perto porque a praia ficava com um cheiro estranho, um híbrido de flores e manteiga.

Perguntei à minha avó o que era aquilo. Ela explicou que cheiravam a protetor solar, um líquido branco e espesso usado para proteger as pessoas do sol. "Não temos isso", disse ela. "Usamos azeite. É mais saudável."

Daquele dia em diante tive um nome para o cheiro. "Elas cheiram a protetor solar", contei aos meus primos um dia na praia. "Já posso sentir o cheiro", respondeu um deles. "Eu posso sentir o cheiro do protetor solar. Elas foram naquela direção. Vamos lá. Vamos segui-las."

Nós as seguíamos até desaparecerem com seus pais, num ônibus de turismo ou num restaurante em que não tínhamos permissão para entrar. Depois, restavam apenas perguntas. O que elas leem? Elas gostam de *Alice no País das Maravilhas*,

Jim Knopf e Lucas, o Maquinista ou *As Aventuras de Cipollino*? Elas também precisam colher flores de camomila para ajudar as fábricas a fazer ervas medicinais? Elas desafiam umas às outras para ver quem sabe mais nomes de deuses gregos? Para ver quem se lembra de mais locais de antigas batalhas romanas? Elas são inspiradas por Espártaco? Competem em olimpíadas de matemática? Querem conquistar o espaço? Será que gostam de baclavá?

Eu pensava nas crianças estrangeiras com curiosidade, às vezes com inveja, mas muitas vezes também com pena. Senti pena delas principalmente no Dia das Crianças, 1º de junho, quando ganhei presentes de meus pais e fomos tomar sorvete na praia e visitar o parque de diversões. Naquela ocasião, eles também me deram uma assinatura anual de várias revistas infantis. Foi por meio dessas revistas que aprendi sobre o destino de outras crianças ao redor do mundo. A revista *Pequenas Estrelas* era para crianças de seis a oito anos, e no Dia das Crianças publicou um desenho chamado "Nosso 1º de junho e o deles". De um lado havia um capitalista gordo de cartola gorda comprando sorvete para o filho gordo, e no chão ao lado da entrada da loja duas crianças esfarrapadas e uma legenda: "1º de junho nunca chega para nós". Do outro lado, havia bandeiras socialistas, crianças felizes carregando flores e presentes, segurando as mãos dos pais, esperando para comprar sorvete em frente a uma loja. "Nós amamos o 1º de junho", dizia a legenda. A fila era muito curta.

No fim dos anos 1980, comecei também a ganhar *O Horizonte*, para adolescentes. Eu ainda era jovem para ela, mas meu pai adorava porque trazia uma seção de desafios de matemática e física, bem como uma coluna sobre curiosidades científicas e astronômicas. Às vezes, ele precisava ser lembrado de que havia comprado a revista para mim e tinha de passá-la adiante. *O Horizonte* retratava com frequência crianças ocidentais;

nunca em detalhes a ponto de esgotar todas as questões possíveis sobre a vida delas, mas o suficiente para dar uma noção de como eram diferentes. Ao contrário do meu mundo, o delas era dividido: entre ricos e pobres, burgueses e proletários, esperançosos e desesperados, livres e algemados. Havia filhos privilegiados e com direitos que, como seus pais burgueses, tinham tudo o que queriam, mas nunca compartilhavam com os menos afortunados, cujas dificuldades ignoravam. Havia também crianças pobres e oprimidas que dormiam mal, cujos pais não podiam pagar as contas no final do mês, que tinham que mendigar comida em restaurantes e estações de trem, que não podiam frequentar a escola regularmente porque eram obrigadas a trabalhar, que cavavam diamantes em minas e moravam em favelas. Havia reportagens periódicas sobre o destino das crianças em lugares como a África e a América do Sul, e resenhas de livros sobre a segregação de crianças negras nos Estados Unidos e sobre o apartheid na África do Sul.

Sabíamos que nunca encontraríamos essas pobres crianças, humilhadas e oprimidas pelos capitalistas, porque nunca poderiam viajar. Simpatizávamos com a situação delas, mas não achávamos que compartilhávamos seu destino. Sabíamos que era difícil viajar para o exterior porque estávamos cercados de inimigos. Além disso, nossas férias eram subsidiadas pelo Partido. Talvez um dia o Partido fosse poderoso o suficiente para derrotar todos os nossos inimigos e pagasse para que todos também pudessem viajar para o exterior. De qualquer modo, já estávamos no melhor lugar. Eles não tinham nada. Sabíamos que não tínhamos tudo. Mas tínhamos o suficiente, todos tínhamos as mesmas coisas e tínhamos o que mais importava: liberdade verdadeira.

No capitalismo, as pessoas alegavam ser livres e iguais, mas isso estava apenas no papel, porque somente os ricos podiam aproveitar os direitos disponíveis. Os capitalistas ganharam dinheiro roubando terras e saqueando recursos naturais em todo o mundo e vendendo negros como escravos. "Vocês lembram de *Black Boy*?", perguntou a professora Nora quando lemos a autobiografia de Richard Wright na escola. "Na ditadura da burguesia, uma pessoa negra pobre não pode ser livre. A polícia está atrás dela. A lei funciona contra ela."

Tínhamos liberdade para todos, não apenas para os exploradores. Trabalhávamos, não para os capitalistas, mas para nós mesmos, e compartilhávamos os produtos de nosso trabalho. Nós não conhecíamos a ganância, nem motivos para sentir inveja. As necessidades de todos eram satisfeitas e o Partido nos ajudava a desenvolver nossos talentos. Se alguém fosse particularmente talentoso em matemática, dança, poesia ou qualquer outra coisa, poderia ir à Casa dos Pioneiros e encontrar um clube de ciências, ou um grupo de dança, ou um círculo literário para praticar suas habilidades.

"Imaginem, se seus pais vivessem no capitalismo, eles teriam de pagar por todas essas coisas", dizia a professora Nora. "As pessoas trabalham como animais, e o capitalista não lhes dá nem o que merecem porque, do contrário, como ele teria lucro? O que significa que parte do tempo elas trabalham para nada, como os escravos na Roma antiga. Por outro lado, recebem um salário e, se quiserem que seus filhos desenvolvam seus talentos, têm de pagar por aulas particulares, que obviamente não podem pagar. Que liberdade é essa?"

Os turistas, no entanto, podiam pagar por tudo. Quando vinham, encontravam tudo o que precisavam na loja *"valuta"*, onde só se podia usar moeda estrangeira. A loja *valuta* era o lugar onde os sonhos se tornavam realidade. Embora — segundo a professora Nora — não fossem sonhos, mas meras aspirações capitalistas. A loja *valuta* ficava bem ao lado do Museu dos Heróis da Resistência. Elona e eu dávamos uma olhada toda vez que visitávamos o museu com nossa escola: em 11 de janeiro, no aniversário da República; em 10 de fevereiro, para comemorar a Resistência da Juventude aos Fascistas; em 22 de abril para o aniversário de Lênin; em 1º de maio, 5 de maio, 10 de julho, quando celebrávamos a fundação do Exército do Povo; em 16 de outubro, aniversário de Enver Hoxha; em 8 de novembro, aniversário do Partido; e em 28 e 29 de novembro, para comemorar a Independência. Chamávamos a mulher que estava sentada ao lado do balcão de "Medusa" porque ela tinha cabelo cacheado e rebelde e um olhar hostil que nos fazia congelar na porta e pensar duas vezes antes de entrar. A Medusa sempre tinha o *Zëri i Popullit* no balcão, aberto na mesma página, e olhava para a entrada enquanto mastigava sementes de girassol. Tinha uma pilha de sementes não consumidas ao lado esquerdo do jornal, e as cascas das que ela já havia comido ao lado direito. Descascava e comia as sementes sem olhar, sem jamais tirar os olhos da entrada da loja.

Quando entrávamos, ela não dizia nada, mas parava de mastigar e nos encarava em silêncio por alguns minutos. Aí, se fosse inverno, ela dizia: "O que vocês querem aqui? Vocês têm dólares? Não. Então vão embora. Fechem a porta. Está frio". Se fosse verão, ela dizia: "O que vocês querem aqui? Vocês têm dólares? Não. Então vão embora. Deixem a porta aberta. Está quente". Ela então voltava a mastigar suas sementes de girassol.

Nós nunca saíamos imediatamente. Olhávamos para os objetos em exposição. Latas de coca-cola para encher estantes inteiras, mesmo depois de retirar todos os livros para abrir espaço. Amendoins salgados torrados, que deviam ser como sementes de girassol salgadas torradas, mas ainda mais saborosos, caso contrário, por que só se poderia comprá-los com dólares? Uma televisão em cores Philips, que parecia exatamente com a que pertencia à família Meta, as únicas pessoas do meu bairro que tinham uma televisão em cores. "Vocês têm ingressos?", brincavam todos os anos no dia de Ano-Novo, quando cerca de quarenta crianças sentavam diante de sua televisão Philips para assistir à versão turca de *Branca de Neve e os sete anões*. Havia uma moto preta MZ, magnificamente exposta no centro da loja; ela ocupava a maior parte do espaço e nos obrigava a contorná-la para chegar ao balcão, da mesma maneira que se tem de andar ao redor do túmulo de Lênin em Moscou para chegar à saída do mausoléu. Havia também um sutiã vermelho pelo qual Elona se apaixonara, embora não tivesse seios de adulta. Eu gostava do chapéu de sol.

Algumas das mercadorias da *valuta* lembravam aquelas que os caminhoneiros ou marinheiros traziam de suas viagens ao exterior como lembranças para suas esposas e filhos, ou para as esposas e filhos de parentes e vizinhos: canetas Bic, sabonete Lux e meias de náilon. Em casos mais raros, traziam mercadorias mais caras, como camisetas, shorts e roupas de banho, que desfilavam na praia no verão, fazendo com que os modelos humanos que as usavam se destacassem pelo nome das marcas que carregavam: "o homem do Speedo verde" ou a "garota do Dolphin vermelho". "Você está parecendo um turista", as pessoas diziam aos amigos. Em geral, era dito como um elogio. Às vezes, vinha como uma advertência. Muito raramente, podia ser uma ameaça.

O turista não se parecia com um de nós. O turista não poderia *ser* um de nós. O turista raramente aparecia, mas era fácil de detectar. O turista vestia-se diferente. O turista tinha o cabelo penteado de maneira inusitada, cortado em formas estranhas, ou não cortado, ou recentemente cortado na fronteira por conta de nosso Estado — um preço modesto pago por viajantes do mundo para visitar um país cujos próprios cidadãos viajavam pelo mundo apenas em pensamento.

Os turistas vinham nos meses de verão. Eles perambulavam pelas ruas na hora da sesta, acompanhados pelo cri-cri dos grilos e pelo olhar vago dos moradores correndo para casa a fim de tirar o último cochilo da tarde. Carregavam mochilas multicoloridas cheias de pequenas garrafas plásticas de água que se mostravam muito pequenas quando descobriam o calor extremo, um calor que sufocava todas as associações remanescentes com a União Soviética e os lembrava do Oriente Médio. Eles estavam interessados em tudo: o anfiteatro romano, a torre veneziana, o porto, as antigas muralhas da cidade, a fábrica de tabaco, a fábrica de borracha, as escolas, a sede do Partido, as tinturarias, os montes de lixo esperando a coleta, as filas, os ratos da rua, os casamentos, os funerais, as coisas que aconteciam, as coisas que não aconteciam, as coisas que podiam ou não ter acontecido. Os turistas seguravam câmeras Nikon, com a intenção de captar nossa grandeza passada e nossa miséria presente, ou nossa grandeza presente e a miséria de nosso passado, dependendo do ponto de vista. Os turistas sabiam que o sucesso de suas câmeras em captar qualquer coisa dependia principalmente da benevolência dos guias locais, que, sem que eles soubessem, eram frequentemente recrutas do serviço secreto. Os turistas não sabiam o quanto aquilo estava nas mãos dos guias.

O turista nunca vinha sozinho: sempre aparecia como parte de um grupo. Anos depois, descobri que os grupos eram de dois tipos: os realistas e os sonhadores. Os sonhadores pertenciam a grupos marxistas-leninistas marginais. Eles vinham principalmente da Escandinávia e estavam furiosos com o estrago social chamado de social-democracia. Traziam balas para oferecer aos moradores, que raramente aceitavam. Eles veneravam nosso país como o único no mundo que conseguira construir uma sociedade socialista firme, de princípios. Admiravam tudo em nós: a clareza de nossos slogans, a ordem em nossas fábricas, a pureza de nossos filhos, a disciplina dos cavalos que puxavam nossas carruagens e a convicção dos camponeses que viajavam nelas. Até os nossos mosquitos tinham algo único e heroico — seu jeito de sugar o sangue, que não poupava ninguém, inclusive eles próprios. Esses grupos de turistas eram nossos camaradas internacionais. Eles se perguntavam como nosso modelo poderia ser exportado. Sempre acenavam e sorriam, mesmo à distância. Acreditavam na revolução mundial.

Depois, havia o segundo grupo, os inquietos ocidentais, entediados com as praias do lago Balaton e de Bali, reclamando que o México e Moscou haviam sido invadidos por turistas. Pertenciam a clubes de nicho, e operadores turísticos exclusivos agora lhes vendiam a máxima aventura exótica: um lugar no coração da Europa, a pouco mais de uma hora de avião de Roma e duas horas de Paris. Não obstante, um lugar tão remoto, com suas montanhas hostis, suas praias dos sonhos, seu povo inacessível, sua história confusa e política complicada, que somente o viajante mais animado ousaria fazer a viagem. Vinham para decifrar o código, para descobrir a verdade. Mas era uma verdade com a qual já haviam concordado. Haviam conversado sobre isso enquanto bebiam coquetéis em Bali e tomavam doses de vodca em Moscou. A verdade era política. Não tinham opiniões políticas, exceto uma: o socialismo era contrário à natureza humana, em qualquer lugar e de qualquer forma. Sempre suspeitaram disso. Agora tinham certeza. Também acenavam, às vezes. Não sorriam com tanta frequência. Também traziam balas e queriam conversar. Às vezes conseguiam. Na vez seguinte que tentassem, ninguém respondia ao aceno, ninguém se interessava por balas. Nunca seriam capazes de adivinhar se os moradores que compartilharam opiniões com eles eram transeuntes aleatórios ou agentes do serviço secreto. Poderiam ser ambos. Sabiam que seria difícil descobrir. Mas sempre tentavam.

Não sei a qual desses dois grupos pertenciam os turistas que conheci quando acompanhei minha mãe numa viagem escolar à ilha de Lezhë. Era um dia excepcionalmente quente do outono de 1988, e eu estava tentando atravessar a rua quando ouvi várias vozes dizerem, em francês: *"Attention! Petite fille, attention!"*. *"Ça va"*, respondi instintivamente, um pouco ressentida porque havia visto o ônibus deles estacionar e não precisava que me dissessem como atravessar nossas ruas, que, ao contrário das ruas ocidentais, não eram invadidas por carros. Em poucos minutos, eu estava cercada por mais de uma dúzia de seres humanos que me olhavam como se finalmente tivessem visto seu animal favorito no zoológico. Senti o cheiro de protetor solar ao redor. Era insuportável. Não queria mais segui-los ou abraçá-los.

Como é que eu falava francês?, perguntaram eles. Quantos anos eu tinha? Onde eu morava? Somos franceses, disseram. Eu sabia onde ficava a França? Assenti com a cabeça. Eu sabia alguma coisa sobre a França? Isso me fez sorrir. Então me senti ofendida. Como podiam fazer essa pergunta? Como podiam insinuar que eu não sabia onde ficava a França? Não queria falar com eles. Mas queria mostrar que eu sabia mais do que eles pensavam. Cantei uma das canções preferidas de minha avó:

Je suis tombé par terre,
C'est la faute à Voltaire,
Le nez dans le ruisseau,
*C'est la faute à Rousseau.**

"Gavroche!", exclamou um deles. "Você conhece a canção de Gavroche! Você conhece *Os miseráveis*!" Os outros pareciam perplexos, como se nunca tivessem ouvido falar de Gavroche

---

* "Caí por terra,/ é culpa de Voltaire,/ com o nariz na sarjeta,/ é culpa de Rousseau."

ou das barricadas, ou como se não pudessem acreditar no que acabavam de testemunhar.

Dei de ombros. Eles pegaram balas na mochila. "Você quer bala?", perguntaram. Balancei a cabeça. Uma mulher tirou um cartão-postal. "Você conhece isto?", perguntou. Era um cartão-postal colorido da Torre Eiffel, uma cena noturna. Eu hesitei. "Pegue", eles disseram. *"Un petit souvenir de Paris"*, acrescentaram, como que para me persuadir. Refleti sobre aquilo. Pensei na minha avó. Ela ficaria feliz se eu trouxesse da ilha de Lezhë um cartão-postal de Paris? Minha mãe me chamou. Corri de volta para o nosso ônibus. Ao sairmos da ilha, olhei para o grupo da janela do ônibus. Vi a mulher que ofereceu o cartão-postal. Ela também me viu. Sorriu novamente. Ainda segurava o cartão e acenou com a Torre Eiffel como se estivesse acenando com um lenço.

8.
Brigatista

Quando voltei para casa depois da excursão à ilha de Lezhë, não estava mais chateada. Eu estava cantando a canção de Gavroche em minha cabeça, mas misturada com "Olá, ó Enver Hoxha, tão grande quanto nossas montanhas e tão afiado quanto nossos penhascos", que os alunos da minha mãe cantavam nos bancos traseiros do ônibus. Quanto mais pensava no encontro com os turistas, menos ressentida ficava. A parte de mim que ficara ofendida com a ideia de que eles sabiam muito menos sobre nós do que nós sobre eles achou esse mesmo detalhe divertido — até empoderador. Parecia um teste em que agora eu estava cada vez mais confiante de que havia passado.

Nós todos nos reunimos na cozinha para jantar e contei o episódio para minha família. Apesar do alívio de que me lembro, devo ter parecido perturbada, porque minha avó se levantou e saiu sem dizer nada. Ela voltou alguns minutos depois, carregando um saco plástico transparente empoeirado e cheio de fotos desbotadas. Então pegou um cartão-postal em preto e branco com uma imagem da Torre Eiffel e me passou. Do outro lado estava escrito: "Parabéns! Outubro de 1934". Havia algo mais rabiscado no cartão, talvez uma assinatura, mas não era mais legível. Quase parecia que alguém havia feito um esforço para apagá-la.

"Veja", disse minha avó, "já temos a Torre Eiffel. Não precisa se preocupar com isso."

Minha mãe estava arrumando os pratos do jantar e, ao olhar para a imagem em minha mão, disse:

"Esses turistas que vêm nos visitar são tão úteis quanto o topo da Torre Eiffel."

Fiquei intrigada. Nunca me ocorrera que os turistas que nos visitavam pudessem ser úteis para alguma coisa. Tudo o que queriam era testar seu conhecimento sobre o país deles.

"Para que serve o topo da Torre Eiffel?", perguntei.

"Para nada", respondeu. "Essa é a questão." "Talvez para olhar a vista." Meu pai falou. "Exatamente", disse minha mãe. "Como os turistas."

"Você disse aos turistas que às vezes se parece com Gavroche?", perguntou meu pai, mudando de assunto.

Sacudi a cabeça com um sorriso. Ele costumava me chamar de Gavroche. Era um dos dois apelidos que ele me dera quando retirara o título de "pimentão recheado" porque eu não comia mais o suficiente para merecê-lo. "A que brincadeiras você aderiu para acabar como Gavroche nas barricadas?", perguntou ele quando eu voltava para casa no final de um dia brincando fora, com o rosto vermelho, ofegante, coberta de suor, ainda me recuperando de horas correndo para capturar fascistas, lutando com bastões para me defender das conquistas romanas e subindo em árvores para observar os cercos dos otomanos. Mais tarde, quando entrei na adolescência e queria fazer valer minhas opiniões, cortei meu cabelo curto para eliminar as fitas da minha vida de uma vez por todas. Também troquei meus vestidos de renda feitos à mão por roupas masculinas um pouco grandes para mim e um barrete frígio. Então, isso não seria mais mencionado como uma pergunta; tornou--se a expressão de certeza. "Ah, ainda parecendo Gavroche", meu pai comentava, em um tom que tornava difícil dizer se aquilo pretendia ser uma crítica ou um elogio.

Eu estava com o olhar fixo no cartão-postal que minha avó me mostrara. "Pode ficar com ele", disse ela. "Desde que o guarde bem."

Agarrei o cartão e senti que suava. "Os turistas lhe deram quando você era pequena?", perguntei.

Nini sorriu. Meu avô o recebera, explicou ela. Ele havia estudado na França, em um lugar chamado La Sorbonne. Seu melhor amigo lhe deu quando ele se formou, um amigo que não estava mais entre nós.

"Na França! Ele estudou na França! Como o tio Enver! Ele estudou ciências naturais também? Você me disse que eles eram amigos! Eles se conheceram lá?"

"Não, seu avô estudou direito", respondeu Nini. "Ele e Enver já se conheciam da escola. Eram amigos no Liceu Francês em Korçë. Mas sim, eles se encontraram na França, muitas vezes. Ambos faziam parte da Frente Popular."

"O que é a Frente Popular?"

"A Frente dos Tolos", interveio minha mãe. Meu pai olhou para cima com uma cara feia. Minha avó continuou como se não a tivesse ouvido. Ela explicou que a Frente Popular era uma grande organização dedicada à luta contra o fascismo. Eles realizavam reuniões e protestos e tentaram construir um grande movimento de resistência europeu. Havia uma guerra na Espanha e brigadas internacionais voluntárias para ajudar os grupos republicanos que lutavam contra os fascistas, e meu avô quis participar.

"Ele estava em um grande grupo de antifascistas com o tio Enver?!", perguntei, com entusiasmo mal disfarçado. "Você nunca me contou! Você nunca me disse que meu avô lutou contra os fascistas! Eu poderia levar suas fotos para a escola no dia 5 de maio! Temos fotos? Temos cartas? O que posso levar para mostrar aos meus amigos?"

"Bem, ele não chegou à Espanha", minha avó continuou. "O pai dele descobriu que seu avô estava na fronteira, pronto para entrar nas brigadas internacionais, então escreveu uma carta ao embaixador albanês pedindo para repatriá-lo."

"Por que o pai dele fez isso?" Eu estava intrigada.

Minha avó pareceu não ouvir minha pergunta, ou quis ignorá-la. "Ele voltou para a Albânia, trouxe panfletos antifascistas e tentou organizar mais reuniões. Mas a polícia descobriu", continuou ela.

"Por que o pai dele não queria que ele lutasse contra os fascistas?" Eu não conseguia entender por que alguém se oporia a lutar contra os fascistas, na Espanha, na França, na Albânia, em qualquer lugar. Fiquei chateada porque o pai do meu avô não só tinha o mesmo nome e sobrenome do nosso ex-primeiro-ministro, como também era fascista como ele.

"Bem, eu não sei. Acho que ele era um pouco antiquado", minha avó respondeu com alguma hesitação. "Eles tinham opiniões diferentes sobre política."

"Ele encontrou o tio Enver de novo?"

Minha avó fez uma pausa. Ela apertou os olhos, pensou por um momento, então disse: "Eles... eles... perderam contato um do outro. De qualquer forma, temos uma Torre Eiffel!", exclamou ela. "É isso que importa!"

"Foi quando o vovô foi fazer sua pesquisa na universidade?", perguntei, sem vontade de deixar para lá.

Nini deu a impressão de ficar desconfortável com as perguntas persistentes. Ela olhou para meu pai, como se pedisse ajuda. Mas nenhuma ajuda veio.

"Primeiro ele abriu uma loja que vendia bebidas alcoólicas", continuou ela. "Ele tentou exercer a advocacia, mas negaram-lhe a licença porque era contra os fascistas e essa era a época do rei Zog. Pesquisa na universidade... hum, não, isso foi alguns anos depois", acrescentou. "Quando a guerra acabou."

"O que ele fez, então?"

"Ah, nada de especial. Ele aprendeu russo e inglês, trabalhou em seus idiomas, fez traduções, esse tipo de coisa. Leushka", disse-me ela, "quer ir buscar alguns talheres para o jantar?"

"Babi, foi quando ele saiu de casa por muito tempo?", perguntei, olhando para meu pai. "Para fazer sua pesquisa na universidade? Foi por isso que Nini criou você sozinha?"

"Sim", respondeu meu pai. "Ele traduziu o *Cândido* de Voltaire."

"Voltaire! Voltaire! Eu queria saber quem eram Voltaire e Rousseau. Quer dizer, não sei nada sobre eles, só sei que ajudaram na Revolução Francesa."

Minha avó assentiu com entusiasmo. Ela parecia aliviada porque o assunto havia mudado. Talvez ela não gostasse da ideia de meu avô ter deixado a família assim, para ir a algum lugar e passar tantos anos apenas estudando idiomas e fazendo traduções.

"Isso é tudo que você precisa", continuou ela. Seu humor melhorava sempre que a Revolução Francesa surgia na conversa. Poderia continuar falando sobre isso incansavelmente. Ela me contara tudo o que sabia sobre a revolução, como começou, quem estava envolvido, o que aconteceu com Luís XVI, com Maria Antonieta e até com o pobre Delfim. Gostava de repetir a parte do discurso de Robespierre que dizia que o segredo da liberdade está em educar as pessoas, enquanto o segredo da tirania está em mantê-las ignorantes. Descreveu as famosas batalhas de Napoleão e sabia os nomes de todos os generais envolvidos. Tentara me ensiná-los, mas achei impossível lembrar de todos eles. Falou sobre os personagens envolvidos na Revolução Francesa, desde a reunião dos Estados Gerais até o fim das Guerras Napoleônicas, com detalhes vívidos e grande precisão, como se fossem parentes de família: os vencedores, os perdedores e todos os outros.

"Sua avó acha que a Revolução Francesa trouxe liberdade para o mundo", disse meu pai, comentando sobre o entusiasmo de minha avó, "mas foi uma boa ideia que nunca se consolidou."

"Voltaire e Rousseau foram filósofos do Iluminismo", continuou minha avó. "É por isso que Gavroche diz que é culpa deles. Eles primeiro explicaram as ideias pelas quais o povo lutou durante a Revolução. Eles pensavam que todos nascem livres e iguais, e as pessoas podem pensar por si mesmas e têm de tomar suas próprias decisões. Eles eram contra a ignorância, a superstição e ser controlado por pessoas mais poderosas."

"Certo. Como Marx e Hangel. Voltaire e Rousseau também usaram a guilhotina?", perguntei.

"Não", respondeu minha avó. "Isso veio depois."

"Marx e Hangel a usaram?"

"Hegel", corrigiu Nini. "Ou você quer dizer Marx e Engels? Marx e Engels, bem… Não, não realmente, eles não usaram. Eles escreviam livros, organizavam reuniões, esse tipo de coisa. Também pensavam que todos nascem livres e iguais, e pensavam… Bem, você sabe o que Marx pensava."

"Ele achava que não há liberdade no capitalismo porque os trabalhadores não têm permissão para fazer todas as coisas que os capitalistas podem fazer", acrescentei, satisfeita com minha contribuição.

"Exatamente", disse meu pai. "Ele estava certo. No socialismo…" Ele fez uma pausa, pensou por um momento e começou uma frase diferente. "No capitalismo", disse ele, "não é que os pobres não tenham permissão para fazer todas as coisas que os ricos podem fazer. É que eles não podem fazer, mesmo que seja permitido. Por exemplo, eles podem sair de férias, mas precisam continuar trabalhando porque, caso contrário, não ganham dinheiro. E se você não tem dinheiro no capitalismo, você não pode sair de férias. Você precisa de uma revolução."

"Para sair de férias?"

"Para mudar a maneira como as coisas são."

Quando meu pai falava de revoluções no geral, ficava tão excitado quanto minha avó quando falava em específico da Revolução Francesa. Na minha família, todos tinham uma revolução preferida, assim como todos tinham uma fruta de verão preferida. A fruta preferida de minha mãe era a melancia, e sua revolução preferida era a inglesa. As minhas eram figos e a russa. Meu pai enfatizava que simpatizava com todas as nossas revoluções, mas sua preferida era a que ainda não havia acontecido. Quanto à sua fruta preferida, era o marmelo — mas poderia sufocar se não estivesse totalmente maduro, então ele muitas vezes relutava em comer. As tâmaras eram a fruta preferida de minha avó: eram difíceis de encontrar, mas gostara delas quando era pequena. Sua revolução preferida era obviamente a francesa, e isso aborrecia muito meu pai. "A Revolução Francesa não conseguiu nada", disse ele agora. "Algumas pessoas ainda são extremamente ricas e tomam todas as decisões, e outras são muito pobres e não podem mudar suas vidas." Ele balançou a cabeça. "Estão presos, como esta mosca", continuou ele, apontando para uma mosca que zumbia ruidosamente contra o vidro da janela de nossa cozinha. Depois pensou um pouco mais e acrescentou algo que sempre acrescentava, como se tivesse acabado de lhe ocorrer, embora o repetisse todas as vezes para explicar por que sua revolução preferida não existia: "Basta olhar para o mundo, *brigatista*, olhe para o mundo".

Mesmo que meu pai não tivesse uma revolução preferida, ele tinha revolucionários preferidos. Eles eram chamados de *"brigatisti"*. *"Brigatista"* era o outro apelido que recebi quando ele parou de me chamar de "pimentão recheado". Eu não entendi seu significado até ficar muito mais velha, mas lembro que ele tendia a surgir quando eu infringia algum tipo de regra. Com o tempo, cheguei à conclusão de que era equivalente a "encrenqueira", termo usado para uma pessoa que desafiava a autoridade estabelecida. Meu pai dizia coisas como "Vem cá, *brigatista*, olha o que você fez", ou "Você está atrasada, *brigatista*", ou "*Brigatista*, o que vamos fazer com você? Ainda não fez sua lição de casa".

Eu também achava que o termo tinha algo a ver com violência. Isso porque a única vez que meu pai aplicou o rótulo em outras crianças além de mim foi quando lhe contei que havia me recusado a ajudar na execução de um gato que havia roubado a comida destinada aos cães de rua de Flamur. Ele havia aparecido na área de recreação comum na rua segurando o gato, amarrara uma corda em seu pescoço e ordenara que as outras crianças a puxassem até que o gato não respirasse mais. Quando relatei o incidente ao meu pai e lhe disse que não queria puxar a corda, ele disse: "Então você não é realmente uma *brigatista*", de uma forma que deixou claro que, naquele caso, "*brigatista*" não pretendia ser um elogio.

A outra ocasião em que meu pai mencionava os *brigatisti*, e se incluía nessa descrição, era durante nossas visitas periódicas ao cemitério, quando frequentemente tropeçávamos num mendigo chamado Ziku. Tratava-se de um cigano de meia-idade, sem pernas, que sempre usava shorts para que se pudesse ver as duas longas fileiras de pontos onde terminavam suas coxas e suas pernas haviam sido cortadas. Ele se arrastava no chão, e sempre que via meu pai de longe, rastejava cada vez mais rápido até nos alcançar. Então bloqueava o caminho, e me lembro de pensar que Ziku era ainda mais baixo que eu. "Camaradas, camaradas!", chamava ele. "Vocês têm alguma coisa hoje?" Meu pai sempre esvaziava os bolsos. Literalmente. Dava tudo o que tinha. Depois de encontrar Ziku, às vezes passávamos por uma confeitaria e eu puxava a manga do meu pai para indicar que uma fila havia começado a se formar, o que significava que havia esperança de que surgiria sorvete em breve. Ele virava o interior dos bolsos para mostrar que estavam vazios e depois me dizia: "Não tenho mais nada". Depois, acrescentava: "Você viu Ziku, não viu? Ora, não fique chateada, não seja mesquinha como sua mãe. Somos ou não somos *brigatisti*?".

A partir dessas conversas, deduzi que *brigatista* era alguém que queria dividir todo o seu dinheiro, e que meu pai se identificava com eles porque não se importava em dividir o que tinha. Quando eu estava com Nini e víamos Ziku, ela lhe dava alguns trocados também, mas não tanto quanto meu pai. Guardava algumas moedas para me comprar sorvete e, enquanto esperávamos na fila, minha avó dizia: "Pobre Ziku, sabe, ele provavelmente não gostava de ir à escola e agora tem de pedir dinheiro a outras pessoas porque não teve educação. Ele deveria ter feito a lição de casa e lido livros, como você".

Minha mãe nunca dava nada a Ziku. Falava: "Ziku precisa trabalhar!". Eu respondia: "Mas ele não tem pernas!". Ela retrucava: "Ele tem braços!". Eu objetava: "Mas ele não tem educação!". "A culpa é dele!", retrucava ela. "Ele deveria ter aprendido. Quem quer aprender, aprende. Ninguém me deu trocados quando eu estava crescendo."

Quando perguntei ao meu pai por que devíamos dar todo o nosso troco para Ziku, já que era culpa dele não ir à escola ou gostar de aprender, ele disse que nem tudo é culpa de alguém. Ele explicou que, embora as crianças ciganas fossem agora obrigadas a ir à escola e morar em blocos de apartamentos, esse provavelmente não era o caso quando Ziku cresceu em algum acampamento nômade sabe-se lá onde. Ele também disse: "Não dê ouvidos à sua mãe; ela não daria nada a Ziku, mesmo que ele tivesse doutorado. Ela quer economizar tudo".

Meu pai gostava de zombar do desejo de minha mãe de economizar tudo. "Como você gostaria de continuar com esse investimento?", ele lhe dizia ironicamente, como se ela fosse uma capitalista, quando discutiam compras, se era apropriado comprar um novo casaco de inverno. Minha mãe nunca ria das piadas do meu pai, nem mesmo das que não eram à sua custa. Tampouco protestava. Ela dava de ombros, depois ordenava: "Dê-me seu casaco velho. Vou virar o colarinho do avesso. Vai ficar como novo."

Da parte do meu pai, o desprezo pelo dinheiro era uma marca de distinção. A poupança era vista como um fardo a ser aliviado, algo que colocava em risco a condição de ser humano livre. Assim que a família tinha algum dinheiro sobrando, por pouco que fosse, meu pai e Nini começavam a entrar em pânico. Eles se perguntavam sobre o que mais poderiam comprar ou a quem poderiam dar para evitar o desastre de acumular um excedente. Os aniversários eram celebrados com gastos extravagantes. Todo mundo recebia pelo menos um presente, às vezes mais. Estar permanentemente endividado era um grande alívio, e a família estava endividada desde que eu existia. Nos raros casos em que pagavam suas dívidas mensais e também conseguiam cobrir as despesas básicas, começavam a pensar em quais outras necessidades mais complexas poderiam ter, para que toda a poupança pudesse ser redistribuída.

No fim de cada mês, minha avó olhava para um armário vazio e exclamava: "Acabamos com tudo! Não resta mais nada! Teremos de esperar até os tíquetes do próximo mês!". Havia certa preocupação em sua voz, mas também um tom de alegria que nunca entendi, como se além do próximo desafio ela também anunciasse que havíamos alcançado algum tipo de meta com que deveríamos nos orgulhar. Presumi que fosse de família, porque Cocotte me disse certa vez, enquanto jogávamos pôquer com feijões, que antigamente ela e minha avó costumavam jogar com dinheiro de verdade e não se importavam de perder um pouco. Também a entreouvi dizer a Nini uma noite, enquanto conversavam até tarde antes de dormir, que era bom que o avô delas, o paxá, tivesse incentivado a gastar a maior parte da fortuna da família em joias, viagens e assentos no balcão da ópera, pois tudo acabaria desaparecendo de qualquer maneira.

Minha mãe e meu pai tinham valores radicalmente diferentes e atitudes fundamentalmente conflitantes em relação a praticamente tudo: por quanto tempo era apropriado continuar consertando roupas antes que chegasse a hora de comprar novas? Se *Sacco e Vanzetti* era um filme superior a *E o vento levou*, se as crianças descansavam melhor se choravam até dormir, se era aceitável beber leite levemente estragado, quão tarde, se tanto, se podia aparecer em reuniões, e em quantos dias se poderia reciclar sobras antes de aceitar a derrota. Meu pai e Nini detestavam dinheiro; minha mãe o adorava; os primeiros celebravam antigos códigos de honra; a última se orgulhava de ignorá-los. Meu pai era profundamente interessado em política, inclusive a política de lugares distantes; minha mãe se importava apenas se isso lhe dissesse respeito diretamente. Era uma grande ironia que os dois tivessem se casado, porque em épocas e lugares diferentes provavelmente estariam em conflito. A história os transformara em aliados. Nenhum dos dois parecia gostar do conflito diário que sua interação gerava, mas ambos haviam encontrado estratégias para enfrentá-lo. Eram surpreendentemente francos sobre o fato de não aprovarem a perspectiva moral um do outro. Não houvera escolha a não ser se casar, diziam eles. Tudo se resumia à "biografia".

O desprezo de meu pai pelo dinheiro ia muito além de sua aversão aos hábitos frugais de minha mãe. Isso levava a uma atitude hostil com relação ao sistema capitalista, cujo propósito, disse ele, era continuar comprando e vendendo coisas a fim de obter lucro somente para continuar funcionando. Se você acabasse com muito dinheiro, dizia minha mãe, talvez você merecesse. Meu pai insistia que não havia como ganhar dinheiro sem explorar alguém que não o tivesse. Se você tinha muito dinheiro, também tinha muito poder e poderia influenciar decisões importantes, tornando muito difícil para pessoas que não começaram com a mesma quantia que você chegar à mesma posição. "É preciso fazer o que se pode, *brigatista*", concluía meu pai, "mas no fim, para mudar as coisas, é preciso uma revolução, porque ninguém vai abrir mão de seus privilégios sem ser forçado."

Anos depois, quando fui para a universidade, fiquei chocada ao saber que meu apelido vinha das "Brigadas Vermelhas", o movimento terrorista de extrema esquerda italiano semelhante a outros movimentos de guerrilha que surgiram em vários países da Europa Ocidental durante os anos 1970. Meu pai estava terminando sua licenciatura na universidade de Tirana no verão de 1968, e lembrava do assassinato de Martin Luther King em abril, de que De Gaulle havia fugido para a Alemanha após a ocupação das universidades francesas em maio e que os tanques soviéticos invadiram Praga em agosto, e a Albânia abandonou o Pacto de Varsóvia em protesto. Esses eventos foram suficientes para convencê-lo de que, a menos que todos aqueles que sofriam de injustiça em todo o mundo se tornassem livres, nenhuma vitória única e duradoura poderia ser alcançada. Por um momento naquele verão, ele pensara que a liberdade era possível e exigia resistir à autoridade em todas as suas formas. Mas os protestos estudantis fracassaram, e os jovens nas praças tornaram-se políticos de carreira, convertendo seus antigos ideais de liberdade numa vaga retórica da democracia. Esse foi o momento, explicou ele, em que percebeu que "democracia" era apenas outro nome para a violência do Estado, uma violência que em grande parte permanece uma ameaça abstrata que se materializa somente quando os poderosos correm o risco de perder seus privilégios.

Em consequência desses eventos, que ele só assistia na televisão italiana ou iugoslava, meu pai desenvolvera seu fascínio pelos grupos revolucionários, aqueles que rejeitavam completamente os direitos legais e a democracia parlamentar e acreditavam que sem a violência do povo nunca se poderia superar a violência do Estado. Ele estava fascinado por Giangiacomo

Feltrinelli, que havia fundado uma editora e cuja postura dizia admirar porque não atendia nem aos interesses capitalistas da família nem à retórica democrática do Estado liberal. Ele me contou que Feltrinelli havia morrido carregando seus próprios explosivos durante uma operação do grupo revolucionário Gruppi di Azione Partigiana. Ele descrevia sua morte com tamanha precisão narrativa e detalhes psicológicos refinados que dava quase para pensar que estava presente e escapara por pouco. Ele me contou a história antes que eu pudesse realmente entender do que se tratava a operação, ou porque era necessário explodir postes de eletricidade para desencadear uma revolução.

As Brigadas Vermelhas quase não foram mencionadas na televisão na Albânia durante os anos 1970 e 1980. Meu pai começou a segui-las ouvindo a rádio italiana em segredo. Mais tarde na minha vida, tentei entender essa preocupação com a violência revolucionária. Ele deve ter traçado um paralelo entre a crítica do Estado repressivo e sua própria situação. A violência terrorista, dizia ele, não seria necessária se os grupos revolucionários pudessem combater o Estado com todas as armas disponíveis para um exército regular. Ele odiava todas as guerras; era um pacifista. Mas romantizava a luta revolucionária. Ele era um espírito livre preso a uma ordem política altamente rígida, um homem com uma biografia que não havia escolhido, mas que era suficiente para determinar seu lugar no mundo. Deve ter procurado maneiras de dar sentido a si mesmo, tentando levar adiante seus compromissos morais sem que alguém os interpretasse em seu lugar, alguém que tentasse atribuir significado ao que me parecia o fato totalmente sem sentido de que seu nome era igual ao de um ex-primeiro-ministro.

No entanto, quando tentava articular tudo isso de uma maneira que outros pudessem entender e simpatizar, quando ele

tentava explicar o que significava alcançar a liberdade longe da
máquina repressiva do Estado e da exploração do mercado, ficava sem palavras. Ele sabia o que era contra, mas achava difícil defender o que defendia. Frases, teorias, ideais se amontoa-
vam em sua cabeça, e ele lutava para encontrar uma maneira
de ordená-los, explicar suas prioridades e compartilhar seus
pontos de vista. Tudo acabava explodindo em milhares de fragmentos: o que sabia, o que era, o que tentava ser, o que queria
ver acontecer. Tal como a vida dos revolucionários cujas mortes heroicas ele admirava, tal como sua revolução preferida,
aquela que nunca havia acontecido.

9.
Ahmet obteve seu diploma

No fim de setembro de 1989, algumas semanas após o início das aulas, um novo garoto chamado Erion entrou para nossa classe. Sua família se mudara recentemente de Kavajë, a mesma cidade onde minha família morava antes do meu nascimento. Ele foi designado para o assento ao meu lado e se apresentou. "Você é Lea!", exclamou com alegria, quando descobriu meu nome. "Lea Ypi! Meus pais me disseram para procurá-la. Somos parentes. Meu avô é primo da sua avó. Eles cresceram juntos. Tenho uma mensagem para transmitir. Você deve dizer à sua avó que Ahmet obteve seu diploma. Ele voltou. Ahmet é meu avô. Você pode nos visitar quando quiser."

Quando contei à minha família que havia conhecido um primo novo, eles pareceram surpresos. "Um pouco tarde para descobrirmos novos parentes, não acha?", brincou meu pai. Então transmiti a mensagem. "Ahmet...", murmurou Nini, absorta em pensamentos. "Ahmet está de volta. Ele quer que a gente o visite", disse em tom pensativo. "Devemos ir? Devemos parabenizá-lo pelo diploma? Devemos levar um presente?" Meu pai assentiu com a cabeça. Minha mãe sacudiu a cabeça. "Temos que ter cuidado", disse ela. Sonia, a falecida esposa de Ahmet, havia sido professora, e o próprio Ahmet, sem dúvida, já encontrara um emprego. "Ele está velho demais para trabalhar", objetou meu pai. Nini continuou a olhar fixamente para a parede. "Sim, é tarde para ele", disse ela no final. "Ele está velho agora. Mas quem sabe?"

A discussão não fazia o menor sentido. Por que não podíamos visitar alguém cuja esposa havia sido professora? Por que não deveríamos parabenizar um parente que acabou de se formar?

"Eu gostaria de brincar com Erion", falei. "Ele é legal, quero vê-lo." Depois de uma longa discussão, a família decidiu seguir em frente. Comprou-se uma caixa de delícias turcas, a visita foi feita, os primos se reencontraram.

Depois disso, Ahmet começou a vir à nossa casa com frequência. Batia na porta com a bengala de cerejeira na qual se apoiava ao caminhar. Trazia pequenos presentes, como pipas pintadas e chapéus de papelão, e às vezes trazia Erion e nós brincávamos de escolinha com minhas bonecas. Ahmet falava devagar, quase com dificuldade. Cheirava a tabaco e carregava um jornal enrolado como um cachimbo e o usava para fazer cócegas no meu pescoço, logo abaixo do queixo. Quando pegava seu pires de café, suas mãos tremiam. A colher na xícara fazia um tinido que chamava a atenção para sua mão direita, onde faltava o polegar. Seus dedos eram longos e cobertos de uma cor amarela brilhante, como se tivessem sido pintados, aparentemente de tanto enrolar tabaco.

Quando as visitas de Ahmet coincidiam com as estadias de Cocotte em nossa casa, todos falavam francês, tal como faziam quando eram crianças. Uma vez perguntei se ele queria jogar pôquer de feijão conosco, mas Cocotte disse que o pôquer era para burgueses. Não entendi, mas não quis contradizê-la e contar a Ahmet que sempre jogávamos pôquer com feijão, e ninguém havia sugerido antes que era um jogo burguês. Ahmet sentava-se então no sofá ao lado da minha avó e falava sobre o quanto as coisas haviam mudado no período em que estivera fora. "Tem tanta coisa boa por aí", disse. "Há abundância em todos os lugares. As lojas estão cheias. O povo está feliz. Tudo parece tão calmo e perfeito." Nini assentiu em silêncio.

Alguns meses depois, meu pai recebeu uma notificação do trabalho de que seria transferido de seu escritório a poucos quilômetros do centro da cidade para uma unidade na remota aldeia de Rrushkull. Teria que acordar muito mais cedo e viajar no escuro para chegar à aldeia, primeiro pegando um ônibus, depois andando muito tempo ou, se tivesse sorte e encontrasse camponeses no caminho, pegando carona em uma carroça puxada por cavalos. Nini temia que no inverno sua asma piorasse. Todos concordaram que havia sido um erro parabenizar Ahmet e convidá-lo para um café. "Eu sabia", disse minha mãe. "Eu sabia que ele tinha um trabalho reservado. Ele provavelmente já estava trabalhando enquanto estudava. Eu disse que não deveríamos fazer contato. Sua esposa era professora. Muitas pessoas demoraram mais para se formar por causa dela. Uma até desistiu."

Para mim, a ligação entre o reencontro com Ahmet e a transferência de meu pai parecia ainda mais absurda do que a discussão sobre parabenizá-lo por concluir seu curso. Mas os dois eventos eram geralmente relacionados em discussões familiares. As visitas dele significavam que até mesmo a localização da escola da minha mãe não era mais considerada segura. "Precisamos parar de atender a porta", declarou Nini a certa altura, "ou Doli será transferida em breve."

E assim fizemos. Quando Ahmet e Erion vinham nos visitar, fingíamos que não estávamos em casa. Desligávamos o rádio e a televisão. Por alguns minutos, tudo ficava em silêncio. Às vezes, Donika os avistava na base da ladeira e corria para chamar minha mãe da janela: "Dalaaaaa! Dalaaaa! Ele está vindo. Seu primo está vindo". Ahmet batia com a bengala e esperava. Erion batia com o punho. Eu colocava metade da cabeça para fora de um canto da janela. Eles demoravam um pouco mais, depois pegavam as sacolas com chapéus e pipas que haviam deixado no chão e davam meia-volta. Erion corria na frente, e Ahmet o seguia devagar. Ele arrastava os pés como se pertencessem a outra pessoa, e seu rosto tinha uma expressão vagamente distante, como se pensasse com a cabeça de outra pessoa. Eu ficava triste ao vê-los partir. Meu pai percebia que eu estava chateada. "Não se preocupe, *brigatista*", tentava me confortar. "Não fique triste.

Quando for mais velha você vai entender. Ahmet terminou de estudar, mas ainda está trabalhando."

Minha família sempre teve um grande interesse por pessoas que terminavam a universidade. Era um dos tópicos mais frequentes em nossas conversas em festas de aniversário e reuniões de família estendida. Nos últimos meses anteriores a dezembro de 1990, esse se tornou o único assunto a merecer atenção. Quanto menos interessada em política minha família parecia, mais entusiasmadas eram as discussões sobre o ensino superior. Cada vez que um parente vinha nos visitar, servia-se um café e a conversa era mais ou menos assim: "Você ficou sabendo que o Nazmi obteve seu diploma?". "Ah, eu achava que ele já tinha se formado." "Não, só aconteceu recentemente." Em seguida, continuavam falando sobre evasão e resultados excelentes, comparando o quão difícil tinha sido passar pela universidade no passado, em comparação com o presente: "Naquela época, Isuf foi reprovado, mas, quando sua esposa se matriculou, ela foi muito bem", explicava minha avó. "Ah, sim", era a resposta, "ela se destacou; ela ficou para ensinar." Algumas universidades pareciam ser muito mais difíceis de passar do que outras. "Fatime acabou em B. e, infelizmente, não terminou." Ou: "O marido dela estivera em V. e depois se mudou para T. Lá ele passou nos exames sem dificuldade". E ainda: "Quem sabe o que vai acontecer agora que o reitor mudou?". Ou então: "Parece que menos pessoas estão sendo reprovadas", seguido de uma resposta cautelosa: "Sim, mas quem sabe quantas eles estão matriculando?".

Várias discussões envolviam comparações entre diferentes assuntos e a relativa dificuldade de completar cada um. Por exemplo: "Josif estudou relações internacionais, mas Bela estava interessada em filosofia". Não só as universidades nas quais alguém se formou, mas também os conteúdos de seu estudo eram classificados com base no grau de exigência deles.

Era bem sabido que se você fosse para a universidade a fim de estudar relações internacionais, por exemplo, seria impossível se formar. Mas se você estudasse economia poderia terminar o curso com relativa rapidez. Em outros momentos, parecia que, se alguém obtivesse com eficiência um diploma considerado difícil de concluir, talvez fosse obrigado a continuar para lecionar. Isso, por algum motivo, era visto com desconfiança. A reputação dos professores também variava: havia os rígidos, que inspiravam medo e que deveriam ser evitados a todo custo, e aqueles cujo estilo de ensino era mais descontraído, sendo mais fáceis de abordar.

Os adultos nunca mencionavam os nomes das universidades, somente a primeira letra. Por exemplo, eles diziam coisas como "Avni se formou em B." ou "Emine começou seus estudos em S., mas depois foi transferida para M.". Da mesa baixa da nossa sala onde eu brincava com minhas bonecas em silêncio, eu tentava combinar a única letra que acabara de ouvir com os nomes de diferentes cidades universitárias. Quando eu achava que havia adivinhado corretamente, perguntava: "Quando disse S. você se referia à universidade de Shkodra?". Nesse momento, os adultos percebiam que eu estava ouvindo e mandavam eu brincar no meu quarto.

Achava especialmente confuso quando falávamos sobre a pesquisa de meu avô. Alguns parentes diziam que talvez ele não tivesse de estudar por tanto tempo se seu pai, o homem que tinha o mesmo nome de nosso ex-primeiro-ministro, não estivesse envolvido. Outros diziam que as duas biografias não tinham relação, que meu avô teria ido para a universidade de qualquer jeito, porque ele era um "intelectual" e a maioria dos intelectuais tinha de estudar. Quando descobri que meu avô havia terminado sua primeira graduação em Paris, fiquei curiosa para saber onde ele fizera suas pesquisas posteriores, durante o período em que aprendera inglês e russo, e traduzira o *Cândido* de Voltaire, que levara quinze anos para completar. Mas essa segunda graduação estava cercada de mistério. Disseram-me: "Ele estudou em B., depois foi para S". "O que são B. e S.?", perguntei. "Literatura", responderam eles. "Ele estudou literatura." "Não perguntei *o que* ele estudou", insisti, "mas *onde* ele estudou." "Ah, bem, aqui e ali", foi a resposta, "não muito longe daqui." "Mas onde é aqui, e por que ali?", perguntei uma última vez. "Por quê? Bem, biografia", eles repetiam. "Era parte de sua biografia."

Das muitas conversas que absorvi ao longo dos anos, a de que me lembro com mais clareza dizia respeito a um antigo professor do meu avô cujo nome era Haki. Muitos de meus parentes que estudaram na mesma universidade que meu avô conheciam Haki. Todos eles contaram que, se você acabasse nos cursos de Haki, havia uma chance extremamente alta de nunca concluir seu curso; na verdade, era muito provável que fosse expulso. O anúncio de que alguém havia sido expulso era geralmente feito num sussurro, acompanhado de olhares sombrios e vozes trêmulas. "Sinto muito", dizia o receptor da notícia, "isso é terrível. Lamento muito ouvir isso." A única coisa que provocava uma reação ainda mais dramática do que os relatos de reprovação no curso era a notícia de que alguém havia abandonado o curso, que havia desistido voluntariamente. "Era Haki", eu ouvia então. "Ela não conseguiu aguentar Haki." E o comentário: "Não, não só o Haki, o curso completo". "Sim, mas sem o Haki ela poderia ter conseguido." Haki tinha a reputação de ser altamente dedicado à educação. Era um dos professores mais severos, conhecido tanto pelas duras penas que infligia quanto pela humilhação que elas provocavam.

Uma história que envolvia Haki, e que ouvi muitas vezes, aconteceu no fim do curso de literatura do meu avô. Foi no verão de 1964. Meu avô Asllan havia saído da universidade e estava desempregado. Ele bateu em muitas portas em busca de trabalho, mas achou mais difícil do que havia previsto. Sua biografia estava atravessada em seu caminho. Resolveu escrever uma carta a um velho amigo de escola, alguém muito importante nos círculos do Partido. Uma cópia dessa carta ainda está conosco, no mesmo saco plástico empoeirado que contém os cartões-postais desbotados, inclusive o da Torre Eiffel. "Caro camarada Enver", diz a primeira linha. E continua como a abertura de uma espécie de documento constitucional: "A dignidade humana é inviolável. O fundamento do socialismo é a dignidade conferida pelo trabalho". O parágrafo seguinte expressa gratidão pela educação adicional recebida no ano passado e felicita o Partido pelo excelente progresso feito pelo país sob o regime socialista. Em seguida, vem o pedido de um emprego, idealmente um que corresponda às suas habilidades.

Alguns dias depois que Asllan enviou sua carta, chegou uma resposta da sede do Partido. Abrira-se uma vaga de advogado. Na segunda-feira seguinte, Asllan vestiu seu único terno e foi trabalhar. Era um terno preto risca de giz, o mesmo que ele usara no dia em que saíra da universidade, aquele que usaria no casamento dos meus pais, e no dia em que saí da maternidade, bem como quando foi enterrado. Após alguns meses em seu novo emprego, Haki bateu na porta de seu escritório para solicitar um certificado legalizado.

De início, ele não reconheceu Asllan vestido de terno.

"Preciso disso assinado", pediu, apontando para o papel que carregava.

"Por favor, sente-se", respondeu Asllan. "Posso lhe oferecer um cigarro?"

Haki então percebeu que já havia conhecido meu avô antes e sentiu-se desconfortável. "Acho que você não está me reconhecendo", disse ele. Asllan continuou a sorrir. "Bem-vindo, Haki. Que prazer vê-lo."

Haki hesitou. "Posso voltar outro dia", disse ele. "Não se preocupe", respondeu meu avô. "Vamos resolver isso rápido."

Haki ficou sentado no escritório, fumando em silêncio, enquanto Asllan preenchia a papelada. No fim, Haki tentou pagar, mas meu avô recusou. "Você já fez tanto, Haki", disse ele. "Este é por minha conta." Haki agradeceu de modo profuso e, quando saiu, os dois homens apertaram as mãos.

De todas as histórias universitárias diferentes, não esqueci dessa, não pelo número de vezes que foi repetida ao longo dos anos, mas porque tanto o tom em que foi relatada quanto sua recepção diferiram a cada repetição. "Asllan fez bem", disseram alguns parentes que conheciam Haki quando souberam da história. Outros se perguntaram: como Asllan pôde apertar a mão de Haki? Ele tinha esquecido que Haki era responsável por seu melhor amigo ter abandonado o curso? Mais tarde, descobri que esse amigo era o mesmo que havia enviado o cartão-postal de congratulações com a Torre Eiffel. "Haki era apenas um professor. Ele não fez as regras que lhe pediram para aplicar", explicou Nini, tentando justificar as ações do marido. "Então seria impossível culpar alguém", retrucaram nossos parentes. "Um professor sempre tem algum arbítrio para não ser tão duro quanto o papel exige. É fácil subir na cadeia de comando e culpar o Ministério da Educação ou o próprio ministro por qualquer coisa que dê errado. Mas a verdade é que muitas pessoas trabalham juntas para aplicar as regras." Há arbítrio em todos os níveis, diziam eles, em todos os momentos. Haki não precisava ser tão duro. Sua crueldade não deveria ter sido recompensada com um aperto de mão.

Muitas vezes eu me perguntava por que minha avó repetia a história toda vez que um parente visitava e relembrava seu tempo na universidade de B., onde Haki havia lecionado. Não conseguia entender a importância de analisar detalhadamente como meu avô ofereceu um cigarro a Haki depois que eles se conheceram na universidade. Por que era importante que meu avô o tivesse tratado como um velho amigo? Uma vez ouvi minha avó repetir uma frase de Robespierre: "Punir os opressores da humanidade é clemência, mas perdoá-los é barbárie". O nome de Haki flutuava no mesmo contexto. Parecia exagerado tratar Haki como um opressor da humanidade. Mas o que meu avô aprendera na universidade? E por que meus parentes estavam tão obcecados por quem era o responsável por fazer as pazes?

Quando reflito sobre todos os mistérios não resolvidos da minha infância e volto às histórias de Ahmet e Haki que tanto me impressionaram, penso nelas como parte de uma verdade que sempre esteve lá, esperando para ser descoberta, se ao menos eu tivesse sabido onde procurar. Ninguém havia escondido nada de mim; tudo estava ao alcance. E mesmo assim eu precisava que me contassem.

Nunca havia pensado em perguntar à minha família não *onde* exatamente as universidades de B., S. ou M. se localizavam, mas *o que* uma universidade representava. Não tinha acesso às respostas certas porque não sabia fazer as perguntas certas. Mas como poderia ser diferente? Eu amava minha família. Confiava nela. Aceitava tudo o que me ofereciam para saciar minha curiosidade. Na minha busca por certezas, contava com eles para me ajudar a entender o mundo. Nunca me ocorrera antes daquele dia de dezembro de 1990, depois do encontro com Stálin na chuva, que minha família era a fonte não só de toda certeza, mas também de toda dúvida.

10.
O fim da história

Poucos meses antes do dia em que abracei Stálin, vira seus retratos desfilarem nas ruas da capital para comemorar o Primeiro de Maio, Dia do Trabalhador. Era o desfile anual de sempre. Os programas de televisão começavam mais cedo e não havia esporte para assistir na televisão iugoslava, o que significava nenhum conflito com meu pai sobre quem teria acesso à tela. Em vez disso, era possível acompanhar o desfile, assistir a um show de marionetes, depois a um filme infantil, sair para passear com roupas novas, comprar sorvete e, por fim, tirar uma foto no único fotógrafo da cidade, que costumava ficar junto à fonte, próxima ao Palácio da Cultura.

O Primeiro de Maio de 1990, o último que celebramos, foi o mais feliz. Ou talvez pareça assim porque foi o último. Objetivamente, não poderia ter sido o mais feliz. As filas para necessidades básicas estavam ficando mais longas e as prateleiras das lojas pareciam cada vez mais vazias. Mas eu não me importava. Antes eu era chata com comida, mas agora que estava crescendo não reclamava de comer queijo feta barato em vez do queijo amarelo mais desejável, ou de comer geleia velha em vez de mel. "Primeiro vem a moral, depois vem a comida", dizia minha avó alegremente, e eu aprendera a concordar.

Em 5 de maio de 1990, Toto Cutugno venceu o festival Eurovision em Zagreb com a canção "Insieme: 1992". Eu havia progredido o suficiente em *Línguas estrangeiras em casa* para poder entender as letras e cantar o refrão na minha cabeça: *Sempre più liberi noi/ Non è più un sogno e non siamo più soli/ Sempre* *più uniti noi/ Dammi una mano e vedrai che voli/ Insieme... unite, unite Europe.** Foi somente alguns anos depois que descobri que uma canção que eu sempre supus que celebrava a liberdade e a unidade na disseminação dos ideais socialistas pela Europa era, na verdade, sobre o Tratado de Maastricht, que em breve consolidaria o mercado liberal.

Enquanto isso, a Europa continuava nas garras de todos os tipos de "hooligans" que minavam a ordem pública. No início do ano, a Polônia havia se retirado do Pacto de Varsóvia. Os partidos comunistas da Bulgária e da Iugoslávia votaram pela renúncia ao monopólio do poder. A Lituânia e a Letônia declararam independência da União Soviética. Tropas soviéticas entraram em Baku para reprimir os protestos azeris. Ouvi meus pais falarem sobre eleições "livres" na Alemanha Oriental e perguntei ao meu pai: "O que se elege em eleições não livres?". Ele pareceu não gostar da pergunta e tentou mudar de assunto. "Você não está feliz", disse ele, "que Nelson Mandela foi libertado da prisão?"

O número de visitantes em nossa casa dobrou; eles vinham mesmo quando não havia jogos de futebol ou festivais de música para assistir na Direkti. Meus pais começaram a me mandar para a cama cedo. Através da nuvem de fumaça que cobria nossa sala de estar à noite, as pessoas que enrolavam cigarros de tabaco solto começavam a parecer sombras.

Eu notara consternação nas vozes abafadas com que os visitantes eram recebidos quando entravam, mas não havia vestígios de ameaça. Todos continuavam sorrindo, me dando tapinhas nos ombros, e perguntavam como eu ia na escola, se alguém havia se saído melhor do que eu em minha classe e se

---

* "Estamos cada vez mais livres/ Não é mais um sonho, e não estamos mais sozinhos/ Estamos cada vez mais unidos/ Dê-me sua mão e você verá como voará/ Juntos... una-se, una-se Europa."

eu continuava a deixar o Partido orgulhoso de minhas conquistas. Eu assentia com a cabeça e dava as boas notícias.

Acabara de me tornar uma pioneira, um ano à frente do meu grupo etário. Eu havia sido escolhida para representar minha escola na colocação de coroas de flores nos túmulos dos heróis da Segunda Guerra Mundial e agora também estava encarregada de proferir o juramento de fidelidade ao Partido. Fiquei na frente de toda a escola antes do início das aulas e declarei solenemente: "Pioneiros de Enver! Em nome da causa do Partido, vocês estão prontos para lutar?". "Sempre prontos!", trovejaram os pioneiros. Meus pais ficaram orgulhosos e, para me recompensar por minhas conquistas, fomos de férias para a praia.

Mais tarde naquele verão, eu passaria duas semanas em um acampamento dos Pioneiros. Todos os dias, o sino tocava às sete da manhã para nos acordar. Os pãezinhos que nos serviam no café da manhã tinham gosto de borracha, mas as mulheres que os distribuíam na cantina eram extraordinariamente gentis, até afetuosas. Passávamos o resto da manhã na praia, onde tomávamos sol, nadávamos e jogávamos futebol. Na hora do almoço, fazíamos fila para receber tigelas de arroz, iogurte e uvas, depois nos mandavam ao quarto para dormir, ou fingir dormir, durante a hora da sesta, e o sino tocava novamente às cinco da tarde. Então jogávamos pingue-pongue ou xadrez; depois, éramos separados em diferentes grupos educacionais: matemática, ciências naturais, música, arte e escrita criativa. No jantar, engolíamos uma sopa de legumes e saíamos correndo para tomar nossos lugares no cinema ao ar livre. À noite, conversávamos até tarde e fazíamos novos amigos. Os mais corajosos e mais velhos se apaixonavam.

Durante o dia, competíamos. Competíamos para ver quem era melhor em arrumar a cama, quem terminava as refeições mais rápido, quem era capaz de nadar a maior distância, quem conhecia mais capitais do mundo, quem tinha lido mais romances, quem conseguia resolver equações cúbicas complexas e quem tocava os instrumentos mais musicais. Os laços socialistas de solidariedade que nossos professores se esforçavam para inculcar durante o ano praticamente desapareciam nessas duas semanas. Após os primeiros dias, a competição não era mais desencorajada, mas regulada de cima para baixo e ajustada por faixa etária. Corridas, simulação de olimpíadas e prêmios de poesia eram agora organizados centralmente, e se haviam tornado uma característica tão fundamental da vida no acampamento que somente elementos pequeno-burgueses e reacionários se recusariam a participar. Ao término das duas semanas, poucas crianças voltavam para casa sem pelo menos uma estrela vermelha, uma bandeirinha, um certificado de reconhecimento ou uma medalha, se não individual, pelo menos como parte de uma equipe. Eu tinha uma de cada.

Minhas duas semanas no acampamento dos Pioneiros foram as últimas desse tipo. O cachecol vermelho de Pioneira, que me esforcei muito para ganhar e que usava com orgulho todos os dias na escola, logo se transformaria em um trapo com o qual limparíamos a poeira de nossas estantes de livros. As estrelas, as medalhas e os certificados, e o próprio título de "Pioneiro", logo se tornariam relíquias de museus, memórias de uma era diferente, fragmentos de uma vida passada que alguém vivera, em algum lugar.

Nossas férias daquele ano na praia foram as primeiras e as últimas que passamos em família. Foi a última vez que o Estado concedeu pacotes de férias. Aquele Primeiro de Maio foi a última vez que as classes trabalhadoras desfilaram para celebrar a liberdade e a democracia.

Em 12 de dezembro de 1990, meu país foi oficialmente declarado Estado multipartidário, onde seriam realizadas eleições livres. Foi quase doze meses depois que Ceausescu fora baleado na Romênia enquanto cantava a "Internacional". A Guerra do Golfo já havia começado. Pequenos pedaços do Muro já eram vendidos nos quiosques de lembranças da Berlim recém-unificada. Por mais de um ano, esses eventos deixaram meu país intocado, ou quase. A coruja de Minerva havia voado e, como sempre, parecia ter-nos esquecido. Mas então ela se lembrou e voltou.

Por que o socialismo chegara ao fim? Apenas alguns meses antes, em nossa aula de educação moral, a professora Nora havia explicado que o socialismo não era perfeito, não era como seria o comunismo, quando esse chegasse. O socialismo era uma ditadura, disse ela, a ditadura do proletariado. Isso era diferente, e certamente melhor, do que a ditadura da burguesia que governava os estados imperialistas ocidentais. No socialismo, o Estado era controlado pelos trabalhadores, e não pelo capital, e a lei servia aos interesses dos trabalhadores, não aos interesses daqueles que queriam aumentar seus lucros. Mas ela deixou claro que o socialismo também tinha problemas. A luta de classes não acabara. Tínhamos muitos inimigos externos, como a União Soviética, que desistira havia muito tempo do ideal do comunismo e se transformara num Estado imperialista repressivo que enviava tanques para esmagar países menores. Também tínhamos muitos inimigos internos. As pessoas que já haviam sido ricas e perderam todos os seus privilégios e propriedades continuavam conspirando para minar o domínio dos trabalhadores e mereciam ser punidas. Ainda assim, com o tempo, a luta proletária prevaleceria. Quando as pessoas crescem num sistema humano e as crianças são educadas de acordo com as ideias certas, disse a professora Nora, elas as internalizam. Os inimigos de classe tornam-se menos numerosos, e a luta de classes primeiro se suaviza, depois desaparece. É aí que o comunismo realmente começa, e porque é superior ao socialismo: ele não precisa da lei para punir ninguém, e liberta os seres humanos de uma vez por todas. Ao contrário do que sugeria a propaganda de nossos inimigos, o comunismo não era a repressão do indivíduo, mas a primeira vez na história da humanidade em que poderíamos ser totalmente livres.

Eu sempre pensara que não havia nada melhor do que o comunismo. Todas as manhãs da minha vida eu acordava querendo fazer algo para que isso acontecesse mais rápido. Mas em dezembro de 1990, os mesmos seres humanos que vinham marchando para celebrar o socialismo e o avanço em direção ao comunismo saíram às ruas para exigir seu fim. Os representantes do povo declararam que as únicas coisas que conheciam sob o socialismo não eram liberdade e democracia, mas tirania e coerção.

Para onde eu iria? Como realizaríamos o comunismo agora que o socialismo não existia mais? Enquanto eu olhava incrédula para a tela da televisão, onde o secretário do Politburo anunciava que o pluralismo político não era mais um crime punível, meus pais declararam que nunca haviam apoiado o Partido que eu sempre os vi eleger, que nunca haviam acreditado em sua autoridade. Eles simplesmente haviam decorado os slogans e continuaram a proferi-los, como todo mundo, assim como eu ao fazer meu juramento de lealdade na escola todas as manhãs. Mas havia uma diferença entre nós. Eu acreditava. Não conhecia outra coisa. Agora não tinha mais nada, exceto todos os pequenos e misteriosos fragmentos do passado, como as notas solitárias de uma ópera há muito perdida.

Nos dias posteriores, foi fundado o primeiro partido de oposição e meus pais revelaram a verdade, a verdade deles. Disseram que meu país havia sido uma prisão a céu aberto por quase meio século. Que as universidades que assombraram minha família eram, sim, instituições educacionais, mas de um tipo peculiar. Que quando minha família falava da formatura de parentes, o que eles realmente queriam dizer era sua recente libertação da prisão. Que obter um diploma era uma linguagem codificada para completar uma sentença. Que o que havia sido referido como iniciais de cidades universitárias eram, na verdade, as iniciais de vários locais de prisão e deportação: B. de Burrel, M. de Maliq, S. de Spaç. Que os diferentes temas de estudo correspondiam a diferentes acusações oficiais: estudar as relações internacionais significava ser acusado de traição; literatura representava "agitação e propaganda"; e uma licenciatura em economia implicava um crime menor, como "esconder ouro". Que os alunos que se tornavam professores eram ex-prisioneiros que se convertiam em espiões, como nosso primo Ahmet e sua falecida esposa, Sonia. Que um professor severo era um funcionário em cujas mãos muitas pessoas perderam a vida, como Haki, de quem meu avô apertou a mão depois de cumprir sua sentença. Que se alguém tivesse alcançado excelentes resultados, isso significava que o período havia sido breve e direto; mas ser expulso significava uma sentença de morte; e desistir voluntariamente, como o melhor amigo de meu avô em Paris, significava cometer suicídio.

Soube que o ex-primeiro-ministro que cresci desprezando, cujo nome era igual ao de meu pai, não tinha o mesmo nome e sobrenome por coincidência. Ele era meu bisavô. Por toda a sua vida, o peso desse nome esmagara as esperanças de meu pai. Ele não pôde estudar o que queria. Teve de explicar sua biografia. Precisou reparar um erro que nunca havia cometido e se desculpar por opiniões que não compartilhava. Meu avô, que discordava tanto do próprio pai que queria lutar ao lado dos republicanos na Espanha, pagara a relação de sangue com quinze anos de prisão. Eu teria pagado também, quem sabe como, diziam meus pais. Eu teria pagado, se minha família não tivesse mentido para manter o segredo.

"Mas eu era uma Pioneira", objetei. "Eu me tornei uma Pioneira à frente de meus colegas."

"Todo mundo se torna um Pioneiro", retrucou minha mãe. "Você não teria permissão para entrar na organização da juventude. Você jamais poderia entrar no Partido."

"*Você* foi impedida?", perguntei.

"Eu?" Minha mãe riu. "Eu não tentei. Um novo colega me recomendou uma vez; então ele descobriu quem eu era."

Eu teria pagado pela família da minha mãe também, me disseram. Fiquei sabendo que os barcos de que minha mãe fizera modelos de papel com seu tio Hysen, e as terras, fábricas e apartamentos que ela desenhara quando criança, pertenciam realmente à sua família antes de ela nascer, antes da chegada do socialismo, antes de serem desapropriados. Que seu pai acabara limpando calhas, mesmo tendo se formado em economia na Universidade de Liège antes do fim da guerra. Que o prédio que abrigava a sede do Partido, e diante do qual ela e meu pai me explicaram pela primeira vez o que era o islã, também havia sido propriedade de sua família. "Você se lembra da vez em que falamos sobre o islã ao passarmos em frente àquele prédio?", perguntou minha mãe. Assenti com a cabeça. Ela lembrou que sempre que passávamos por aquele prédio ela olhava para a janela do quinto andar, aquela sem o vaso de flores. Um suposto inimigo do povo certa vez estivera lá gritando "Allahu-akbar!" antes de se jogar por ela. Ele estava tentando escapar da tortura. O ano era 1947. O homem era seu avô.

Minha avó também me contou a história completa de sua vida, a mesma história que eu tentara adivinhar inúmeras vezes enquanto escutava suas conversas com Cocotte. Ela nasceu em 1918 e era sobrinha de um paxá, a segunda filha de uma família de altos governadores provinciais do Império Otomano. Aos treze anos, era a única garota no Lycée Français de Salonique. Aos quinze, provou seu primeiro uísque e fumou seu primeiro charuto. Aos dezoito, ganhou uma medalha de ouro por ter o melhor desempenho na escola. Aos dezenove, visitou a Albânia pela primeira vez. Aos vinte, foi conselheira do primeiro-ministro e a primeira mulher a trabalhar na administração estadual. Aos vinte e um anos, conheceu meu avô no casamento do rei Zog. Beberam champanhe, dançaram a valsa, tiveram pena da noiva e descobriram que sua antipatia compartilhada pelos casamentos reais era superada apenas pelo desprezo que tinham pela monarquia. Aos vinte e três, ela se casou com meu avô. Ele era socialista, mas não um revolucionário. Ela era vagamente progressista. Ambos vinham de famílias conservadoras bem conhecidas que se haviam espalhado pelo império otomano por várias gerações. Aos vinte e quatro, tornou-se mãe. Aos vinte e cinco, a guerra acabou e ela viu seus parentes em Salônica pela última vez. Aos vinte e seis, participou das eleições para a Assembleia Constituinte, as primeiras em que as mulheres puderam votar em igualdade com os homens e as últimas em que concorreram candidatos da esquerda não comunista. Aos vinte e sete anos, esses mesmos candidatos, a maioria amigos da família, foram presos e executados. Meu avô sugeriu emigrar com a ajuda de oficiais britânicos que haviam conhecido durante a guerra. Ela não quis. Sua mãe, que viajara da Grécia para a Albânia para ajudá--la com o bebê, adoecera recentemente e ela não queria deixá--la. Aos vinte e oito, meu avô foi preso, acusado de agitação e propaganda e sentenciado primeiro ao enforcamento, depois à prisão perpétua, condenação posteriormente comutada para quinze anos. Aos vinte e nove, ela perdeu a mãe para o câncer. Aos trinta, foi forçada a deixar a capital e a se mudar para uma cidade diferente. Aos trinta e dois anos começou a trabalhar em campos de trabalho. Quando fez quarenta anos, muitos de seus parentes já haviam sido executados ou cometido suicídio, e aqueles que sobreviveram acabaram em hospitais psiquiátricos, no exílio ou na prisão. Aos cinquenta e cinco anos, ela quase morreu de pleurisia. Aos sessenta e um, tornou-se avó, quando eu nasci. O resto, eu sabia.

Minha avó explicou que quis ensinar-me francês porque isso a lembrava da vida anterior, de como todos falavam francês ao seu redor, e da Revolução Francesa. Dirigir-se a mim em francês era para ela menos uma questão de identidade do que um ato de rebelião, um pequeno gesto de desobediência que, pensava ela, eu valorizaria mais tarde. Poderia pensar sobre isso quando ela não estivesse mais lá para me lembrar de onde eu vinha, da estranha política em minha família, de como as pessoas pagaram um preço por quem eram, independentemente do que queriam ser. Poderia então refletir sobre como a vida pode jogar você para um lado, depois para outro, e como se pode nascer com tudo e depois perder tudo.

Minha avó não sentia saudade de seu passado. Ela não desejava retornar a um mundo em que sua família aristocrática falava francês e ia à ópera enquanto os criados que preparavam suas refeições e lavavam suas roupas não sabiam ler nem escrever. Ela nunca fora comunista, disse, mas também não ansiava pelo *ancien régime*. Estava ciente do privilégio em que crescera e desconfiava da retórica que o justificara. Não achava que consciência de classe e pertencimento de classe fossem a mesma coisa. Insistia que não herdamos nossas visões políticas, mas as escolhemos livremente, e escolhemos as que parecem certas, não as que são mais convenientes ou servem melhor aos nossos interesses. "Perdemos tudo", disse ela. "Mas não nos perdemos. Não perdemos nossa dignidade, porque dignidade não tem nada a ver com dinheiro, honras ou títulos. Eu sou a mesma pessoa que sempre fui", insistiu. "E ainda gosto de uísque."

Ela explicou tudo isso com calma, separando com clareza cada fase de sua vida da seguinte, esforçando-se para distingui-las, conferindo de vez em quando para ter certeza de que eu a acompanhava. Ela queria que eu lembrasse de sua trajetória e entendesse que ela era a autora de sua vida: que apesar de todos os obstáculos que encontrara no caminho, ela havia permanecido no controle de seu destino. Nunca deixara de ser responsável. Liberdade, disse ela, é estar consciente da necessidade.

Tentei entender e absorver tudo o que minha avó e meus pais disseram durante aquelas semanas, e revisitamos essas conversas muitas vezes depois. Eu me sentia confusa. Não conseguia entender se nossa família era a regra ou a exceção, se o que eu acabara de descobrir sobre mim me faria mais parecida com as outras crianças ou ainda mais atípica. Muitas vezes ouvi amigas falarem de coisas que não compreendiam, tentando decodificar encontros entre adultos que não eram fáceis de acompanhar. Talvez eles também falassem sobre socialismo e sobre o Partido à noite, quando a Dajti ou a Direkti mostravam imagens da vida em outros lugares, e talvez também trocassem opiniões sobre universidades que na verdade eram prisões. Ou talvez seus parentes fossem mais como Haki, um verdadeiro crente, como dizia minha avó, que não sabia quando ser rigoroso na aplicação das regras e quando ter discernimento.

Eu soube da verdade quando não era mais perigoso, mas também num momento em que tinha idade suficiente para me perguntar por que minha família havia mentido para mim por tanto tempo. Talvez eles não confiassem em mim. Mas se não confiavam, por que eu deveria confiar neles? Tratava-se de uma sociedade onde a política e a educação permeavam todos os aspectos da vida, eu era produto tanto de minha família quanto de meu país. Quando o conflito entre os dois veio à tona, senti-me ofuscada. Não sabia para onde olhar, em quem acreditar. Às vezes, achava que nossas leis eram injustas e nossos governantes cruéis. Outras vezes, perguntava-me se minha família merecia os castigos infligidos a eles. Afinal, se eles se importavam com a liberdade, não deveriam ter tido criados. E se eles se importassem com a igualdade, não deveriam ter sido tão ricos. Mas minha avó disse que eles também queriam que as coisas mudassem. Meu avô era socialista; ele se ressentia dos privilégios de que sua família desfrutava. "Então por que ele foi para a prisão?", insisti. "Ele deve ter feito alguma coisa. Ninguém vai para a prisão por nada." "Luta de classes", disse minha avó. "A luta de classes é sempre sangrenta. Não importa no que você acredite."

Para o Partido, o sacrifício das preferências individuais era uma questão de necessidade histórica, o custo de transitar para uma situação melhor no futuro. Toda revolução, aprendemos na escola, passa por uma fase de terror. Para minha família, não havia nada para explicar, contextualizar ou defender; houve apenas a destruição inútil de suas vidas. Talvez o terror tivesse acabado quando eu nasci. Ou talvez ainda não tivesse começado. Fui salva pelas novas circunstâncias, ou de alguma forma ainda era amaldiçoada porque nunca fiz minhas próprias descobertas?

Indagava se minha família revelaria algum dia quem éramos para me impedir de me tornar algo que eles não queriam, ou a fim de me proteger de acreditar em algo que eles não compartilhavam. "Não, mas você teria descoberto sozinha", responderam.

"E se eu não fizesse isso?"

"Você faria", insistiram eles.

Nas semanas seguintes, fui assolada por dúvidas. Achei difícil processar o fato de que tudo que minha família dissera e fizera até aquele momento havia sido mentira, uma mentira que eles continuavam a repetir para que eu continuasse a acreditar no que os outros me contavam. Eles me encorajaram a ser uma boa cidadã quando sabiam muito bem que, por causa da minha biografia, eu só seria uma inimiga de classe. Se seus esforços tivessem sido bem-sucedidos, eu teria me identificado com o sistema. Eles aceitariam minha transformação? Talvez eu tivesse me tornado como Ahmet, apenas mais um parente suspeito que passara para o outro lado por medo, convicção, influência dos ensinamentos na prisão ou algum outro motivo igualmente misterioso. Ou talvez, se eu não tivesse permissão para ingressar no Partido, ficaria ressentida. Eu teria descoberto a verdade e me tornado hostil a tudo o que o Partido defendia; mais um inimigo silencioso.

Certa tarde, minha mãe trouxe para casa *Rilindja Demokratike*, o primeiro número do primeiro jornal da oposição. Seu lema era: "A liberdade de cada um deve garantir a liberdade de todos". Durante dias, houvera rumores de que ele estava na gráfica e chegaria às livrarias — os únicos lugares que vendiam jornais — cedo pela manhã. As pessoas esperaram, segurando garrafas vazias para que, se fossem interrogadas pela Sigurimi, o serviço secreto, pudessem argumentar que estavam apenas na fila para comprar leite. Meu pai leu o editorial em voz alta. Seu título: "A primeira palavra". O jornal prometia defender a liberdade de expressão e de pensamento, e sempre falar a verdade. "Somente a verdade é livre, e só então a liberdade se torna verdade", ele leu.

Houve mais mudanças em dezembro de 1990 do que em todos os anos anteriores da minha vida juntos. Para algumas pessoas, aqueles foram os dias em que a história chegou ao fim. Não parecia o fim. Tampouco parecia um novo começo, pelo menos não de imediato. Era mais parecido com a ascensão de um profeta desacreditado que havia predito calamidades que todos temiam, mas ninguém acreditava. Passáramos décadas nos preparando para um ataque, planejando uma guerra nuclear, projetando bunkers, suprimindo a dissidência, antecipando as palavras da contrarrevolução, imaginando os contornos de seu rosto. Batalhávamos para entender o poder de nossos inimigos, para reverter a retórica deles, resistir a seus esforços para nos corromper e termos armas à altura das deles. Mas, quando o inimigo finalmente se materializou, era muito parecido conosco. Não tínhamos categorias para descrever o que aconteceu, nenhuma definição para captar o que perdemos e o que ganhamos em seu lugar.

Éramos advertidos de que a ditadura do proletariado estava sempre ameaçada pela ditadura da burguesia. O que não prevíamos era que a primeira vítima desse conflito, o sinal mais claro de vitória, seria o desaparecimento desses mesmos termos: *ditadura*, *proletariado*, *burguesia*. Já não faziam parte do nosso vocabulário. Antes do definhamento do Estado, a linguagem com a qual se articulava essa própria aspiração se esvaiu. O socialismo, a sociedade sob a qual vivíamos, havia definhado. O comunismo, a sociedade que aspirávamos criar, onde o conflito de classes desapareceria e as habilidades livres de cada um seriam plenamente desenvolvidas, também se fora. Desaparecera não só como ideal, não só como sistema de regras, mas também como categoria de pensamento.

Só restara uma palavra: *liberdade*. Ela aparecia em todos os discursos na televisão, em todos os slogans vociferados nas ruas. Quando a liberdade finalmente chegou, foi como um prato servido congelado. Mastigamos pouco, engolimos rápido e continuamos com fome. Alguns se perguntavam se havíamos recebido sobras. Outros notaram que eram simplesmente entradas frias.

Nos dias e meses que antecederam dezembro de 1990, eu caminhava até a escola, sentava-me em minha sala de aula, brincava na rua, dividia refeições com minha família, ouvia rádio e assistia à televisão, tal como fizera em todos os outros dias da minha vida. As mesmas ações, e os desejos e as crenças daqueles que as faziam, mais tarde seriam lembradas com significados radicalmente diferentes. Falaríamos de gestos corajosos, decisões oportunas e reações maduras a circunstâncias desafiadoras. Não conseguíamos contemplar a possibilidade de acidentes ao longo do caminho; imaginar planos que dessem errado. Hipóteses que até então teriam sido consideradas fantasias selvagens adquiriram mais tarde as características da estrita necessidade. Não podíamos contemplar o fracasso. O fracasso era a margem de onde partimos: não poderia ser o porto aonde chegaríamos.

No entanto, tudo o que me lembro daquela época é medo, confusão, hesitação. Nós usávamos o termo *liberdade* para falar de um ideal que finalmente se materializara, assim como havíamos feito no passado. Mas as coisas mudaram tanto que depois seria difícil dizer se era o mesmo "nós". Durante meio século, todos haviam compartilhado a mesma estrutura de cooperação e opressão, ocupando papéis sociais que agora teriam de ser todos diferentes, enquanto os homens e as mulheres que desempenhavam esses papéis permaneciam os mesmos. Parentes, vizinhos, colegas haviam lutado e apoiado uns aos outros, cultivado a suspeita mútua enquanto desenvolviam laços de confiança. As mesmas pessoas que se espionavam também ofereciam cobertura e proteção. Os guardas prisionais haviam sido prisioneiros; vítimas haviam sido os agressores.

Jamais saberei se as classes trabalhadoras que desfilaram no Primeiro de Maio eram as mesmas que protestaram no início de dezembro. Nunca saberei quem eu teria sido se tivesse feito perguntas diferentes, ou se minhas perguntas tivessem sido respondidas de forma diferente, ou se simplesmente não tivessem sido respondidas.

As coisas eram de um jeito, e depois eram de outro. Eu era alguém, depois me tornei outra pessoa.

Parte II

II.
Meias cinza

"Em quem sua família vai votar?", perguntou Elona na escola alguns dias antes do fim do ano, quando foram anunciadas eleições livres.

"Eles vão votar pela liberdade", respondi. "Pela liberdade e pela democracia."

"Sim, meu pai também", ela falou. "Ele diz que o Partido estava errado."

"Sobre o quê?"

"Sobre tudo. Você acha que o Partido estava errado sobre Deus?"

Hesitei. Sabia por que ela estava interessada em saber e não queria aborrecê-la. No fim, não consegui mentir. Depois de um breve silêncio, lhe disse que não acreditava em Deus. Então me arrependi das minhas palavras. "Não sei", corrigi-me. "O Partido estava claramente errado sobre muitas coisas. É por isso que temos pluralismo agora. Isso significa que há muitos partidos diferentes, e há eleições livres em que as pessoas escolhem em qual partido votar, para descobrir quem está certo. Meu pai me explicou."

"Deve ser por isso que a professora Nora disse que religião é a *opinião* do povo", disse Elona. "O Partido não estava errado sobre isso."

"Não me lembro de ouvi-la dizer isso. Só me lembro um pouco de a religião ser o coração de um mundo sem coração. Perguntei a Nini sobre Deus novamente, mas ela diz que não sabe de Deus; ela só confia em sua consciência. O que quer que isso signifique."

"Talvez isso signifique que, quando há pluralismo, alguns partidos dizem que Deus existe e outros dizem que ele não existe, e quem ganhar a eleição decide o que é certo", refletiu Elona.

"Bem, eles não podem mudar assim o tempo todo. Senão, o que impede os partidos de tentar ganhar uma eleição convencendo as pessoas de que Zeus ou Atena ou o que quer que seja são reais, e que temos de fazer sacrifícios humanos aos deuses, como os gregos antigos."

"Nada os detém", disse Elona. "Essa é a questão. Somos livres agora. Todo mundo pode dizer o que quiser."

Sacudi minha cabeça em sinal de descrença. "Então eles teriam de cancelar e restabelecer coisas como Natal e Ano-Novo, dependendo de quem ganhar as eleições. Eles devem ter alguns fatos. No socialismo, confiamos na ciência, não saímos inventando coisas. A ciência é verdadeira porque se pode fazer experimentos e testar teorias. Não sei como se pode testar Deus."

"Mesmo assim acredito em Deus, um pouco", disse Elona. "Quer dizer, eu definitivamente acredito na ciência também, mas também acredito em Deus. Você não?", pressionou ela.

"Não sei", repeti. "Não tenho certeza do que pensar. Costumava acreditar no socialismo e ansiava pelo comunismo. Achei que estávamos certos em combater a exploração e dar poder à classe trabalhadora. Meus pais dizem agora que nossa família estava do lado errado da luta de classes."

"Ninguém mais acredita no socialismo. Nem mesmo as classes trabalhadoras", disse Elona.

"Seu pai acredita?", perguntei. "De que lado da luta de classes sua família está?"

"Meu pai", Elona pensou por um momento. "Acho que não. Quer dizer, ele é motorista de ônibus; ele está na classe trabalhadora. Sempre desfilou com seu coletivo no Primeiro de Maio. Agora ele xinga a televisão toda vez que vê um secretário do Partido. Ele está muito irritadiço nesses dias. Bebe muito mais. É difícil acalmá-lo. Minha irmã, Mimi, ainda está no orfanato. Ele prometeu trazê-la para casa depois de seis meses, mas agora diz que não podemos pagar. Ele costumava ser um bêbado feliz, agora está com raiva o tempo todo. Acho que ele nunca acreditou no socialismo."

"Meus pais também mudaram. Nunca ficavam bravos com cortes de energia e agora simplesmente perdem a paciência por nada. Começam a gritar: 'Filhos da mãe, filhos da mãe!'. Mas se chego tarde da escola, só minha avó percebe. Pelo menos ela é sempre a mesma, não mudou nada."

"Meu avô diz que sempre acreditou em Deus, um pouco", continuou Elona. "Ele celebrava o Natal escondido, mesmo quando a religião foi abolida. Ele era um partisan. Diz que o Partido fez algumas coisas boas, como garantir que todos soubessem ler e escrever, construir hospitais, trazer eletricidade, esse tipo de coisa. Mas também fez coisas terríveis, como destruir igrejas e matar pessoas. Ele diz que é socialista e cristão, e que se você é cristão é muito fácil ser socialista. Ele ainda está no Partido... não o deixou."

"Meu avô também era socialista", falei. "Ele passou quinze anos na prisão. Meus pais não tiveram chance no Partido."

"Isso é tão esquisito", disse Elona. "Meu avô diz que talvez as igrejas sejam reconstruídas agora que temos pluralismo político. Ele diz que mamãe está no paraíso e reza por ela. Pedi a ele que me ensinasse a rezar também."

"Somos muçulmanos", falei. "Vamos à mesquita. Quer dizer, não temos mesquitas agora, então não sei se iríamos se elas fossem reconstruídas. Minha mãe diz que, na família dela, as pessoas sempre acreditaram em Deus."

"Não me importo com o Natal ou o Ano-Novo", disse Elona. "Eles podem comemorar qualquer um. Qualquer um em que as pessoas votem. As eleições serão num domingo.

Não mudaram isso. Você sabia que os cristãos costumavam ir à igreja aos domingos?"

Dei de ombros. "Somos muçulmanos", repeti. "Não tenho certeza do que devemos fazer aos domingos. Acho que veremos o que acontece."

O que aconteceu foi que dormimos até tarde. Passamos a manhã de domingo das primeiras eleições livres e justas enfiados em nossas camas. De vez em quando, meu pai se levantava para conferir as notícias na cozinha. "Há tempo", ele sussurrou quando voltou, como se temesse que o som de sua voz aumentasse a força da luz que filtrava através de nossas cortinas escuras, minando o esforço de todos para permanecer em seus lugares. Ele ficou parado junto à porta do quarto com a mesma postura grave que adotava quando pretendia transmitir uma mensagem importante. Nesse caso, a mensagem estava contida em uma única palavra. Trinta.

Depois ele voltou para seu quarto. Uma hora depois, repetiu a ação, checando as notícias na cozinha e parando na porta para nos informar sobre o novo número. Quarenta, disse ele. Mais tarde: cinquenta. A cada vez, havia um som debaixo das cobertas, como um viva que alguém tentasse suprimir. "Está aumentando", sussurrou minha avó, puxando levemente o edredom da cama que dividíamos, como se fosse meia-noite. "Acho que não chegará a cem", respondeu meu pai. Nesse ponto, a comemoração ficou mais alta e impossível de censurar. "Precisamos voltar a dormir", disse minha avó.

Não foi um sono profundo. Apenas um leve cochilo do tipo que se pode ordenar a si mesmo tirar, às vezes na esperança de reviver um sonho agradável, às vezes para suprimir a realidade que o aguarda. Dessa vez, o sonho se misturou com a notícia. Era um sonho sobre a participação eleitoral.

Queríamos que aumentasse. Mas tinha de aumentar devagar, não de uma vez. E o mais importante: tinha de parar antes de noventa e nove por cento. Um comparecimento de cerca de cem, declarado no início do dia, significaria que as eleições não eram livres nem justas, que seriam exatamente como sempre foram. No passado, no dia da eleição, toda a família acordava às cinco da manhã. Às seis, todos já estavam na fila da cabine de votação. Às sete, votavam. Às nove horas, os resultados eram anunciados. "Cada voto do povo é uma bala para o nosso inimigo", dizia o slogan oficial. Meus pais haviam concluído que quanto mais cedo aparecessem, menor era a probabilidade de serem suspeitos de relutar em disparar balas.

Geralmente, éramos os primeiros a chegar. A fila para votação era semelhante à do leite; começava no meio da noite, mas com a diferença de que não havia sacolas, latas ou pedras colocadas na noite anterior para substituir potenciais eleitores. Todos estavam presentes pessoalmente. Não havia gritos altos, nenhuma tentativa de identificar pessoas que se conhecesse, e não parecia que as coisas estavam prestes a virar um caos de um instante para o outro. A ordem e o sentimento de calma expectativa demonstrado pela situação toda me levaram a concluir que votar era intrinsecamente mais recompensador do que comprar leite. O clima certamente parecia mais animado. No caso dos meus pais, era tão animado que a única maneira que eu achava que poderia igualar o entusiasmo deles por votar era inventar algo que só eu pudesse fazer. Às vezes eu recitava um poema para o Partido diante da comissão eleitoral, outras vezes preparava um buquê de flores para colocar na frente da urna, bem ao lado da foto do tio Enver.

As últimas eleições de que me lembrava sob o socialismo ocorreram em 1987. Escrevi o poema que eu mesmo leria, porque, se eu era jovem demais para votar, achava que o poema poderia ser considerado minha bala. Mas me afligia sobre que tipo de míssil eu havia inventado, e se poderia ser considerado suficientemente poderoso para destruir nossos inimigos. Minha avó me assegurou a qualidade do poema, mas meus pais tentaram moderar minhas expectativas explicando que não sabiam se haveria tempo para recitá-lo. Dependeria da fila, disseram.

Ainda estava escuro quando saímos de casa. Sentia-me ansiosa e apertei a mão direita de meu pai, que estava suada, como a minha. Esperamos na fila do lado de fora do local de votação e, quando a cabine se abriu e chegou nossa vez, um membro da comissão entregou a meu pai uma folha branca com uma lista datilografada de nomes da Frente Democrática, a única organização que tinha permissão para apresentar candidatos. Sem olhar, meu pai marcou a folha, dobrou duas vezes e jogou na caixa vermelha. Seus olhos estavam fixos no membro da comissão que, enquanto isso, preparava uma folha para minha mãe, a próxima pessoa da fila. Então meu pai o cumprimentou com um aceno de cabeça. O homem da comissão respondeu com o punho erguido. Eu levantei meu punho também, como sempre fazia quando via outro punho levantado.

Não me lembro de ter lido meu poema. Devo ter mudado de ideia sobre sua qualidade no último minuto, ou talvez meus pais tenham encontrado uma maneira astuta de me remover do local sem se humilhar ainda mais.

Agora, com eleições livres e justas, tudo era diferente. Não precisávamos acordar cedo. Não haveria fila. Ninguém se importaria se votássemos ou não. Tínhamos o dia inteiro para votar e, se não tivéssemos vontade, poderíamos optar por não votar. Todos ficaram na cama, como se ainda estivessem decidindo se valia a pena interromper o sono para ir às urnas e, em caso afirmativo, em quem votar.

Na noite anterior, todos haviam alinhado as roupas que usariam. Minha avó, que eu só havia visto vestida de preto porque estava de luto pela morte do meu avô, tirou de uma arca de madeira uma blusa de bolinhas brancas. A última eleição para a qual ela se vestira fora em 1946. Ela também usara um chapéu, disse ela, e um colar de pérolas. Ela brincou dizendo que o chapéu provavelmente ainda estava pendurado no guarda-roupa do Estúdio Nacional de Cinema, onde a maioria das roupas confiscadas de famílias burguesas tinha ido parar.

Meus pais debateram se votariam mais cedo ou esperariam. Ninguém podia prever como as eleições se desenrolariam. As eleições de 1946 continuavam voltando à memória. Elas não terminaram bem. Pouco depois, meus dois avôs foram presos e o resto da família foi deportada. A história poderia se repetir?

"Era um mundo diferente naquela época", observou meu pai. "Os soviéticos venceram a guerra. Agora eles perderam." "Os soviéticos, claro", minha mãe respondeu, visivelmente irritada. "No ano passado, a esta altura, eles estavam liquidados. E você, onde estava?" A pergunta era retórica, porque ela então ajustou a voz para dar o golpe final: "Preparando o desfile de Primeiro de Maio".

Meu pai balançou a cabeça com uma convicção misteriosa. "Enver acabou. O Partido acabou", insistiu. "Nós não vamos voltar para trás."

Algumas semanas antes, a estátua de Enver Hoxha na praça principal da capital havia sido derrubada. Os estudantes iniciaram uma greve de fome para exigir a mudança de nome da universidade, àquela altura ainda chamada de "Enver Hoxha". Enquanto os funcionários do Partido hesitavam a respeito da melhor maneira de reagir, propondo um referendo de todos os estudantes, os conflitos continuaram a aumentar.

Mas o Partido não estava liquidado. De *o* Partido, logo se tornaria *um* partido. Um entre muitos. Seria chamado de Partido Socialista da Albânia e disputaria assentos no parlamento com outros grupos, e cada um teria seus próprios candidatos, jornais, programas, sua própria lista de nomes. Alguns desses nomes eram de pessoas que já tinham sido membros do Partido, mas haviam trocado de campo recentemente. Outras permaneceram leais. O fato de o Partido poder se fragmentar e se multiplicar daquele modo, ser considerado tanto a cura quanto a doença, tanto a raiz de todo mal como a fonte de toda esperança, deu-lhe uma qualidade mítica que seria considerada por muitos anos a causa de todo infortúnio, um feitiço perverso lançado para fazer a liberdade parecer tirania e dar à necessidade a aparência de escolha. Libertar-se de sua presença abrangente era como mastigar a corda que se notou de repente entre os dentes. O Partido se fora, mas ainda estava lá. O Partido estava acima de nós, mas também estava lá no fundo. Todos, tudo vinha dele. Sua voz havia mudado, adquirira uma forma diferente e falava uma nova língua. Mas qual era a cor de sua alma? Será que algum dia foi o que sempre deveria ter sido? Somente a história diria, mas naquele momento a história ainda não havia sido escrita. Tudo o que tínhamos eram eleições novas.

"Votar é um dever", dissera Nini na noite anterior à abertura das urnas. "Se não votarmos, deixamos que outras pessoas decidam por nós. Acaba sendo o mesmo de antes, o mesmo que colocar uma única lista de candidatos na urna sem lê-la."

Pensei em suas palavras na manhã da eleição. Por que meus pais hesitaram em votar? Por que eles simplesmente não saíram para saborear a liberdade pela qual ansiavam? O bocejo encenado, o sono teatral, a falsa indecisão e tudo mais dava a impressão de que aquilo que haviam desejado todos aqueles anos não era que coisas concretas acontecessem, mas que possibilidades abstratas permanecessem disponíveis. Agora que *uma coisa* específica estava ao alcance, minha família temia perder o controle. Em vez de exercer a liberdade de escolha que as eleições supostamente trariam, eles tentaram manter essa escolha livre de contaminação. Talvez quisessem evitar se comprometer com um indivíduo ou com uma política específica que pudesse por fim decepcioná-los. Ou talvez se preocupassem que, se os mesmos resultados fossem obtidos por meio das ações de milhões de outros eleitores, que tinham princípios e motivos diferentes, suas esperanças se tornariam ilusórias.

Meu irmão e eu esperamos um pouco mais e entramos no quarto de meus pais. Nós os encontramos teimosamente deitados na cama, rígidos, envoltos em um cobertor de recusa em encarar a realidade. Cobertos de lençóis brancos da cabeça aos pés, eles pareciam pacientes que tinham acabado de ser drogados em preparação para uma cirurgia no hospital. Nós nos aproximamos, estudando-os com perplexidade. Quando perceberam que estávamos lá, rolaram para o outro lado. Então uma voz veio de debaixo dos lençóis: "Vão embora. Não é hora".

Voltamos para o nosso quarto e comecei a ouvir o rádio. O noticiário anunciava que grupos de pessoas em aldeias remotas do Sul haviam ocupado as ruas, empunhavam fotos de Enver Hoxha, gritavam slogans pró-comunistas e advertiam os eleitores de que não demoraria muito para que o país se arrependesse daquele dia. Os jornalistas rotularam esses protestos nostálgicos de "contraprotestos", para distingui-los dos protestos verdadeiros contra o governo que tinham acontecido nas semanas anteriores. "Camponeses", comentou minha avó. "O que sabem eles?"

Os grupos, compostos de camponeses, trabalhadores e membros da juventude comunista militante, eram de fato oficialmente chamados de "Voluntários para a defesa da memória de Enver Hoxha". Eles começaram a se reunir algumas semanas antes da eleição, quando a estátua de Hoxha fora destruída. "Os bustos podem ser removidos, mas a figura de Enver Hoxha não pode ser derrubada", declarara a sede do Partido em resposta. Mas os contramanifestantes não conseguiram interromper o curso dos eventos. Como pessoas penduradas em penhascos, agarraram-se aos poucos símbolos remanescentes do legado comunista do país. Também temiam o futuro, em parte. Mas, ao contrário da minha família, muitos deles ainda se identificavam com o passado. O Partido sempre falara em nome deles e agira em benefício deles. Minha família fora vítima da violência do Estado. Eles haviam sido as parteiras.

Os contraprotestos durariam apenas mais alguns meses. O que começara como uma série de reformas foi cada vez mais rotulado de revolução. Em qualquer outra revolução, haveria oprimidos e opressores, vencedores e perdedores, vítimas e algozes. Neste caso, a cadeia de responsabilidade era tão intrincada que só podia haver um campo. Executar líderes, prender espiões ou penalizar ex-membros do Partido teria acirrado ainda mais os conflitos, aguçado o desejo de vingança e derramado mais sangue. Parecia mais sensato apagar completamente a responsabilidade, fingir que todos tinham sido inocentes o tempo todo. Era legítimo identificar somente os que já haviam morrido como os únicos malfeitores, aqueles que não podiam se explicar nem se absolver. Todo o resto se transformou em vítima. Todos os sobreviventes eram vencedores. Sem agressores, a culpa era somente das ideias. O comunismo era considerado uma visão tão sem esperança para alguns, tão assassina para outros, que bastava mencionar a palavra para ser recebida com desprezo ou ódio. Essa revolução, a de veludo, era uma revolução de pessoas contra conceitos.

Quando minha família decidiu que era hora de votar, as urnas estavam prestes a fechar. Corremos para fora, onde muitas pessoas se cumprimentavam levantando dois dedos em forma de V, o novo símbolo de liberdade e democracia. Meu irmão e eu achamos surpreendentemente fácil substituir o punho pelos dois dedos. Minha mãe havia obviamente praticado antes. De início, meu pai pareceu hesitante. Era provável que minha avó, que nunca abandonara completamente sua postura de classe alta, achasse tudo abaixo dela. Ou talvez, como as Forças Aliadas que o inventaram, o sinal de V não tivesse chegado à Albânia em 1946.

Ativistas na rua nos entregaram adesivos com o logotipo do partido da oposição, um P azul, que significa Partido, enrolado dentro de um D, que significa Democrata, como se tivesse encontrado abrigo ali. Nunca havia visto adesivos antes. Carreguei vários no peito e colei alguns nas vitrines, criando uma bem-vinda ilusão de óptica de que as lojas tinham algo para vender. Também grudei um ou dois na porta dos pouquíssimos carros estacionados ao longo da rua. Quando entramos na sala de votação, meu irmão tentou colocar um adesivo perto da urna. Isso foi recebido com desaprovação, então ele teve de se contentar em colá-lo sub-repticiamente debaixo da mesa.

Os resultados vieram na manhã seguinte. A derrota da oposição foi esmagadora. Os socialistas saíram triunfantes com mais de sessenta por cento dos votos. Minha mãe declarou que as eleições não foram livres nem justas. Toda a campanha, disse ela, foi organizada pelo Partido. Era absurdo esperar que o Partido regulasse uma competição entre si e os outros e tentasse ganhar a eleição ao mesmo tempo. Tudo aquilo era uma fraude.

O resultado acabou por ser duro, ou pelo menos duro pelos padrões dos turistas que no entrementes vieram ao nosso país, armados com blocos de notas e câmeras de televisão, e que agora atendiam pelo nome de "comunidade internacional". A explicação oficial deles, que abriu um precedente para explicações oficiais consideradas fidedignas apenas se viessem da comunidade internacional, era diferente. Sustentavam que os partidos de oposição tiveram pouco tempo para se preparar e encontraram dificuldades para apresentar candidatos nas áreas rurais, e que, como os antigos dissidentes estavam presos e só haviam sido libertados recentemente, ficara tarde demais para eles se candidatarem.

Nos meses que se seguiram, os protestos e a agitação aumentaram em todos os lugares. No Norte, tiros não identificados durante uma das muitas manifestações mataram quatro ativistas da oposição. A transição para o liberalismo estava agora selada com sangue. A democracia tinha seus mártires. Algumas semanas depois, os mineiros, organizados em sindicatos recém-independentes, convocaram uma greve de fome. O caráter de suas demandas era mais econômico do que político. Agora, o Partido e a oposição concordavam com a necessidade de reformas; diferiam apenas no modo de implementação. No lugar dos velhos slogans socialistas, surgiu uma nova fórmula, cuja finalidade era explicar e tranquilizar, advertir e prescrever, despertar os ânimos e aliviar as feridas. Essa fórmula captou tudo, desde a trágica realidade da escassez de alimentos e do fechamento de fábricas até a percepção da necessidade de reformas políticas e de liberalismo de mercado. A fórmula era composta de três palavras: *terapia de choque*.

Ela vinha da psiquiatria: terapia de choque significa enviar correntes elétricas através do cérebro de um paciente para aliviar os sintomas de uma doença mental grave. Nesse caso, nossa economia planificada foi considerada equivalente à loucura. A cura era uma política monetária transformadora: equilibrar orçamentos, liberalizar preços, eliminar subsídios governamentais, privatizar o setor estatal e abrir a economia ao comércio exterior e ao investimento direto. O comportamento do mercado então se ajustaria, e as instituições capitalistas emergentes se tornariam eficientes sem grande necessidade de coordenação central. Previa-se uma crise, mas o povo havia passado a vida inteira fazendo sacrifícios em nome de dias melhores por vir. Esse seria seu último esforço. Com medidas drásticas e boa vontade, o paciente logo se recuperaria do choque e aproveitaria os benefícios da terapia. A velocidade era essencial. Milton Friedman e Friedrich von Hayek substituíram Karl Marx e Friedrich Engels quase da noite para o dia.

"A liberdade funciona", disse o então secretário de Estado dos Estados Unidos James Baker a uma multidão espontânea

de mais de 300 mil pessoas reunidas na capital para dar as boas-
-vindas à primeira visita de Estado de uma autoridade americana. O espírito das novas leis, enfatizou Baker, anunciando o
apoio dos Estados Unidos à transição para a liberdade, importava tanto quanto sua letra. O governo e as organizações pri-
vadas americanas estariam envolvidos para ajudar a acertar as
coisas. Eles nos ajudariam a construir "democracia, mercados
e uma ordem constitucional".

O novo governo não durou muito. A pressão da comunidade
internacional, o aumento dos saques e da violência nas ruas e
a deterioração das condições econômicas forçaram o Partido a
convocar novas eleições. Dentro de um ano, o país estava novamente em clima de campanha. Dessa vez, as forças que defendiam mudanças rápidas tiveram mais tempo para se preparar.

Certa tarde, Bashkim Spahia, um médico local e ex-mem-
bro do Partido que se tornou candidato da oposição, bateu à
nossa porta, visivelmente agitado. Ele estava vestido com uma
jaqueta cinza-escura cortada no estilo preferido de Leonid
Brejnev; por baixo, usava uma camiseta roxa com uma frase
escrita em cor-de-rosa no meio, combinada com calças roxas.
A frase estava em inglês e dizia: "Bons sonhos, meus adoráveis amigos".

Bashkim perguntou se meu pai tinha um par de meias cinza
que pudesse emprestar-lhe por alguns meses. Estava batendo
em todas as portas, disse ele. Explicou que, para a campanha
eleitoral, o Departamento de Estado dos Estados Unidos dis-
tribuíra folhetos contendo conselhos importantes sobre a roupa
que os aspirantes ao parlamento deveriam vestir. "Pelo visto,
apenas meias escuras são aceitáveis, cinza ou pretas, mas cinza
é melhor", acrescentou, visivelmente angustiado. "Só tenho
meias brancas. Também dizem que preciso de um *patrocinador*
para minha campanha. De que patrocinador estão falando? Eu
nem tenho meias para usar!", exclamou desesperado.

Meus pais o convidaram para um café. Tentaram explicar que o conselho não poderia ter vindo do Departamento de Estado; talvez viesse da embaixada americana. Mesmo assim, a embaixada poderia ser flexível. Bashkim sacudiu a cabeça. Estava inconsolável. Seu filho havia traduzido os panfletos, insistiu ele, e lhe assegurara que traziam a marca do Departamento de Estado. Ele nunca seria capaz de recuperar seu assento daqueles bastardos comunistas sujos sem as meias da cor certa.

Na noite em que sua vitória foi anunciada, nós o vimos em um debate na televisão usando as grossas meias de lã cinza que minha avó tricotara para meu pai. Minha família ficou particularmente orgulhosa por ter contribuído para a vitória de Bashkim. Não guardavam rancor; estavam felizes por ignorar o fato de que Vera, a esposa dele, reclamara uma vez ao conselho local que meus pais relutavam em limpar a rua aos domingos. Tampouco acusaram Bashkim de nunca ter devolvido as meias de meu pai. Em pouco tempo, nosso médico local se transformou não só em um político carismático, como também em um empresário de grande sucesso. Ele trocou "Bons sonhos" por um relógio Rolex e a jaqueta estilo Brejnev por Hugo Boss. Aposto que também começou a usar meias de seda. Dificilmente o encontramos de novo, e quando o vimos, foi apenas à distância, quando ele batia a porta de sua Mercedes Benz preta e brilhante, cercado por poderosos guarda-costas. Teria sido imprudente, além de implausível, aproximar-se e acusá-lo de se apropriar indevidamente das meias de meu pai.

12.
Uma carta de Atenas

Em algum momento de janeiro de 1991, antes da primeira eleição livre e justa, minha avó recebeu uma carta de Atenas assinada por alguém de quem ela nunca ouvira falar, uma mulher chamada Katerina Stamatis. Antes de abri-la, levamos o envelope para mostrar aos nossos vizinhos. Um pequeno grupo de pessoas se reuniu na casa dos Papas. A carta foi entregue a Donika, que trabalhara nos Correios a vida toda. Ela estava no meio da sala, cercada por rostos curiosos e olhares fixos no papel fino e creme, onde caracteres gregos escritos à tinta se alinhavam como hieróglifos do futuro.

Eu sabia que Donika não conseguia ler grego. Apenas algumas semanas antes, ela havia pedido à minha avó para traduzir a lista de ingredientes no verso de uma garrafa contendo um líquido amarelo que ela ganhara de presente de um primo que havia viajado recentemente para Atenas. Ela lavara o cabelo com o que supôs ser xampu de limão estrangeiro, então sentiu um formigamento incomum que fez sua cabeça coçar. A tradução da minha avó revelou que a causa era uma substância exótica e até então desconhecida chamada detergente para louças.

Donika estudou o envelope em silêncio por vários minutos, inspecionando a frente e o verso. Sua pose solene provocou um silêncio expectante na sala. Ouvia-se apenas o som de madeira crepitar e queimar na estufa. Ela colocou o envelope debaixo do nariz e cheirou em vários lugares, cada cheirada seguida por uma expiração profunda. Balançou a cabeça, depois estalou a língua em desaprovação. Então inseriu o dedo indicador sob a aba, segurando a parte externa sob o polegar.

Arrastou os dois dedos pelas bordas do envelope, com um movimento lento e taciturno e uma carranca de concentração, como se o ato de deslizar lhe causasse uma dor que ela era obrigada a conter. Terminada a inspeção, ela ergueu os olhos com uma expressão de desânimo que, ao começar a falar, se converteu aos poucos em raiva.

"Foi aberto", anunciou ela, olhando para a porta. "Eles a abriram."

O silêncio na sala se transformou em murmúrio coletivo.

"Desgraçados", por fim minha mãe falou.

"Não abriram só uma vez. Várias vezes", explicou Donika.

"Sim, obviamente", retrucou seu marido, Mihal. "Não é como se tivessem contratado novas pessoas para trabalhar nos Correios. Eles apenas fazem o que estão acostumados a fazer."

Alguns vizinhos assentiram com a cabeça. Outros discordaram. "Os funcionários dos Correios devem ser instruídos a parar de abrir cartas", retrucou Donika. "Privacidade", disse minha mãe. "A privacidade é muito importante. Nunca tivemos privacidade antes." Então ela sugeriu que nada mudaria se os Correios não fossem privatizados. Somente a privatização respeitaria a privacidade.

Todos concordaram que a privacidade era importante. "Não apenas importante, é seu direito. É um direito", explicou Donika, com a voz carregada de toda a sabedoria e autoridade que acumulara durante os muitos anos passados abrindo envelopes.

Depois disso, minha avó foi convidada a ler a carta em voz alta, traduzindo palavra por palavra. A remetente, Katerina Stamatis, alegava ser filha de Nikos, um sócio de meu bisavô. Nikos, dizia ela, estava com meu bisavô quando ele morreu em Salônica em meados dos anos 1950. A mulher se perguntou se minha avó estaria interessada em tomar medidas legais para recuperar as propriedades e as terras que pertenciam à sua família na Grécia e ofereceu ajuda para dar andamento ao caso.

Minha avó disse que o sobrenome soava vagamente familiar. Não era uma fraude.

Nini havia visto seu pai pela última vez em seu casamento, em Tirana, em junho de 1941. Depois da guerra, "as estradas foram fechadas", nas palavras dela, e embora se lembrasse de ter recebido um telegrama de Atenas anunciando a morte de seu pai, não lhe haviam concedido um passaporte para comparecer ao funeral, nem ficara sabendo de nada sobre as circunstâncias do falecimento dele. Lembrava-se de como soubera da morte havia quase quarenta anos, numa época em que durante o dia trabalhava nos campos e à noite dava aulas de francês ao jovem filho de um importante funcionário do Partido. No dia em que recebeu a notícia da morte do pai, estavam repassando os possessivos, e quando solicitado a fazer uma frase usando "seu", o menino disse: "Seus olhos estão vermelhos". Depois aquele menino se tornou um funcionário proeminente do Partido, o mesmo camarada Mehmet que estava na comissão que permitiu que eu começasse a escola mais cedo.

Em sua carta, Katerina escrevia emocionada sobre a lealdade de seu pai, Nikos, ao meu bisavô. Relembrava que havia prometido a Nikos em seu leito de morte contatar minha avó, caso as circunstâncias na Albânia mudassem. O caso, acrescentou ela de modo menos emotivo, seria muito lucrativo para ambas as famílias. Estava preparada para hospedar minha avó em Atenas, acompanhá-la aos arquivos pertinentes e ajudá-la a entrar em contato com advogados que ajudariam a investigar o assunto.

Minha avó reagiu à notícia como se tivesse ensaiado para o papel a vida toda, sabendo que era apenas isso, um papel que em algum momento ela seria convidada a interpretar. Sua mente voltou-se para um tipo diferente de consideração financeira. Desde que obtiveram permissão do Partido para construir uma casa particular na rua onde cresci, meus pais estavam muito endividados. Deviam dinheiro a todo mundo: meu tio, os colegas de minha mãe e alguns parentes distantes em outras cidades. Naquele dia, Nini e meus pais sentaram para discutir com os vizinhos se era provável que minha avó conseguisse o visto, e fizeram vários cálculos: quanto dinheiro minha família ainda devia, quanto sobrava para meus pais no fim de cada mês, quanto era a pensão de minha avó e se ela tinha dinheiro para viajar à Grécia. Eles levantaram o máximo de informações detalhadas que puderam, e logo ficou claro que nossas economias mal davam para cobrir um dia em Atenas, quanto mais o custo de uma taxa de pedido de visto e despesas de viagem por duas semanas.

No passado, minha avó havia me mostrado um documento de quando nosso país ainda era um reino, com uma foto em preto e branco dela grampeada num cartão acima de algumas linhas com informações sobre sua altura, cor do cabelo e dos olhos, local e data de nascimento, e marcas de nascença. O passaporte estava guardado na mesma gaveta do cartão-postal da Torre Eiffel e da carta do meu avô para Enver Hoxha após sua libertação da prisão. O rosto de minha avó na fotografia tinha uma expressão séria, que teria sido considerada pomposa se ela parecesse ter mais de dezessete anos. Seu cabelo estava cortado extremamente curto, em um estilo destinado a suprimir a impressão de que era um estilo. Seus lábios estavam apertados no que parecia ser uma tentativa de reprimir um sorriso. Toda a sua pose transmitia um esforço para convencer o espectador de que a resposta "feminino" diante da pergunta sobre gênero era inteiramente coincidência, senão algum tipo de erro administrativo.

"É disso que precisamos", minha avó costumava dizer. "Isso se chama passaporte." Passaportes, ela explicou, decidiam se as estradas estavam abertas ou fechadas. Se tivesse um passaporte, você poderia viajar. Se não tivesse, estava impedido. Apenas algumas pessoas na Albânia podiam solicitar um passaporte, geralmente para viajar a trabalho. E como o Partido decidia o que contava como trabalho, só restava esperar. "Pode-se adicionar a fotografia de uma criança a ele", dissera ela. "Se alguma vez eu receber um para uma viagem, levarei você comigo."

Em dezembro de 1990, ficou claro que o que minha família esperava não era que o Partido autorizasse nossos passaportes, mas passaportes para sobreviver ao declínio do Partido, assim como haviam sobrevivido ao exílio do rei. Porém, quando a carta de Atenas chegou e entreouvi os adultos na sala de Donika fazerem seus pacientes cálculos sobre se minha avó e eu poderíamos pagar pela viagem, um novo sentimento de confusão tomou conta de mim. Descobri que nunca bastara ter um passaporte, que o passaporte era apenas o primeiro e mais imediato obstáculo numa série que se tornava cada vez mais abstrata e distante de nós. Para que as estradas realmente se abrissem, precisávamos de um visto, cuja emissão, ao que tudo indicava, não podia ser garantida nem pelo velho Partido, que estava com seus dias contados, nem pelos novos partidos recém-formados. Ainda mais perturbador era o fato de que, mesmo que conseguíssemos obter passaporte e visto, nenhum dos dois viria com financiamento para a viagem. Como então poderíamos viajar para o exterior? Demorei um tempo surpreendentemente longo para chegar à conclusão lógica: não poderíamos.

Passaram-se alguns dias e a carta de Atenas, dobrada com cuidado no envelope, encontrou seu lugar na mesa de centro da nossa sala, ao lado de um vaso e um maço de cigarros que guardávamos para oferecer aos convidados. Ninguém teve coragem de colocá-la na gaveta, pois naquela gaveta só vivia o nosso passado, e gostávamos de pensar na carta de Atenas não como passado, mas como presente, até mesmo futuro, embora distante. Minha mãe cuidava dela como um animal recém-domesticado, que mantém a capacidade de morder. Ela limpava cuidadosamente a poeira da mesa e assegurava-se de que nenhuma gota de água do vaso de flores caísse sobre a carta, que agora chamávamos de "Keti", em homenagem à remetente. Nós outros não chegávamos perto. Andávamos na ponta dos pés, de vez em quando lançávamos um olhar furtivo, mas na maioria das vezes fingimos ignorar sua presença. Uma ou duas vezes, ela foi o estopim de discussões familiares sobre como deveria ser a resposta para não excluir de imediato a possibilidade de futuras viagens, ocasião de reprimendas sobre o que poderíamos ter feito para administrar melhor nossas finanças no passado, e fonte de especulações a respeito da existência de alguém que pudesse nos emprestar dinheiro, alguém a quem já não estivéssemos devendo.

Justo quando perdemos a esperança, a solução veio de minha outra avó, Nona Fozi. Ela viera para o aniversário de meu irmão e, quando notou Keti deitada na mesa, perguntou o que havia acontecido com nossos preparativos para a viagem a Atenas. Nini suspirou.

"É mais difícil para nós irmos para Atenas do que para Gagarin entrar em órbita", brincou meu pai.

"A camarada Stamatis prometeu pagar a passagem", interrompi para explicar, ansiosa. "Conseguimos arranjar dinheiro para o visto. Mas não podemos viajar até a Grécia sem dinheiro de reserva, caso algo dê errado."

"Sra. Stamatis", corrigiu minha mãe. "Não camarada. Ela não é sua camarada. O resto é verdade." Ela então se virou para sua mãe.

Nona Fozi saiu de casa às pressas, antes de terminar o café ou comer o pedaço do bolo de aniversário. Voltou meia hora depois com algo bem apertado em seu punho direito, que acenou de longe como uma saudação comunista. Quando chegou à mesa onde estava Keti, abriu a palma da mão e, com precisão imaculada e um olhar orgulhoso, deixou cair cinco moedas de ouro napoleônicas sobre o envelope. Elas caíram na mesa com um tilintar, muito distante do ruído surdo que nossos leques faziam quando caíam no chão, um som tão estranho e distante de nós quanto a possível fonte das moedas. Ninguém jamais soubera que Nona Fozi ainda possuía ouro. Minha mãe às vezes se perguntava se seus pais haviam escondido algum ouro antes que os pertences da família fossem expropriados. Duvidava, disse ela, pois mesmo quando estavam famintos em desespero, as reservas de ouro eram mencionadas de modo puramente hipotético, como se a mera ideia bastasse para encher seus estômagos. Nona Fozi disse então que havia tentado evitar que um pouco de ouro fosse confiscado e o guardara para o dia em que as estradas fossem abertas. "Pronto", disse ela a Nini, com a visível satisfação de alguém cuja previsão se mostrou correta. "Agora você pode viajar. *Inshallah*, seu ouro se multiplicará."

Meu pai levou as moedas ao banco para serem convertidas em papel-moeda. Logo depois, voltou com a nota de cem dólares que havia recebido em troca. Seguiram-se intensas discussões a respeito de onde esconder a nota para que não fosse gasta nem perdida. A certa altura, havia quinze vizinhos amontoados em nossa sala de estar, oferecendo-se para nos emprestar carteiras de diferentes períodos e tamanhos, todas as quais, após uma inspeção cuidadosa, foram declaradas inseguras porque "todo mundo sabe que o Ocidente está cheio de batedores de carteira". Depois de descartar várias opções — o fundo da mala, as páginas de um livro, o interior de um amuleto — decidiu-se por unanimidade costurar a nota na bainha da saia de minha avó, com a recomendação de tirar a saia apenas para dormir e nunca a lavar.

No dia da nossa partida, toda a rua veio se despedir de nós, cada família de vizinhos contribuindo com algum item que poderíamos precisar na viagem: *byrek* embrulhado em jornal, bulbos de alho para trazer boa sorte, os nomes (mas não os endereços) de parentes perdidos havia muito tempo para procurar caso a família Stamatis não aparecesse. No carro, minha avó ficava arrumando a saia para ter certeza de que a nota de cem dólares ainda estava lá. Ela fazia isso com uma expressão digna e um meio-sorriso falso que dizia: "Estou plenamente consciente de que uma dama não entra num aeroporto mexendo na sua saia". A certa altura, na área de embarque, nosso maior medo parecia ter se materializado. "Não consigo sentir nada", disse Nini com uma voz de pânico. Corremos para o banheiro e, como ela não conseguia se abaixar para olhar pelo minúsculo buraco na bainha, tive que me esticar no chão para ver se a nota ainda estava lá; estava, apenas ligeiramente enrugada, como se manifestasse sua decepção por sair da loja *valuta* e acabar dentro da saia da minha avó.

A sala de embarque do aeroporto estava praticamente vazia. Havia apenas alguns estrangeiros que esperavam seus voos e compravam coisas na pequena loja localizada na entrada, que parecia com a loja *valuta*, mas com a diferença de que você mesmo poderia escolher coisas das prateleiras. Minha avó comentou que a balconista sorria como uma espiã. "Como os espiões sorriem?", perguntei a ela. "Assim", respondeu, fazendo uma careta com a boca sem mostrar os dentes. "Parece um sorriso normal", eu disse. "Exatamente", respondeu minha avó. "Essa é a questão."

Havia policiais em uniformes azuis espalhados pelo lugar. Um agente olhou para o adesivo no passaporte, que eu soubera ser nosso visto, depois o carimbou. Outros esperaram por nós enquanto depositávamos nossa mala para ser revistada. "Desgraçados!", sussurrei, lembrando da reação de minha mãe quando ela descobriu que a carta de Atenas havia sido aberta. Nini parecia perplexa.

"Ninguém se preocupa com privacidade neste país, não é?", disse eu depois que o controle foi concluído. "Acho que eles não contrataram pessoas novas para trabalhar no aeroporto."

No avião, vi pela primeira vez na vida um saco plástico colorido. A aeromoça perguntou se era a primeira vez que viajávamos de avião, depois me entregou o saco com instruções para usá-lo se eu precisasse vomitar. Passei o resto da viagem me perguntando se estava pronta para vomitar e, no fim, fiquei preocupada que isso não tivesse acontecido. Serviram-nos almoço em recipientes de plástico, mas tínhamos nossos próprios *byreks* para comer. Guardamos as caixas com lanche caso sentíssemos fome mais tarde, mas também porque os talheres e os pratos de plástico não se pareciam com nada que tínhamos visto antes e queríamos trazê-los de volta para casa a fim de usar em ocasiões especiais. "Tão bonitos", comentou minha avó. "Não os faziam assim antes da guerra. Não me lembro desse material."

Quando chegamos a Atenas, minha avó me incentivou a começar um diário. Fiz uma lista de todas as coisas novas que descobrira pela primeira vez e as registrei meticulosamente: a primeira vez que senti ar condicionado na palma das mãos; a primeira vez que provei bananas; a primeira vez que vi semáforos; a primeira vez que usei jeans; a primeira vez que não precisei pegar fila para entrar numa loja; a primeira vez que encontrei o controle de fronteira; a primeira vez que vi filas de carros em vez de seres humanos; a primeira vez que me sentei em um vaso sanitário em vez de me agachar; a primeira vez que vi pessoas seguindo cães na coleira em vez de vira-latas seguindo pessoas; a primeira vez que me deram chiclete de verdade em vez de somente a embalagem; a primeira vez que vi prédios feitos de diferentes lojas e vitrines repletas de brinquedos; a primeira vez que vi cruzes em sepulturas; a primeira vez que olhei para paredes cobertas de anúncios em vez de slogans anti-imperialistas; a primeira vez que admirei a Acrópole, mas só de fora porque não podíamos pagar o ingresso. Também descrevi longamente meu primeiro encontro com crianças turistas como uma criança turista, quando soube com surpresa que eles não reconheciam os nomes de Atena e Ulisses, e riram porque eu não reconheci a imagem de um rato aparentemente famoso chamado Mickey.

Nossos anfitriões, Katerina e seu marido, moravam em um apartamento de cobertura em Ekali, um subúrbio abastado no Norte de Atenas, onde jardins espaçosos com grama bem cortada e piscinas podiam ser vistos através dos portões que separavam suas mansões do mundo lá fora. Os Stamatis não tinham piscina, mas tinham algo ainda mais excêntrico: cinco geladeiras de tamanhos diferentes, espalhadas em vários cômodos, e nenhuma delas era uma Obodin iugoslava. Duas das cinco continham apenas bebidas e uma, só refrigerantes, inclusive coca-cola, que não era distribuída apenas nas latas que eu conhecia, mas também em garrafas plásticas. Desenvolvi o hábito de acordar à noite para abrir a geladeira e beber coca-cola, em parte porque achava o sabor viciante, mas principalmente porque nunca conseguia decidir se a bebida na lata tinha o mesmo sabor da garrafa e, em caso afirmativo, por que ambas eram vendidas. Nossos anfitriões nos encorajaram a nos servir de comida e bebida sempre que quiséssemos, mas minha avó me proibiu severamente de fazê-lo e me instruiu a nunca pedir guloseimas. Ela beliscava minha coxa por baixo da mesa se percebia que eu estava prestes a pedir uma banana a mais ou um copo de refrigerante; ou, caso eu estivesse mais longe dela, murmurava alguma coisa em albanês entredentes, cerrados num sorriso falso adotado para enganar os outros sobre a natureza de nossa conversa. Como um espião, pensei. Quanto a ela, mal comia. Isso, por sua vez, levou o marido de Katerina, Yiorgos, o maior homem que eu já havia visto, dono de uma fábrica de esponjas naturais e que adquirira a forma de uma esponja natural, a exclamar durante as refeições: "Quarenta e cinco anos de governo de Hoxha contraíram seus estômagos ao tamanho de uma azeitona!".

Visitamos Salônica e encontramos o antigo liceu francês onde minha avó estudara. O prédio agora abrigava escritórios de empresas. Para mim, parecia um banco, semelhante aos que eu havia visto em filmes de faroeste. Nini lembrou um a um os nomes dos garotos mais populares de sua classe; ela dividia charutos com eles durante os recreios. Lembrou-se também de seus antigos professores, em particular de um certo Monsieur Bernard, que previra que seu futuro sempre seria brilhante se ela não sorrisse demais e mantivesse o cabelo curto. Seguira rigorosamente os dois conselhos, disse ela, mas no fim das contas a previsão de Monsieur Bernard estava um pouco errada.

Visitamos o túmulo de seu pai e ela lidou com a dor que deve ter sentido com uma dignidade estoica, que só ela poderia reunir. Ficou em silêncio o tempo todo. Somente quando saiu, se inclinou para dar um beijo suave na fotografia sobre a pedra, encorajando-me a fazer o mesmo. Não senti vontade; nunca conhecera aquele homem, e ele nunca me conhecera. Mas obedeci para não a decepcionar. Insistiu em encontrar o túmulo de sua antiga babá, Dafne, que vira pela última vez no fim da guerra. Enquanto estava rígida ao lado da cruz branca, ela apertou os olhos e, segurando sua bolsa, pareceu pálida e magra, como se os anos intermediários tivessem ressecado sua carne e deixado apenas os ossos. Algumas lágrimas rolaram de seus olhos sobre o mármore, onde o sol de inverno as secou rapidamente. Ela percebeu. "Você vê?" Virou-se para mim com um meio sorriso melancólico. "Dafne sempre secava minhas lágrimas. Ela ainda faz isso."

Encontramos sua antiga casa na parte otomana da cidade, uma grande construção branca com um jardim onde as árvores frutíferas começavam a florescer. Uma das primeiras lembranças de Nini, aos dois anos, era da casa pegando fogo. Lembrava-se de ser carregada para fora com pressa, envolta em cobertores escaldantes. Era quase como se ainda pudesse ouvir os gritos, disse ela; lembrava-se de ter visto chamas no cabelo de sua mãe. Traços do fogo ainda eram visíveis na frente da casa, e ela gostaria de me mostrar como era por dentro. Aproximamo-nos da porta da frente, e uma mulher apareceu na varanda, perguntando se podia ajudar. Minha avó explicou por que estávamos lá e pediu para dar uma olhada lá dentro. A mulher respondeu que queria acreditar em nós, mas que estava ali apenas para limpar a casa e não podia assumir a responsabilidade de deixar estranhos entrarem. Minha avó respondeu que entendia. "Os vizinhos também limpam a casa uns dos outros por dentro?", perguntei. "Ela é paga para limpar", respondeu Nini. Então se virou outra vez para a faxineira e, com um ar de familiaridade confiante, como se já tivesse encontrado a mulher antes, gritou "obrigada" em grego.

Minha avó sabia que dificilmente receberia suas propriedades de volta. Havia concordado com a viagem em parte por obrigação de não destruir as esperanças daqueles que as tinham, e em parte no espírito de se reconectar com seu passado e me apresentar a ele. Ela era cordial e bem-disposta para com as pessoas que encontrávamos, embora talvez menos interessada em buscar dinheiro do que poderiam esperar. Diferentes advogados explicaram as dificuldades associadas à recuperação da propriedade dos apartamentos e das terras que pertenceram à sua família, descrevendo as trocas populacionais após o colapso do império otomano, enfatizando as mudanças nas leis de propriedade, os desafios em recuperar grande parte da documentação necessária, o fato de que nossos dois países ainda estavam tecnicamente em guerra desde os anos 1940, o legado do regime dos coronéis na Grécia e tudo mais. Ela assentiu com a cabeça. Fomos levados a muitos escritórios diferentes para vários compromissos. Os Stamatis sempre se sentavam ao nosso lado e ouviam atentamente, tomando notas. Às vezes respondiam com palavras que eu não conseguia entender, e às vezes com movimentos agitados, acenando os braços no ar, sacudindo os dedos, balançando a cabeça.

No compromisso do último dia, Yiorgos ficou tão furioso com um dos advogados que começou a gritar alguma coisa em grego do outro lado da sala e apontou o dedo para mim, como que para ilustrar seu argumento. Depois, falando cada vez mais alto, se aproximou, agarrou meu braço e começou a sacudi-lo no ar, tal como havia feito com o seu, o tempo todo gritando. Não conseguia entender o que ele falava. Olhei para minha avó. Ela continuava assentindo com a cabeça, tanto quando o advogado explicava, como quando Yiorgos respondia. Decidi que era mais sensato não retirar meu braço.

"Era a respeito de um documento chamado testamento", disse-me minha avó naquela noite, "onde as pessoas escrevem para quem querem deixar seus bens depois que morrem."

"Temos isso?", perguntei.

"O testamento?" Minha avó riu. "Havia cartas mais importantes que não consegui salvar do confisco pela polícia."

Nos cinquenta anos que minha avó passara fora do país, ela só havia falado grego com Cocotte, quando não queria que eu entendesse suas discussões sobre política. Nossos anfitriões em Atenas, que às vezes se dirigiam a mim num francês ruim, muito pior do que o meu, ou num inglês ruim, muito melhor do que o meu, observaram que ela não havia perdido nada de seu grego. Mas falava com um sotaque divertido de classe alta que agora soava desatualizado, disseram, e seu tom de voz era muito mais baixo do que descobri ser a média dos Balcãs. Quando a via interagindo continuamente numa língua impenetrável para mim, era quase como se viajasse com duas pessoas: Nini, a pessoa em quem mais confiava e mais admirava, e outra pessoa, uma mulher misteriosa de outro tempo.

Minha avó sempre insistira que ela não havia mudado. Antes de nossa viagem a Atenas, eu acreditava nela. Achava suas palavras tranquilizadoras, sua presença reconfortante, em especial naquele inverno de 1990, quando tudo ao meu redor estava instável, inclusive meus pais, cujas reações mudavam de repente entre ansiedade e entusiasmo. Com a minha avó era diferente. Ela era sempre calma e consistente, capaz de se adaptar às circunstâncias mais desafiadoras, superar as dificuldades com uma facilidade que sugeria que os maiores obstáculos são aqueles que nós mesmos criamos, que o necessário é a vontade de vencer. Ela me convencera de que há sempre uma continuidade entre nosso presente e nosso passado, e que em todo conjunto de circunstâncias aparentemente aleatórias podemos observar motivos e personagens racionais. Seu próprio olhar, sua postura, seu jeito de falar — tudo isso contribuía para transmitir essa mesma impressão.

Durante aquela viagem a Atenas, algo parecia diferente. Quando olhávamos para fotos antigas de pessoas que haviam morrido há muito tempo e que ela amara, eu me sentia indiferente. Aquelas pessoas, que deveriam ser meus parentes e ancestrais, significavam pouco para mim. Certo dia Katerina deu à minha avó um cachimbo velho que pertencera ao meu bisavô e, quando o peguei para brincar, Nini de repente perdeu a paciência. Ela o arrancou das minhas mãos com uma violência que nunca tinha visto antes e gritou: "*Ce n'est pas un jouet! Tu ne penses qu'à toi-même*".* Não consegui entender a reverência sagrada que ela demonstrava por aquele objeto, por que recuperá-lo significava tanto para ela. "Ora", eu disse. "É só um cachimbo. Você nem fuma mais."

Nini sempre disse que meu irmão e eu éramos as coisas mais importantes da vida dela. Mas sabíamos pouco dessa vida. Quando ela se soltava, do jeito que fez quando estava diante do túmulo de Dafne, ou quando pensava em seus colegas de escola,

---

* "Isso não é um brinquedo! Você só pensa em si mesma!"

ou quando relembrava seu pai com nossos anfitriões, sua afirmação não parecia verdadeira. Sentia uma sensação de distanciamento, de alienação. Percebi que eu era o produto de eventos que a haviam tirado de sua vida, condenado a anos de dificuldades, isolamento, perda e luto. Se nunca tivesse saído de Salônica, ela nunca teria conhecido meu avô. Se nunca tivesse conhecido meu avô, meu pai não teria nascido. Se meu pai não tivesse nascido, eu não estaria aqui. Todos esses acontecimentos faziam parte de uma sequência lógica. Isso era o que ela sempre dissera. Se eu pudesse entender a ligação entre causa e efeito da maneira como ela me explicara as coisas, aceitaria que as decisões têm consequências. Encontraria continuidade onde outros viam apenas ruptura. Eu seria o produto da liberdade e não da necessidade.

Quando estávamos na Grécia, era difícil acreditar que ela sempre assumira as consequências de todas as decisões que tomara, que encontrara uma maneira de se reconciliar com tudo o que se seguiu ao seu retorno à Albânia. Era impossível entender como ela poderia ter escolhido não emigrar quando a oportunidade se apresentou no final da guerra. Talvez por não saber o que estava por vir. Mas devia ter sentido, se não ódio, ou desejo de vingança, pelo menos ressentimento profundo. Que novo amor ela poderia experimentar, depois de ter que cancelar seu passado? Naquele país estrangeiro, estranho para mim, mas muito familiar para ela, associei-me não ao orgulho e ao carinho que ela sempre disse que sentia por mim, mas à sua perda. Eu queria ir embora. Queria ir para casa. Queria me sentir segura.

13.
Todo mundo quer ir embora

Na minha última noite em Atenas, preparei um saco plástico com metade de um chocolate Milka embrulhado em papel-alumínio, um chiclete que parecia um cigarro falso e uma esponja natural em formato de morango da fábrica de Yiorgos. Eu prometera a Elona que lhe traria um presente da minha primeira viagem ao exterior e fiquei orgulhosa de ter mantido minha palavra.

Ela não estava lá quando voltei para a escola. Foi-me dito que havia adoecido e tivera de faltar por alguns dias. Uma semana inteira se passou, mas ela não voltou. Depois mais uma semana. Então vieram as férias de primavera.

Quando as aulas recomeçaram, no fim de abril, Elona ainda não havia retornado. Resolvi visitá-la, para saber de sua saúde. Tinha comido o chocolate Milka, mas guardei o chiclete em formato de cigarro e a esponja que parecia um morango. Bati na porta da casa dela. Seu pai abriu. "Estou procurando por Elona", disse eu. "Disseram-me que ela está doente. Posso vê-la?"

"Elona?", perguntou ele, como se não reconhecesse o nome da filha. "Elona é uma garota má. Uma garota muito má." E bateu a porta na minha cara. Fiquei ali por alguns minutos, me perguntando o que fazer. Ele deve ter me visto da janela, ou notado que eu ainda estava na porta, então a abriu novamente. "Você pode entregar isso a ela?", disse eu com a voz trêmula, passando-lhe o saco plástico, que tremia sob minha mão. Ele agarrou o saco e o atirou a poucos metros de distância, no meio da rua, gritando: "Ela não está aqui. Você entende? Ela não está aqui."

Não muito tempo depois dessa conversa, o nome de Elona foi retirado do registro escolar. Os professores negaram que ela tivesse estado doente; ela havia mudado de escola, disseram. Na aula, especulamos sobre o paradeiro dela. Algumas crianças disseram que ela fora morar com os avós em outra parte da cidade. Outras falaram que, tal como sua irmã, fora mandada para um orfanato, só que para crianças mais velhas. Outras ainda, que ela havia saído do país. Quando ficamos sem palpites, ela deixou de ser assunto de conversa. Perguntei aos meus pais. Eles deram de ombros. "Coitadinha", comentou minha avó. "A mãe dela era uma mulher tão boa. Quem sabe onde aquela pobre menina foi parar?"

Soubemos a verdade num dia do fim de outubro do mesmo ano, quando Nini e eu voltávamos de uma caminhada. Reconheci o avô de Elona na rua. Ele estivera em nossa classe no dia 5 de maio do ano anterior, para nos contar sobre sua heroica luta como partisan nas montanhas perto da Grécia. Não conseguia lembrar o nome dele. Elona sempre o chamou de "vovô", então gritei do outro lado da avenida: "Camarada! Camarada!". Ele não se virou. "Senhor! Senhor!", gritou minha avó, mais alto do que eu. Ele parou e me reconheceu. Disse-lhe que sentia falta de Elona e queria saber onde ela estava. Ele inspirou fundo, depois suspirou. "Elona", disse. "Aquela criança infeliz. Recentemente, recebemos uma carta dela. Para que lado estão indo?" Ele começou a explicar, caminhando ao nosso lado.

Na manhã de 6 de março de 1991, Elona saiu de casa para ir à escola, vestida de uniforme e com a bolsa cheia de livros e cadernos que precisava para as aulas daquele dia. Durante aquelas semanas, ela saía mais cedo do que de costume, para se encontrar com um rapaz que conhecera, um jovem de cerca de dezoito anos chamado Arian, disse ele.

Eu sabia sobre Arian. Ele morava na minha rua. Mal falávamos com ele; até Flamur tinha medo de se aproximar dele. Elona havia mencionado uma vez que o conhecia quando fomos visitar sua irmã no orfanato. Mas não achava que eles se encontrassem com frequência. Acontece que eles se viam todas as manhãs em um dos pequenos becos da rua principal que ligava a casa dela à escola. Eu conhecia o lugar; havia uma área protegida na entrada dos fundos de um pequeno bloco de apartamentos onde os casais podiam se encontrar sem serem vistos. Só "garotas más" iam para lá. Era estranho imaginar Elona e Arian juntos. Perguntei-me por que ela nunca me contara. Ela tinha completado treze anos recentemente, mas sempre presumi que compartilhava minha completa indiferença, até mesmo desprezo, pelos meninos mais velhos. Talvez ela tivesse começado a sair com Arian enquanto estávamos na Grécia.

Na manhã de 6 de março, explicou seu avô, as ruas estavam cheias de gente. Até mesmo a área protegida onde Elona e Arian se encontravam estava abarrotada de famílias que falavam com sotaques estranhos e pareciam ter passado a noite lá, em preparação para outra viagem. Os moradores do lugar também correram para a rua e foram em direção ao porto: jovens, trabalhadores em uniformes de fábrica, homens e mulheres carregando crianças enroladas em cobertores.

Elona esperou por Arian até ouvir o sino da escola. Estava prestes a ir embora quando ele finalmente apareceu. "O porto não está mais sendo vigiado", disse ele. "Todos os navios porta-contêineres estão cheios de gente. Todo mundo está tentando ir embora. Os soldados não atiram. Eles se juntaram às pessoas nos barcos. Eu vou. Você vem?"

"Vem para onde?", perguntou Elona.

"Para a Itália", respondeu Arian. "Ou algum lugar no exterior — não sei. Para onde quer que o barco nos leve. Se não gostarmos, podemos voltar."

Àquela altura, já era tarde demais para ir à escola. Elona seguiu Arian até o porto, a princípio apenas para dar uma olhada. Quanto mais se aproximavam da área onde os navios porta-contêineres estavam atracados, mais densa se tornava a multidão na rua. Eles abriram caminho até o ancoradouro, perto de um dos maiores barcos, um cargueiro chamado *Partizani*. Um homem gritou que o *Partizani* estava prestes a partir. Arian pulou para dentro, puxando Elona atrás dele. A escada do barco subiu.

A viagem durou sete horas, escreveu Elona em sua carta, mas eles tiveram de esperar a autorização oficial para desembarcar. A ordem veio depois de vinte e quatro horas. De início, os recém-chegados foram acomodados numa escola local transformada em campo de refugiados. Alguns dias depois, foram distribuídos por todo o país. Elona e Arian se estabeleceram no Norte da Itália. Moravam num pequeno apartamento compartilhado com algumas pessoas que conheceram no barco. Ela era jovem demais para trabalhar, mas Arian tinha achado um emprego de entregador de geladeira para uma loja local. Ele não ganhava muito dinheiro, contou ela, mas eles sobreviviam. Como prova, ela havia enfiado no envelope algumas notas, no valor de vinte mil liras italianas. Ela também escreveu seu endereço postal, mas pediu que as cartas fossem dirigidas a Arian, pois ela fingia que era irmã dele.

Era difícil acreditar que minha amiga, que apenas alguns meses antes comprava sementes de girassol e brincava de boneca comigo, e que quase nunca viajara para fora da nossa cidade, pudesse ter achado coragem para deixar o país. Como ela pudera deixar para trás sua casa, a escola, sua família, até mesmo sua irmã?

"Eu mesmo tentei ir", disse o avô de Elona à minha avó. "Queria encontrá-la. Para trazê-la de volta. Saí em agosto. Eu estava no *Vlora*. Fomos tratados como cães."

Lembrei-me do dia em que o *Vlora* partira. Naquela manhã, a mãe de Flamur bateu desesperadamente em todas as portas da rua para perguntar se havíamos visto seu filho. Ele embarcara no navio sem lhe contar. Minha amiga Marsida e seus pais também foram embora. Seu pai estava consertando um par de sapatos quando a cliente invadiu a loja e pediu que eles fossem devolvidos imediatamente. Ela os usaria furados. O porto estava aberto, não havia tempo a perder. O pai de Marsida deixou sua máquina de costura e correu para buscar sua filha na escola e encontrar sua esposa na fábrica onde ela trabalhava. Também correram para o *Vlora*.

Dezenas de milhares de pessoas se aglomeraram no porto. O *Vlora* acabara de voltar de uma viagem a Cuba com uma carga de açúcar. Havia sido requisitado enquanto estava parado no cais à espera de reparos em seu motor principal. A multidão o invadiu e obrigou o capitão a navegar para a Itália. Temendo por sua vida, ele decidiu ligar o motor suplementar do barco, mas sem radar. Embora tivesse capacidade para apenas três mil pessoas, o *Vlora* transportou quase vinte mil naquele dia. Pareceu uma eternidade até que o barco chegasse ao porto de Brindisi, o mesmo porto onde milhares de pessoas desembarcaram com sucesso em março. Dessa vez, porém, as autoridades instruíram o capitão a dar meia-volta e seguir rumo ao porto de Bari, a cerca de cento e dez quilômetros de Brindisi. O barco levou mais sete horas para completar a viagem.

As imagens da chegada do *Vlora* em Bari ainda estão frescas em minha mente. Na tela da pequena televisão em cores que havíamos comprado recentemente, vi as dezenas de homens que conseguiram subir ao topo dos mastros, seminus, com suor escorrendo pelo pescoço, rosto sujo e mal barbeado, cabelos curtos na frente e compridos atrás, à moda mullet. Parados ali de modo precário, lutando para se segurar no mastro, pareciam os autoproclamados generais de um exército que havia perdido o moral antes mesmo de a batalha começar. Sacudiam os braços insensatamente para as câmeras de televisão e gritavam: "*Amico*, deixe-nos sair!", "deixe-nos desembarcar!", "estamos com fome, *amico!*", "precisamos de água!". Acima deles, pairavam dois ou três helicópteros. Abaixo, no convés, havia um mar de pessoas: milhares de homens, mulheres e crianças, queimados pelo calor, feridos por esperar em lugares apertados, empurrando uns aos outros, gemendo, tentando desesperadamente sair do barco. Espremidos dentro das cabines, outros passageiros empoleirados nas janelas, gesticulavam ou gritavam instruções para os que estavam no convés, incentivando-os a mergulhar na água. Alguns seguiram o conselho e foram presos. Outros conseguiram escapar. O resto continuava a gritar: que haviam consumido os últimos torrões de açúcar do porão de carga várias horas antes, que muitas pessoas estavam gravemente desidratadas e bebiam água do mar, que havia mulheres grávidas a bordo.

Os eventos que se seguiram foram relatados pela primeira vez por quem sobreviveu a eles, a fim de alertar os outros contra a repetição de seus erros. Uma viagem de cerca de sete horas durou trinta e seis. Quando a ordem de desembarque finalmente chegou, a multidão foi forçada a entrar em ônibus e foi trancada em um estádio abandonado, vigiado pela polícia. Os que tentaram sair foram presos e espancados. Pacotes de alimentos e garrafas de água foram lançados de helicóptero. Dentro do estádio, homens, mulheres e crianças lutaram para chegar aos mantimentos. Algumas pessoas haviam trazido facas e começaram a usá-las para matar outras pessoas.

No estádio, espalharam-se rumores de que, como nosso país tecnicamente não era mais um Estado comunista, os pedidos de asilo político seriam provavelmente rejeitados. Em vez disso, os recém-chegados seriam considerados migrantes econômicos. Tratava-se de uma categoria nova e desconhecida. Aplicava-se às mesmas pessoas, mas com implicações diferentes, que, embora um pouco obscuras, tornaram-se claras alguns dias depois. Após quase duas semanas no estádio, a multidão foi empurrada para dentro de ônibus. Foram informados de que seriam enviados a Roma, para resolver a documentação. Logo perceberam que os ônibus iam para o porto. Eles foram embarcados em balsas de retorno. Os que protestaram foram espancados.

"Eu não queria ficar na Itália", explicou o avô de Elona a Nini. "Só queria encontrar Elona e trazê-la de volta. Mas eles não deixaram ninguém explicar. Queria dizer a eles que não precisava de nenhum papel para ficar, que estava apenas tentando encontrar minha neta. Não me deram ouvidos. Entregaram vinte mil liras para cada um e nos forçaram a voltar para um barco. Não me deram ouvidos", repetiu.

"Talvez você possa tentar de novo com a embaixada?", disse minha avó. "Talvez você possa solicitar um visto?"

"Um visto?", ele bufou. "Você já viu como é a embaixada? Você não pode nem chegar perto da porta. É uma zona militar. Há guardas em todos os cantos. Existem cinco camadas de proteção. Dentro. Do lado de fora. Em toda parte."

"Você tentou telefonar para marcar uma hora?", perguntei. Lembrei-me de que havíamos marcado um encontro na embaixada grega para receber nosso visto.

"Telefonar?", ele riu. "Telefonar?" Riu de novo, mais alto. "É melhor você esperar a morte chamar."

"Fomos à Grécia", eu disse. "Conseguimos um visto. Tínhamos uma hora marcada na embaixada."

"Quando vocês foram?"

"No início deste ano", respondeu minha avó.

"Pouco antes de Elona partir", acrescentei. "Eu não a vi quando voltei."

"É isso", respondeu ele. "Agora, eles fecharam os caminhos. Todos bloqueados. Não posso ir a lugar nenhum, a menos que seja para trabalhar."

"Nosso governo...", começou minha avó.

"Não, não o governo", disse ele, interrompendo-a. "Nosso governo ficaria feliz se todos fossem embora. Talvez eles próprios tenham organizado os barcos, só para se livrar das pessoas. Assim eles não terão de alimentá-las ou achar empregos para elas, agora que todas as fábricas estão fechando. Refiro-me às embaixadas, aos Estados estrangeiros. Não podem aceitar mais imigrantes, eles dizem. Mas vou tentar de novo. Vou achar uma maneira. Já pensei no Sul", explicou. "A fronteira terrestre. Vou tentar a fronteira terrestre com a Grécia. É perigoso. Você pode ser baleado. Conheço a região. Lutei lá na guerra. Mas não sou tão ágil como costumava ser. Não sou mais partisan."

Ele deu um sorriso sutil.

"Algumas pessoas conseguiram sair", disse eu. "Como Elona e Arian — eles conseguiram escapar."

Ele balançou a cabeça, absorto em pensamentos. "Em março, disseram que éramos todos vítimas. Eles nos aceitavam. Em agosto, nos olharam como se fôssemos uma espécie de ameaça; como se estivéssemos prestes a comer seus filhos."

Minha avó assentiu. Eu estava pensando em como meus pais nunca cogitaram ir embora. Quando Marsida e seus pais passaram em nossa casa para se despedir de nós, antes de embarcarem para a Itália naquele cargueiro, Nini tentou convencê-los a não correr esse risco. "É perigoso", ela avisou. "É perigoso, mesmo que funcione. Nasci imigrante. Sei como é a vida de um imigrante."

"Já era difícil o bastante para ela no império otomano, quando os paxás e os beis de sua família administravam", brincou meu pai. "Não pode ser tão ruim quanto aqui", disse minha mãe, que gostaria de tentar. Nini não parava de balançar a cabeça.

Eu também não queria ir embora. No começo gostara de estar em Atenas, antes que se tornasse difícil com minha avó, mas depois comecei a sentir falta de casa. Fiquei frustrada por não ser capaz de entender o idioma. Ficava com raiva quando as pessoas olhavam para mim, apontando o dedo, e eu não conseguia entender suas palavras. Pelo menos quando os turistas visitavam nosso país, isso era recíproco. Eles nos encaravam; nós os encarávamos. Nossos mundos estavam divididos. Agora, não estávamos mais divididos. Mas não éramos iguais.

"Talvez eles abram as estradas de novo", falei.

"Acho que não", respondeu o avô de Elona. Ele se virou para minha avó. "Estão tentando dificultar ainda mais a travessia. Aumentaram o patrulhamento marítimo. Eles não esperam que você vá para lá. No início, não estavam preparados. Agora, sabem o que está por vir. É o que digo: eles não estão prestes a desmantelar nenhum controle, estão tornando-os mais eficientes."

Ele falava como alguém que entendia os mínimos detalhes do controle de fronteiras, que podia decifrá-los do mesmo modo que havia decifrado estratégias de guerrilha em sua juventude. "Se eles descobrirem que você está tentando cruzar a fronteira, eles o colocam num campo. Você pode ficar preso para sempre."

"E também precisa de dinheiro", comentou minha avó.

"Quando fomos a Atenas, tudo era muito caro", falei. "Não tínhamos dinheiro. Foi horrível. Havia muita coisa nas lojas. Não tinha filas. Mas não podíamos comprar nada."

"Dinheiro", disse ele, sua cabeça mais em seu plano do que em nossas observações. "Sim, dinheiro é outra maneira. Claro, se você tem dinheiro, as estradas não estão fechadas. Se você puser num banco e fizer com que o banco emita algum tipo de declaração de que você tem um depósito, é muito mais fácil."

"Tenho certeza de que Elona está bem", disse minha avó. "Se ela escreveu para dizer que está bem, provavelmente gosta de estar na Itália. Adolescentes. Tomar grandes decisões como essa ajuda a crescer. Na minha época, meninas dessa idade eram mandadas para um internato."

"Ou para o trabalho", disse o avô de Elona.

Minha avó concordou. "Ela voltará para nos visitar em breve", tentou tranquilizá-lo. "Provavelmente precisa resolver a papelada. Desde que mantenha contato…"

Para mim, tudo parecia absurdo. Como alguém poderia ser mais feliz no exterior do que em casa? Não conseguia imaginar como viver com Arian poderia melhorar sua situação, mesmo na Itália. Quanto mais eu refletia sobre isso, mais parecia implausível.

"Todo mundo quer ir embora", escrevi em meu diário, comentando os acontecimentos de março e agosto de 1991. "Todo mundo, menos nós." A maioria de nossos amigos e parentes passava dias, semanas, até meses planejando como partir. As possibilidades eram amplas: falsificar documentos, sequestrar barcos, cruzar a fronteira terrestre, solicitar visto, encontrar um ocidental que pudesse convidá-los e garantir sua estadia, pedir dinheiro emprestado. As pessoas dificilmente pensavam no propósito. Saber *como* chegar a algum lugar era mais importante do que saber *por quê*.

Para alguns, sair era uma necessidade que recebeu o nome oficial de "transição". Dizia-se que éramos uma sociedade em transição, passando do socialismo para o liberalismo, do regime de partido único para o pluralismo, de um lugar para outro. As oportunidades nunca chegariam, a menos que você as procurasse, como o meio galo do antigo conto popular albanês que viaja para longe, procurando por sua sorte, e no fim retorna cheio de ouro. Para outros, sair do país era uma aventura, um sonho de infância realizado ou uma maneira de agradar os pais. Houve quem partiu e nunca mais voltou. Os que foram e voltaram logo depois. Aqueles que transformaram a organização do movimento em profissão, que abriram agências de viagens ou contrabandeavam pessoas em barcos. Aqueles que sobreviveram e ficaram ricos. Aqueles que sobreviveram e continuaram a lutar. E aqueles que morreram tentando cruzar a fronteira.

No passado, alguém teria sido preso por querer sair. Agora que ninguém nos impedia de emigrar, não éramos mais bem-vindos do outro lado. A única coisa que mudara era a cor do uniforme da polícia. Corríamos o risco de ser presos, não em nome de nosso próprio governo, mas em nome de outros Estados, os mesmos governos que antes costumavam nos incitar a fugir. O Ocidente passara décadas criticando o Oriente por suas fronteiras fechadas, financiando campanhas para exigir liberdade de locomoção, condenando a imoralidade dos Estados empenhados em restringir o direito de saída. Nossos exilados costumavam ser recebidos como heróis. Agora, eram tratados como criminosos.

A liberdade de locomoção talvez nunca tivesse realmente importado. Era fácil defendê-la quando outra pessoa estava fazendo o trabalho sujo de aprisionar. Mas que valor tem o direito de sair se não há direito de entrar? As fronteiras e os muros eram repreensíveis apenas se servissem para manter as pessoas dentro, em vez de mantê-las fora? Os guardas de fronteira, os barcos-patrulha, a detenção e repressão de imigrantes, práticas pioneiras no Sul da Europa naqueles anos, se tornariam padrão nas décadas seguintes. O Ocidente, inicialmente despreparado para a chegada de milhares de pessoas que queriam um futuro diferente, logo aperfeiçoaria um sistema para excluir os mais vulneráveis e atrair os mais qualificados, ao mesmo tempo que defendia fronteiras para "proteger nosso modo de vida". E, no entanto, aqueles que procuravam emigrar o faziam porque se sentiam atraídos por esse modo de vida. Longe de representar uma ameaça ao sistema, eles eram seus mais ardentes apoiadores.

Do ponto de vista do nosso Estado, a emigração foi uma bênção de curto prazo e uma maldição de longo prazo. Funcionou como uma válvula de segurança imediata para aliviar a pressão do desemprego. Mas também privou o Estado de seus cidadãos mais jovens, mais capazes e muitas vezes mais instruídos, e separou famílias. Em circunstâncias normais, teria sido mais desejável que a liberdade de locomoção incluísse a liberdade de permanecer no lugar. Mas as circunstâncias não eram normais. Com milhares de fábricas, oficinas e empresas estatais enfrentando fechamentos e cortes, sair era como se despedir voluntariamente quando confrontado com a demissão.

No entanto, nem todos tentaram. E nem todos que tentaram conseguiram. Das pessoas que restaram, muitas tiveram que se perguntar o que era uma vida sem trabalho. Meus pais logo estariam entre elas.

14.
Jogos competitivos

Meu pai perdeu o emprego logo após as primeiras eleições multipartidárias. Certa tarde ele voltou para casa e anunciou que seu escritório fecharia definitivamente em algumas semanas. Formado em engenharia florestal, ele dedicara a primeira metade de sua vida a projetar, plantar e cuidar de novas árvores, especialmente loureiros. Agora o Estado tinha outras prioridades. Não só deixaram de plantar novas árvores: as existentes estavam sendo derrubadas. De um lado, os cortes de energia e as demandas de aquecimento, de outro, o novo cultivo da livre iniciativa individual, significava que a cada noite mais árvores desapareciam das florestas. Poderíamos também chamar isso de roubo, exceto pelo fato de que apropriar-se individualmente de recursos comuns constitui o próprio fundamento da propriedade privada. Privatização de baixo para cima seria uma descrição melhor.

Meu pai anunciou o fechamento de seu escritório no mesmo tom com que no passado havia anunciado outras mudanças administrativas em sua vida profissional, por exemplo, que ele seria transferido de uma aldeia para outra, ou que um novo diretor substituiria o atual. Disse que não precisaria mais fornecer sua biografia, aquela em que explicava a história da família. Ninguém se importava com isso agora. Tudo do que se precisava era um texto em latim, chamado Curriculum Vitae, ou CV, para abreviar.

"Quem vai escrever isso em latim?", perguntei.

"Não precisamos escrever em latim, *brigatista*", respondeu ele. "Apenas a primeira linha. Mas uma versão em inglês seria útil. Pode ser bom para candidaturas no setor privado."

Todos pareciam relaxados com a notícia da demissão. Reagiram como se houvesse dezenas de empregos muito mais desejáveis na fila, como biscoitos caseiros assando no forno, esperando para serem comidos — assim que o currículo fosse enviado.

"Você vai começar na semana que vem?", perguntei, pensando em suas transferências no passado.

"Não!", exclamou minha mãe, como se a mera insinuação insultasse a dignidade de meu pai. "Ninguém dá um emprego com tanta facilidade!"

"Veremos", respondeu meu pai. "Isso é capitalismo. Há competição por emprego. Mas, por enquanto, estou livre!"

Por causa da sensação de confiança que pairou no ar desde o momento em que sua demissão foi anunciada, fiquei confusa, quase alarmada, quando voltei da escola um dia e o encontrei deitado no sofá. Ele havia trocado o pijama pelo agasalho amarelo e verde grande demais que minha mãe havia comprado recentemente para ele no mercado de segunda mão. Ele segurava o controle remoto de nossa pequena televisão Philips com as duas mãos e, com uma expressão de intensa concentração no rosto, o acenava no ar, como se dirigisse a rotação dos planetas em órbita.

"Isso é tão deprimente", disse ele quando me viu, desligando a televisão, sua expressão concentrada revestida agora de tristeza. "É triste demais. Não consigo suportar isso. Não sei bem o que fazer."

"Vai melhorar", respondi vagamente, sem saber de fato o que queria dizer. "Tenho certeza que vai melhorar."

Ele balançou a cabeça. "Estou tentando assistir ao campeonato europeu, mas não consigo", acrescentou. "Isso parte meu coração. A Iugoslávia está prestes a conquistar seu quinto título. No ano passado, eles ganharam a Copa do Mundo."

"Isso é uma boa notícia, não?"

"Esta pode ser a última vez que eles jogam juntos", disse, com uma expressão sombria. "A Eslovênia já declarou a independência. A Croácia em breve desaparecerá. É como ver alguém ganhar um concurso de música com câncer de garganta. É muito triste. Na minha opinião, o basquete está morto."

Minha mãe, tecnicamente, não perdeu o emprego. Ofereceram-lhe aposentadoria antecipada aos quarenta e seis anos, e ela aceitou. Para marcar a ocasião, meu pai, que acabara de receber seu último salário, comprou cervejas Amstel num minimercado recém-inaugurado. Foi uma noite familiar perfeitamente agradável até minha mãe anunciar como planejava se manter ocupada durante a aposentadoria. Declarou que havia se filiado ao partido da oposição. No dia em que foi fundado.

Nini e eu congelamos. Meu pai ergueu os olhos do prato com uma surpresa aturdida, que eu sabia que logo se transformaria numa explosão de raiva total. Era o olhar que ele lançava para minha mãe quando ela tomava decisões importantes sem consultá-lo. O que começava com aqueles olhares desnorteados se transformava em interrogatório inquisitivo, reprimendas, fúria, agressão mútua e, depois disso, silêncio, um silêncio que poderia durar semanas. Como etapa seguinte, havia apenas a ameaça de divórcio.

Já acontecera duas vezes antes. A primeira foi quando minha mãe comprou ilegalmente cinquenta pintinhos de alguém que trabalhava numa fazenda coletiva, para criá-los em nosso quintal e não ter de pegar fila para comprar ovos. Quando informou meu pai, ele ficou lívido. Seríamos presos, disse ele. Nosso quintal era pequeno, e seria impossível esconder cinquenta pintinhos. Minha mãe respondeu que iríamos guardá-los em nosso banheiro e que esperava uma taxa de sobrevivência muito baixa. No máximo, provavelmente só uns dez vingariam. O próprio homem da cooperativa havia dito isso. Mais tarde descobriu-se que tanto ele quanto minha mãe estavam certos. Mas esse detalhe só exacerbou a tensão. Se havia uma coisa que meu pai suportava menos do que o risco de ser preso, era a dor causada pela extinção em massa dos pintinhos. Toda vez que entrava no banheiro e encontrava um deles morto, ele saía com o coração partido e sentia ainda mais amargura em relação à minha mãe. Uma trégua foi obtida somente alguns meses depois, quando a taxa de mortalidade diminuiu e Nini ameaçou ir para uma casa de repouso, a menos que meus pais se reconciliassem.

A segunda vez foi quando minha mãe me encorajou a vender esponjas naturais ao lado das garotas ciganas que vendiam batons e grampos de cabelo na calçada da avenida principal. Em Atenas, Yiorgos nos dera uma sacola extra cheia delas para distribuir aos membros da família e outros parentes — não ficou claro se como presentes ou propaganda de sua fábrica. Minha mãe lembrava que seu próprio avô havia construído a fortuna da família começando com algo muito mais insignificante: cortar lenha na aldeia onde morava e trazê-la para a cidade para vender. Também poderíamos começar nosso próprio negócio, disse ela, mas precisávamos agir rápido. Todos logo tentariam lucrar com maneiras de comprar e vender no mercado livre. Mas achava que seria muito embaraçoso para ela sentar-se ao lado das garotas ciganas; seus alunos poderiam passar e reconhecê-la, e isso minaria sua autoridade na classe. Em vez disso, ela escreveu uma lista de preços e me instruiu a sentar na calçada e gritar: "Adoráveis esponjas naturais gregas! Muitas cores, muitas formas!", que foi o que fiz. No fim da tarde, todo o estoque havia acabado. Não achei que meu pai ficaria tão bravo quando levei para casa todo o dinheiro que ganhei. A princípio, ele pensou que a ideia tinha sido minha. Estava prestes a me mandar para meu quarto para refletir sobre minhas ações quando expliquei que tinha apenas seguido as instruções de minha mãe. Ele então se virou para ela, com os olhos fuzilando de raiva. Gritou que, só porque qualquer um podia sair e vender o que quisesse, isso não significava que se tinha o direito de explorar sua própria filha. De início, minha mãe o ignorou. Em vez disso, ela se virou para mim e perguntou: "Você não queria ir sozinha?". Eu confirmei com um movimento vigoroso da cabeça. Meu pai tremeu de raiva. "Claro que sim!", gritou ele. "Não seria exploração sem consentimento. Seria violência." Minha mãe estava calma. Explicou que eu não era mais criança, que logo faria doze anos e que era muito normal que os adolescentes ocidentais se envolvessem em negócios familiares florescentes. "Mas não temos nenhum negócio de família!", gritou meu pai de volta. "Nem fracassando nem florescendo!" "E você nunca vai ter", murmurou minha mãe de volta.

É provável que meu pai tivesse vetado meu envolvimento no comércio de esponjas mesmo que minha mãe tivesse pedido permissão de antemão. Mas o fato de ela não ter pensado em consultar alguém fortaleceu seu ressentimento. Em geral, a determinação de meu pai em tornar seus pontos de vista conhecidos correspondia à decisão de minha mãe de ignorá--los. Meus pais discutiam o tempo todo. Mas quase sempre o faziam de igual para igual. Quando minha mãe tomava decisões sem perguntar ao meu pai, a simetria se quebrava e meu pai se sentia magoado. Meus pais haviam construído sua relação em cima de provocações e, com o passar dos anos, a fronteira entre as conversas lúdicas e amargas tornou-se cada vez mais indistinta. O casamento deles era como uma cordilheira rochosa; alpinistas experientes, sabiam subir os picos perigosos e recuar dos abismos em que muitos outros haviam caído. Mas havia momentos em que eu temia que eles também caíssem. A terceira vez foi quando minha mãe anunciou sua decisão de entrar para a política.

Meu pai sabia que nunca seria como muitos de seus amigos, aqueles cujas esposas precisavam da aprovação do marido antes mesmo de passar batom. Minha mãe nunca usou batom, e sua vontade era feita de bronze de canhão. Toda vez que seu desejo de ser consultado encontrava a teimosia de minha mãe, ele enfrentava um dilema. Poderia fingir que exercia controle sobre as ações dela, reagindo como seria de esperar, com indignação. Ou poderia admitir a derrota e agir como se isso na verdade não importasse. Só que ele a amava demais para que isso não importasse. Ele não podia deixar passar sem uma luta. Nunca se tornou violento com ela: canalizava sua raiva quebrando louças. Mas quando seu corpo inteiro tremia de ira e sua voz tremia de raiva, mal se podia ter certeza de que as únicas baixas seriam pires e pratos.

Quando minha mãe anunciou que entrara para o movimento de oposição, presumi que a cena se desenrolaria como sempre. Eu estava errada. Meu pai lançou para minha mãe o olhar desnorteado que eu conhecia. Mas depois ficou pálido. Não se levantou. Não avançou em direção a ela, nem apontou com o dedo de modo ameaçador. Não gritou. Continuou a olhar para ela incrédulo, com uma careta congelada em seu rosto, o corpo paralisado na cadeira.

Minha mãe notou. Ela deve ter se sentido de algum modo arrependida. E também reagiu de forma diferente. Não lançou um olhar que o ignorava, como costumava fazer, para indicar que as ameaças de meu pai não significavam nada para ela. Sentiu-se obrigada a explicar. Disse que tudo ainda era controlado por espiões. Havia ex-comunistas em todos os lugares, tanto no governo como na oposição. Pessoas com biografias como a deles tinham de se envolver. Alguém tinha de tomar coragem. Caso contrário, as coisas nunca mudariam. Seríamos sempre representados pelas mesmas pessoas. Tínhamos de resolver o problema com nossas próprias mãos, representarmos a nós mesmos. Talvez tivesse sido melhor pedir conselhos, para tomar uma decisão coletiva. Ela sabia que meu pai poderia ser cético; sua posição política não era a mesma que a dela. Mas ela tinha de fazer aquilo. Agora que ele não tinha mais emprego, eles também precisavam de conexões, procurar oportunidades no futuro. Ela parecia ter pensado nisso.

Meu pai ouviu em silêncio. Manteve sua raiva trancada dentro de si. Quando pensei sobre esse episódio mais tarde, me dei conta de que talvez ele se importasse mais em perder o emprego do que deixava transparecer. Talvez, em sua mente, houvesse uma diferença significativa entre ser despedido e ser aposentado mais cedo. Talvez, agora que dependia das pensões de duas mulheres, se sentisse menos homem. Ele não podia mais fazer o que os outros homens faziam: gritar, ameaçar, tremer de raiva e jogar louça na parede. Ou talvez tudo ao seu redor tivesse mudado tanto que todas as respostas usuais pareciam inapropriadas, como se pertencessem a uma época diferente, ou só pudessem vir de uma pessoa diferente, uma versão mais antiga de si mesmo que ele não reconhecia mais. Sem todas as coordenadas familiares, havia perdido a orientação. Ele não tinha explicação para o seu dilema. E também não tinha soluções. Tudo o que restava era assentir em silêncio com a cabeça, igual ao gesto que geralmente reservava para seus chefes no trabalho.

Minha mãe não parou de trabalhar quando se aposentou. Ela entrou em um dos períodos mais movimentados de sua vida. Pouco depois de ingressar no Partido Democrático, tornou-se uma das líderes da associação nacional de mulheres. Participou de reuniões do partido, selecionou candidatos para eleições, organizou comícios, dirigiu campanhas de reforma, ingressou em comitês nacionais, conheceu delegações estrangeiras. O tempo que lhe restava passava nos arquivos e no tribunal, buscando a restituição dos bens da família que haviam sido confiscados no passado.

"Você deveria ficar um pouco mais em casa, cuidar das crianças", disse Nini a ela. "Estou bem", eu costumava responder, encantada que a verificação trimestral de matemática havia saído da agenda de minha mãe. "Mami, você deveria tirar uma carteira de motorista", sugeri como alternativa.

"Não precisamos de carteira de motorista", interveio meu pai, preocupado que, se não se opusesse à perspectiva imediatamente, seu desemprego poderia promovê-lo a motorista da família. "Não é bom para o meio ambiente."

Esse tema geralmente levava a outra discussão. Minha mãe dizia: "Todo mundo está comprando um carro. É uma necessidade. Tchernóbil foi muito pior para o meio ambiente!". "O que Tchernóbil tem a ver com o carro?", meu pai respondia. Minha mãe continuava, aparentemente imperturbável: "A fábrica metalúrgica que os chineses construíram para nós, que bem isso fez ao meio ambiente? Nosso problema não é o meio ambiente, é que não temos economias suficientes para comprar um carro!". "Dois erros não fazem um acerto", meu pai apontava.

Essas discussões aparentemente inocentes sobre se deveríamos ou não comprar um carro costumavam levar a vastas disputas históricas mundiais: dos danos ao meio ambiente causados pela Revolução Industrial aos avanços no conhecimento possibilitados pela corrida espacial; do eurocomunismo às responsabilidades da China; de quem tinha o direito de poluir a quem vendia armas para onde; da Guerra do Golfo à dissolução da ex-Iugoslávia. "Não tem lógica! Simplesmente não tem lógica!", respondia meu pai à minha mãe quando não sabia mais o que dizer. Ela raramente mudava de ideia. "É isso que você diz para a sua multidão nos comícios?", perguntava ele, desistindo por fim. "É assim que você prepara seus discursos?"

Minha mãe nunca preparava seus discursos. Ela fazia centenas deles. Quando eu estava entrando na adolescência, era mais provável que eu a encontrasse na plataforma de um comício político esperando sua vez de falar do que em casa para jantar. Ela ficava ereta, no alto do palco, e falava para dezenas de milhares de pessoas, fazendo pausas com frequência e modulando sua voz, conforme as circunstâncias ditavam, às vezes forçando a plateia a um silêncio aterrorizante, às vezes incitando a multidão a aplaudir freneticamente. Sempre falava sem anotações. Fazia seus discursos como se os tivesse escrito em sua cabeça há muitos anos, como se tivesse ensaiado todos os dias de sua vida as frases que mais tarde pronunciaria. Mas suas palavras não soavam como se tivessem migrado do passado. Eram novas, embora parecessem um pouco estranhas: iniciativa individual, transição, liberalização, terapia de choque, sacrifício, propriedade, contrato, democracia ocidental. Exceto pela palavra *liberdade*: essa era velha. Mas ela a pronunciava de modo diferente, sempre com um ponto de exclamação no final. Então soava nova.

Quando minha mãe não estava em reuniões políticas, estava vasculhando os arquivos da cidade para encontrar as propriedades de sua família, muitas vezes consultando mapas e divisões de fronteiras, ou estava no tribunal, tentando recuperar títulos de propriedade, liderando a luta de seus irmãos para recuperar os milhares de quilômetros quadrados de terra, centenas de apartamentos e dezenas de fábricas que haviam pertencido a seu avô, um lenhador que se tornara milionário pouco antes do fim da guerra. Meu pai e minha avó nunca se interessaram por isso, em parte porque não achavam que as propriedades pudessem ser recuperadas, e em parte porque duvidavam que devessem sê-lo.

"Que perda de tempo", comentava de vez em quando minha avó, balançando a cabeça. Muitas vezes era ambíguo se ela queria dizer que a política era uma perda de tempo, ou a busca pelas famosas propriedades de minha mãe, ou ambos. "Deve-se deixar o passado para trás", disse certa vez a um jornalista estrangeiro que veio entrevistá-la sobre ter sido dissidente no passado e perguntou sobre suas próprias propriedades familiares. "Todo mundo é dissidente agora. A terra na Grécia? É só lama."

Minha mãe, por outro lado, jamais desistia. Não era apenas a necessidade de encontrar fontes de renda, mas uma questão de princípio. As duas coisas estavam de algum modo conectadas. Para ela, o mundo era um lugar onde a luta natural pela sobrevivência só poderia ser resolvida pela regulamentação da propriedade privada. Ela acreditava que todos lutavam naturalmente, homens e mulheres, jovens e velhos, gerações atuais e futuras. Ao contrário de meu pai, que pensava que as pessoas eram naturalmente boas, ela achava que eram naturalmente más. Não havia sentido em tentar torná-las boas; bastava canalizar esse mal de modo a limitar o dano. Por isso, estava convencida de que o socialismo nunca poderia funcionar, mesmo nas melhores circunstâncias. Era contra a natureza humana. As pessoas precisavam saber o que lhes pertencia e poder fazer com isso o que quisessem. Então cuidariam de seus bens e não precisariam mais lutar; seria uma competição saudável. Ela acreditava que, se ao menos alguém pudesse descobrir a verdade sobre quem foi o primeiro dono de qualquer coisa, todas as interações que se seguissem poderiam ser reguladas para que não apenas nossa família, mas também todos os outros tivessem a oportunidade de se tornar tão ricos quanto seus ancestrais haviam sido uma vez.

Era como retomar um torneio de xadrez que havia sido interrompido no meio, dizia ela. Todos os jogadores tinham começado em posições iguais e alguns tinham acumulado vantagem. Então foram forçados a jogar um jogo diferente. Isso era o socialismo. Quando a Guerra Fria chegasse ao fim, os jogos poderiam recomeçar. Mas os antigos jogadores haviam morrido e, em seu lugar, apenas seus sucessores designados poderiam retornar ao tabuleiro. Seria injusto, pensava minha mãe, começar um jogo diferente. Tudo o que os novos jogadores tinham que fazer era retraçar os movimentos de seus ancestrais, manter as mesmas peças, jogar pelas mesmas regras.

Para ela, encontrar a verdade sobre a propriedade da família era tanto uma questão de corrigir a injustiça histórica quanto de regular os direitos de propriedade. O único propósito do Estado, tal como ela o via, era facilitar essas transações e proteger os contratos necessários para garantir que todos pudessem ficar com o que haviam ganhado. Qualquer outra coisa, qualquer coisa que fosse além disso, incentivava o crescimento de parasitas que desperdiçavam dinheiro e recursos. Era socialismo com outro nome. O Estado era como um diretor de torneio de xadrez, que fazia cumprir as regras e checava o relógio de vez em quando. Mas ele nunca poderia começar a dar dicas aos jogadores, ou mudar seus movimentos, ou devolver peças ao tabuleiro, ou trazer um jogador que havia sido desclassificado. Isso seria uma perversão de seu papel. No fim, haveria vencedores e perdedores. E daí? Todo mundo sabia disso; todos concordavam com as regras. Era da natureza do jogo. Afinal, era uma competição, ainda que saudável.

15.
Eu sempre carregava uma faca

Um dia, no fim do verão de 1992, um grupo de francesas de uma organização parceira da que era liderada por minha mãe anunciou que visitaria nossa casa. Nós nos preparamos para a visita delas como se fosse véspera de Ano-Novo. Repintamos as paredes, tiramos as cortinas para lavar, colocamos nossos colchões para arejar, esfregamos o interior dos armários e tiramos a poeira de todos os livros da estante. Nas poucas horas que antecederam a chegada das francesas, a casa transformou--se no campo de batalha de uma unidade militar disciplinada e altamente organizada, armada com escovas, trapos, esponjas, vasilhas, baldes, esfregões e toda a artilharia doméstica necessária à operação. Como um general, minha mãe dava ordens altas e afiadas ao meu pai enquanto ela mesma corria incansavelmente, virava mesas e cadeiras de cabeça para baixo, monitorava o que não fora feito, revelava áreas de sujeira despercebidas nas rodadas anteriores de limpeza. Depois que a casa estava brilhando, ela capturou meu irmão e a mim na fatal meia hora anterior à chegada de nossas visitantes e nos levou ao banheiro para sermos lavados. Ela não teve tempo de verificar a temperatura da água que derramou em nós e esfregou nossos rostos com o mesmo fervor com que havia limpado o chão. Quando isso também estava feito, ela foi se aprontar.

Minha mãe consultou minha avó sobre o código de vestimenta mais adequado para receber representantes de uma organização comprometida com a causa das mulheres. Nini aconselhou uma roupa de peça única, e minha mãe escolheu uma que havia encontrado recentemente no mercado de segunda mão, uma seleção em parte inspirada em todas as mulheres que ela vira nos anúncios de sabonetes os quais associava à emancipação feminina ocidental, e em parte porque estava escrito "Gloria" nas costas. (Para ela, isso denotava uma marca de moda de luxo.) Era uma peça de seda vermelha escura que ia até a altura do joelho, adornada com renda preta na parte inferior, fitas nas mangas e um decote em V. Na época, era comum que peças ocidentais de roupas de dormir que entravam no mercado local de segunda mão fossem confundidas com roupas comuns e usadas durante o dia. No mesmo período, várias de minhas professoras iam para a aula vestindo camisolas ou roupões. Minha mãe não tinha feito isso antes, não porque soubesse a diferença, mas geralmente porque não era atraída por coisas com babados. Ela usava calças, desprezava maquiagem e penteava o cabelo sem usar espelho. As únicas fitas e laços que ela conhecia eram os que ela e Nini me infligiam — como uma afirmação pública de que cinquenta anos de ditadura do proletariado não foram capazes de esmagar a vontade delas de me criar como a versão balcânica da infanta Margarita Theresa do quadro de Velázquez.

As cinco visitantes apareceram vestidas com tailleurs escuros profissionais — como uma delegação maoista, comentou meu pai na cozinha. Sentamos ao redor delas na sala de estar e servimos café, *raki* e manjar turco. Nossas visitantes não piscaram para a camisola de minha mãe; devem ter presumido que era uma expressão de nossa cultura ou de nossa liberdade recém-adquirida. "Ficamos muito impressionadas com a reação ao seu discurso na reunião outro dia", disse uma delas, chamada Madame Dessous, para minha mãe. "Foi maravilhoso ouvir aplausos tão longos da plateia. Obviamente, não conseguimos entender albanês", acrescentou ela com um sorriso de desculpas. "Nós estaríamos muito interessadas em ouvir o que você disse sobre a liberdade das mulheres."

Minha avó, que ajudava com o francês, traduziu as palavras de Madame Dessous. Minha mãe parecia alarmada, como alguém que está fazendo uma prova e de repente percebe que se preparou para as perguntas erradas. "De que discurso ela está falando?", murmurou para minha avó em albanês. "Eu nunca disse nada sobre as mulheres." Então, lentamente recuperando o controle, ela se virou para as visitantes e declarou confiante: "Acho que todos deveriam ser livres, não apenas as mulheres."

"Doli acredita que esta é uma questão muito complexa", traduziu Nini.

As visitantes assentiram com a cabeça. "Ah, isso é certo", concordou Madame Dessous sem reservas. "Sabemos que, no socialismo, havia muita retórica sobre a igualdade das mulheres", continuou ela. "Mas qual era a realidade? As mulheres albanesas sofriam *assédio*?"

Houve um breve silêncio durante o qual minha avó hesitou novamente ao traduzir. A palavra ficou na minha cabeça, mas eu não entendi muito bem o seu significado na época. Lembro-me do olhar perplexo no rosto de minha mãe, quando ela parou de mexer o açúcar no café e olhou para a interlocutora, ponderando os efeitos do que ela estava prestes a dizer. Havia algo de cômico, além de angustiante, no nítido contraste entre a sensualidade lúdica do vestido que usava e a gravidade da pose que assumiu. Ela pousou a xícara de café na mesa, mas depois, sentindo-se nervosa, estendeu a mão para pegar um pedaço de manjar turco e enfiou na boca. "Claro", respondeu ela, enquanto ainda mastigava. Então limpou a garganta. "Eu sempre carregava uma faca."

Madame Dessous ficou perplexa. Ela recuou no sofá, como se quisesse aumentar o espaço entre minha mãe e ela. O restante das mulheres trocou olhares desconfortáveis. "Apenas uma faca de cozinha", minha mãe apressou-se a acrescentar, percebendo a reação que sua confissão havia provocado, e resolveu explicar. "Nada extravagante." Como as visitantes pareciam encolher-se ainda mais, ela começou a falar. Suas palavras saíram rápidas e sem pausas, como pequenas pedras rolando por uma colina íngreme.

"Eu era jovem, não tinha mais de vinte e cinco anos. Precisava ir diariamente para uma escola remota numa vila do Norte. Precisava contar com caronas de caminhoneiros para voltar de lá. No inverno, escurece cedo. Não dava para pegar carona sem uma faca. Usei apenas uma vez. Não para matar nem nada." Então ela sorriu para si, como se algum detalhe hilário tivesse surgido inesperadamente de um canto negligenciado de sua mente. "Só uma pequena cócega na mão dele. Sabe, ele a apoiou na minha coxa. Foi desconfortável."

Minha avó traduziu palavra por palavra. Minha mãe respirou fundo de alívio, evidentemente satisfeita com sua própria explicação, sobretudo com a leveza com que conseguira resumir o que deve ter sido um episódio traumático. Mas suas palavras não conseguiram alcançar o efeito pretendido. As visitantes continuavam imóveis. Minha mãe olhou para meu pai como se pedisse ajuda. Ele permanecera em silêncio até aquele momento, mas claramente já conhecia a história, e reagiu como se cada frase lhe desse novos motivos para se orgulhar. Seus olhos se encontraram, e ele deu a ela um sorriso cúmplice, como se ele mesmo lhe tivesse entregado a faca. Então ele se virou para as visitantes, confiante em sua capacidade de conseguir o que minha mãe não conseguira: "Esta mulher tem brios!", disse ele. "Ela é especial. Sirvam-se de um pouco de *raki*. Foi a própria Doli que fez."

Essa intervenção também não ajudou. As mulheres pegaram os copos e fizeram um tímido ruído de aprovação enquanto levavam a bebida à boca, mas cuidadosamente evitaram engolir. Assaltada por novas dúvidas e sentindo que havia chegado ao limite de sua capacidade de elaborar, minha mãe esticou o braço e pegou outro pedaço de manjar turco. No meio do gesto, ela mudou de ideia, devolveu o doce ao recipiente e decidiu tentar uma estratégia diferente.

"Na terra da liberdade", começou ela, como se estivesse prestes a fazer um de seus discursos, "nos Estados Unidos da América, as pessoas podem portar armas. Isso, obviamente, torna mais fácil se defender. Na Albânia, nossas opções eram limitadas. O socialismo não autorizou o uso pessoal de armas de fogo. Sabíamos, é claro, como usá-las; recebemos treinamento militar obrigatório na escola desde os dezesseis anos. Mas não tínhamos controle sobre essas armas. Ao contrário do povo americano, não éramos livres para usá-las quando quiséssemos."

Em geral, se minha mãe pudesse ter treinado as mulheres de sua organização para se protegerem do assédio usando facas, ela o teria feito. Na falta disso, limitou seu papel de liderança a coordenar a assistência aos pedidos de visto de mães que queriam visitar seus filhos emigrantes. Ela reunia nomes, fazia listas, levantava fundos para aquelas que precisavam de ajuda financeira, ajudava-as a preencher os formulários e marcava idas às embaixadas pertinentes. Oficialmente, as viagens eram para visitar associações parceiras em várias capitais da Europa: Atenas, Roma, Viena, Paris. Na realidade, as delegadas se dispersaram por diferentes cidades assim que cruzavam a fronteira. Apenas ela e mais uma ou duas colegas compareciam às reuniões planejadas; as outras iam passar um tempo com seus filhos e netos, e ficavam com eles por toda a duração da viagem. No último dia, elas se reuniam para visitar barracas de comida e explorar shopping centers. Não para comprar alguma coisa, pois mesmo as coisas mais baratas eram proibitivamente caras. Era apenas, como elas diziam, "para dar uma olhadinha".

Minha mãe estava ciente do custo de revelar o real propósito das viagens. Ela dominara rapidamente as fórmulas que precisava repetir para passar pelas entrevistas de visto: efetuar transferência de conhecimento, desenvolver sinergias de equipe, trabalhar em habilidades de treinamento, elaborar declarações de visão, entender o planejamento estratégico e assim por diante. Certa vez, ela relatou que, no decorrer de uma entrevista, um diplomata perguntou se a organização de mulheres que ela dirigia também estaria envolvida em campanhas feministas. "Perguntei o que significava 'feminismo'", contou ela. "Não entendi do que ele estava falando." Ele respondeu algo sobre cotas e ações afirmativas. Ela lhe garantiu que era exatamente por isso que aquelas visitas ao Ocidente eram inestimáveis: sua organização já havia finalizado seus pontos de ação e esperava aprender mais por meio da troca de conhecimento com parceiros mais experientes. "Cotas! Igualdade!", bufou ela quando chegou em casa naquele dia. "Eu tive de dizer sim para tudo. Era a única maneira de conseguirmos os vistos. Aposto que a esposa dele contratou uma faxineira para fazer suas tarefas. Aposto que ela reclama dos direitos das mulheres quando sai para correr."

Quando minha mãe contava como eram as entrevistas para o visto, grandes manchas vermelhas se formavam em suas bochechas e no pescoço. "Ação afirmativa!", gritava ela. "Feminismo! E as mães e seus filhos? Minhas mulheres não veem seus filhos há anos. Sanie, que está na lista para ir a Roma, não tem ideia de como sua filha vive. Tudo o que ela tem é um nome de rua, rabiscado num pedaço de papel. Ela me disse que fica acordada à noite, preocupada. Você acha que ela se preocupa com cotas? Se eu dissesse isso para a embaixada, eles me poriam no olho da rua. Diriam que ela não pode receber um visto. Ela está desempregada e não há garantia de que voltará. Eles nem devolveriam o dinheiro do visto. Eu gostaria de ver alguma *afirmação* disso. Mas não, deixar essas mães verem seus filhos, não é isso o que eles querem. Trata-se de nos ensinar representatividade ou participação ou alguma outra fantasia assim. Claro. Isso não lhes custa nada."

Então ela se virou para meu pai abruptamente. "Como você se sentiria com relação à ação afirmativa?"

Ele deu de ombros. "Bom", ele respondeu. "Acho que depende de como é feito e por quem; pode ser uma desculpa também e pode estigmatizar as pessoas negras." Ele tentou elaborar com referência à única autoridade que reconhecia quando se tratava de direitos civis. "Recentemente assisti a uma entrevista com Muhammad Ali..."

Minha mãe o interrompeu. "Estou falando de mulheres, não de pessoas negras. Você ouviu o que eu disse? Essas mulheres ocidentais, você sabe, elas não podem ser multitarefas, elas são tão perdedoras. Se têm de estudar e trabalhar, ou trabalhar e cuidar de crianças, ou cuidar de crianças e cozinhar, não conseguem. E supõem que todas aqui são como elas, e de alguma maneira isso deveria ser problema do Estado. Para que outra perdedora possa criar uma lista boba de critérios de como dar uma chance às mulheres."

"O que é ação afirmativa?", perguntei.

Minha mãe começou a explicar, mas seus nervos levaram a melhor. "Imagine que alguém melhore suas notas na escola só porque você é uma menina", ela começou. "Como você se sentiria com relação a isso? Você se sentiria insultada, certo?" A cada pergunta, sua voz ficava mais alta. Tentei dizer alguma coisa, mas ela mesma respondia. "Não haveria diferença entre você, que trabalhou duro para tirar as melhores notas, e suas amigas, cujas notas só aumentaram porque se parecem com você, porque também são meninas. O que você acha disso?"

Tentei imaginar como me sentiria. Mas minha mãe não estava interessada em minhas opiniões. Suas perguntas eram retóricas. Ela simplesmente queria desabafar. "Imagine se isso se aplicasse a tudo o que você fizesse", disse ela. "Como você saberia qual é a diferença entre alguém que obteve as melhores notas por mérito e alguém que não obteve? O que você faria se as pessoas sempre presumissem que você chegou aonde está com uma pequena ajuda de seus amigos?"

Minha mãe desprezava ações afirmativas e cotas de gênero tanto quanto sentia pena daqueles que as defendiam. Se alguém se atrevesse a insinuar que tudo o que ela havia conquistado se devia ao fato de ser mulher e não porque merecia, sua faca de cozinha teria saído para fazer cócegas. Nas reuniões que tinha com mulheres de organizações parceiras, muitas vezes ela enfatizava que havia apenas uma coisa para se orgulhar ao avaliar o legado do passado comunista. Era de que o Partido impusera uma rigorosa igualdade entre os gêneros sem fazer qualquer concessão; o fato de que se esperava que todos, homens e mulheres, trabalhassem, e que não apenas todos os empregos eram acessíveis a ambos os grupos, como ambos eram ativamente encorajados a assumi-los. Até as restrições de vestuário eram distribuídas igualmente. Durante a Revolução Cultural, quando fomos inspirados por nossos aliados chineses, um trench coat ocidental lhe teria causado problemas, independentemente de seu gênero.

Ela estava certa, mas apenas em parte. No passado, esperava-se que todas as mulheres trabalhassem. Esperava-se que trabalhassem em todos os lugares. As mães de todas as minhas amigas trabalhavam. Nenhuma ficava em casa. Levantavam-se de madrugada para limpar as casas e preparar os filhos para a escola, depois dirigiam trens, cavavam carvão, consertavam cabos elétricos, lecionavam em escolas ou cuidavam de hospitais. Algumas viajavam longas horas para chegar aos escritórios, fazendas ou fábricas em que trabalhavam. Voltavam para casa tarde e exaustas. E ainda tinham de preparar o jantar, ajudar as crianças a fazer a lição de casa e lavar a louça. Precisavam cozinhar à noite, preparando as refeições para o dia seguinte. Durante a noite, tinham de amamentar seus bebês ou fazer amor com seus maridos. Ou ambos.

Em casa, os homens descansavam. Liam jornal e assistiam à televisão, ou saíam para ver seus amigos. Muitos esperavam que suas camisas fossem passadas e faziam piadas sarcásticas se o café fosse servido um pouco menos do que fumegante. Se a esposa também saía de casa para ver suas amigas, o marido tinha o direito de saber o motivo. Às vezes, achava as razões dadas pouco convincentes ou desaprovava o objetivo das visitas. Dava ordens para que a esposa ficasse dentro de casa ou parasse de encontrar esta ou aquela amiga. E sempre fazia isso por amor, conforme dizia. Na cabeça deles, amar as mulheres e controlá-las era praticamente indistinguível. Eles aprenderam com seus pais, que aprenderam isso com seus pais, que aprenderam com os pais deles. E tal como aprenderam, passavam para os filhos.

Algumas esposas relutavam em seguir as instruções. Às vezes, a fronteira entre exercer o controle e perdê-lo podia tornar-se porosa, como aquela entre amor e controle. Então, podia acontecer uma cena, que resultava num pulso quebrado ou um nariz sangrando, enquanto as crianças de nariz ranhento assistiam de um esconderijo secreto, e depois relatavam tudo com detalhes minuciosos para seus amigos de escola no dia seguinte. A notícia chegava aos professores e às vezes o Partido se envolvia. Quando a situação piorava, havia uma reunião no local de trabalho ou no conselho de bairro. Os camaradas se manifestavam para condenar as aparências de um ato cuja essência era atribuída às limitações da natureza humana, ou às normas da comunidade, ou ao legado da religião. O socialismo conseguira arrancar o véu da cabeça das mulheres, mas não da mente de seus homens. Conseguira arrebentar as correntes que carregavam cruzes no peito das esposas, mas essas correntes ainda prendiam o cérebro dos maridos. Havia pouco a fazer além de esperar que os tempos mudassem ou, como minha mãe via, defender-se.

Meu pai queria ser diferente, assim como o pai dele tentara ser. Na prisão, meu avô traduzira a *Declaração dos Direitos da Mulher e da Cidadã* de Olympe de Gouges, depois mostrou o texto albanês a Haki, que o obrigou a comê-lo. Quanto ao meu bisavô, o primeiro-ministro, sua contribuição oficial para a causa das mulheres albanesas foi uma lei para legalizar o trabalho sexual, algo que o Partido revogou logo após o fim da guerra. Não sabemos sobre seu cérebro. Foi explodido por uma bomba e, de qualquer modo, não tínhamos permissão para pensar nele. Ainda assim, a história de minha família sugeria que, por várias gerações, os homens, pelo menos em teoria, reconheciam a existência das mulheres como entidades não inteiramente redutíveis às suas próprias vidas.

Era uma questão bem diferente o modo como isso se traduzia em coisas mais mundanas, como quem cozinhava e limpava, e quem estava encarregado de lavar a louça. A relação de meu pai com as tarefas domésticas era como a de uma criança com repolhos. Sabia que eram bons para ele, mas, no fim, o deixavam doente. A seu favor, ele só invocava sua asma como desculpa, nunca seus cromossomos. Para aliviar minha mãe, muitas vezes pedia ajuda à própria mãe. Mas minha avó estava ressentida à sua maneira; não porque achasse que as tarefas não deveriam ser deixadas para as mulheres, mas porque ela sempre as viu executadas por empregadas. No fim das contas, meu pai e minha avó dependiam de minha mãe para fazer o trabalho físico pesado. Eles estavam encarregados da educação.

Nunca ocorreu à minha mãe que as coisas poderiam ter sido diferentes para ela. Quando via um problema, pensava apenas em como poderia resolvê-lo sozinha, não se poderia apelar aos outros. O carisma que possuía e a autoridade que impunha a tornavam independente das outras pessoas, às vezes até demais. A única arma que ela podia oferecer a outras mulheres era sua própria força. A única defesa que ela me transmitiu foi seu exemplo. Cresci vendo como as pessoas a respeitavam, como se se sentissem intimidadas por ela — não só os alunos de sua classe, as crianças do nosso bairro e nós, seus próprios filhos, mas também alguns adultos, inclusive homens. Eu me perguntava de onde vinha o poder dela, e pensava que talvez instilasse medo nos outros porque ela mesma nunca teve medo de nada. Mas quando tentei ser como ela e procurei controlar meus medos, até mesmo dominá-los, tive dificuldades. Percebi que ela era um modelo impossível de seguir. Minha mãe não lutava e vencia seus medos. Antes de tudo, ela nunca soube o que era o medo.

O mesmo acontecia com todas as mulheres que ela procurava ajudar. Se os homens eram intimidados por minha mãe, as mulheres dificilmente poderiam considerá-la igual. Ela nunca admitiria uma fraqueza compartilhada, a necessidade de ajuda, o pedido de socorro. O apoio que ela oferecia vinha sempre na forma de caridade, nunca de solidariedade. Para ela, os dilemas morais, a dependência de outras pessoas e a busca com elas por uma causa comum eram distrações, obstáculos inúteis para a realização de seus próprios objetivos. Era por isso que achava difícil consultar alguém. Ela não confiava em ninguém além de si mesma.

Sobretudo, desconfiava do Estado. Era alérgica a discussões abstratas sobre igualdade ou sobre o papel das instituições na promoção da justiça. Ficar imaginando se algo deveria ser dessa ou daquela maneira era o lugar errado para começar. Nunca se deve indagar o que o Estado pode fazer por você, pensava ela, somente o que você pode fazer para reduzir sua dependência do Estado. Ela suspeitava que todas as discussões em torno de ações afirmativas e cotas para mulheres fossem distrações que davam mais poder de arbítrio às instituições burocráticas e mais oportunidades para que indivíduos parasitas fossem corrompidos. Ela nunca viu o Estado como uma ponte para o progresso. Nunca acreditou no poder dos coletivos.

Só muitos anos depois é que algo novo me ocorreu: quão solitária ela deve ter se sentido. O que também me ocorreu na mesma época foi que talvez ela não se destacasse, talvez houvesse centenas, até milhares, de outras mulheres como ela. Teriam conduzido suas vidas sem saber da existência umas das outras, contentes com sua autossuficiência, ressentidas com a falta de coragem, de aspiração ou resolução de lutar das outras. Foi pelo fracasso das instituições ou pela falta de imaginação que minha mãe viveu toda sua vida num estado socialista convencida de que só se pode lutar contra os outros, nunca ao lado deles. Eu teria oferecido minha solidariedade, se não achasse que ela se sentiria insultada.

16.
É tudo parte da sociedade civil

Certa tarde de outubro de 1993, voltei da escola para casa e encontrei minha avó na porta, com uma expressão preocupada. Ela me seguiu em silêncio pela casa e esperou que eu largasse mochila e livros, trocasse de roupa e comesse as almôndegas que ela havia aquecido. Então apontou para o sofá da sala, fez um gesto para que eu me sentasse e tomou seu lugar habitual na poltrona em frente. Por fim, fez uma pergunta que soou tão absurda quanto inesperada.

"Onde você aprendeu o que são preservativos?"

"Onde o quê?", respondi, com tanta rapidez que minha avó tomou a velocidade da resposta como prova de que eu estava negando a verdade que ela procurava. "Eu não tenho ideia do que são preservativos."

"Você sabe", ela insistiu. "Seu pai topou com Kasem na rua. Ele o advertiu sobre você. O filho dele estava presente quando você disse que as pessoas deveriam usar preservativos. Parece que havia uns vinte meninos na sala, todos muito mais velhos que você. Até eles ficaram constrangidos ao ouvir uma jovem de boa família falar assim na escola. *Ton père est en colère.* Realmente muito zangado."

"Ah, você quer dizer a tradução francesa?" Quando eu a ouvi falar francês, finalmente me dei conta do que ela estava falando. "Eu não disse isso para ninguém em particular, estava apenas traduzindo o final de um filme francês."

Isso piorou as coisas.

"Por que você estava traduzindo um filme sobre preservativos na escola?", perguntou ela, continuando o interrogatório.

"A Mula me pediu", respondi. "Só procurei *préservatif* no dicionário. Não tenho ideia do que isso significa."

"Mula" era o apelido da ex-professora de marxismo da escola de ensino médio que eu começara a frequentar. Quando ela andava, parecia trotar. Ela ofegava e carregava uma mochila pesada nos ombros, como se carregasse um ser humano que estava prestes a derrubar. Meus pais suspeitavam que ela havia sido uma agente da Sigurimi no passado. Sempre que a viam na rua, cruzavam para o lado oposto. A Mula havia recentemente entrado para a sociedade civil. Complementava seu escasso salário escolar ajudando algumas ONGs estrangeiras que abriram agências em nossa cidade e recrutavam alunos dela para ajudar na organização de eventos. A transição de quando ela organizava noites para os grupos de jovens comunistas e fazia shows para comemorar o aniversário de Enver Hoxha havia sido perfeita. Meu pai brincou que algumas habilidades eram eminentemente transferíveis.

"Por que a Mula quer que você traduza um filme sobre preservativos quando você nem sabe o que são preservativos?" A raiva de Nini foi se dissipando lentamente, substituída por perplexidade.

"Ela não me pediu para traduzir o filme, apenas o final", expliquei. "É sobre uma jovem que morre de aids, uma doença contagiosa e que pode matar. No final do filme, ela conta sua história. Tenho que transmitir para a plateia o que ela diz. Tenho que ficar na frente de todos e declarar: 'Por favor, usem preservativo'. Isso é o que aquela mulher diz. Não mostramos o filme inteiro, apenas um pedaço; é muito eficiente, a mulher tem lágrimas nos olhos e todos se emocionam com a cena. A Mula é agora chefe de uma nova ONG chamada Action Plus, e sua missão é conscientizar sobre a aids, e realizamos eventos à tarde na escola a cada dois meses, e no último evento mostramos o final desse filme francês que faz parte da campanha de conscientização, e pediram que pessoas diferentes fizessem coisas diferentes — Besa foi convidada a ler o poema "If" de Rudyard Kipling, e outro grupo foi convidado a interpretar "I Want to Break Free", que foi cantada por Freddie Mercury, que morreu de aids, e me pediram para traduzir o final desse filme porque a Mula o achou muito comovente, embora ela não o entendesse, e só eu sabia falar francês, e alguns americanos que ajudam a financiar a Action Plus foram assistir ao evento, e depois eles aplaudiram e disseram que nossa campanha de conscientização era *fantasticamente inspiradora*."

Quando terminei minha explicação, estava sem fôlego. Embora tivesse conseguido convencer minha avó de minha inocência, comecei a suspeitar que havia algo de sujo na Action Plus.

Minha avó não disse nada. Saiu de sua poltrona para se sentar ao meu lado no sofá e me deu minha primeira lição sobre educação sexual. Ela explicou o que era um preservativo e por que era necessário. De minha parte, contei a ela sobre o HIV e, juntas, descobrimos como a aids, da qual ela nunca tinha ouvido falar, era transmitida. Eu também contei a ela sobre todas as pessoas famosas que morreram de aids, como Rudolf Nureyev, que ela conhecia porque havia desertado da União Soviética para o Ocidente em 1961, e Anthony Perkins, que ela não conhecia, mas imediatamente se lembrou quando eu lhe disse que ele havia interpretado Norman Bates em *Psicose*.

"Terrível", disse ela, balançando a cabeça, incrédula. "Realmente terrível. Nunca tinha ouvido falar disso. Mas quem sabe, pode chegar aqui em breve." Ela prometeu convencer meu pai de que a Action Plus era uma organização não apenas inofensiva, mas positivamente necessária, e que não havia motivo para censurar meu envolvimento com as atividades da Mula. Ela explicaria que, embora não houvesse casos de aids em um país onde as mulheres bem-educadas dificilmente teriam relações sexuais antes do casamento, tudo isso poderia acontecer em breve. Tal como acontecia com as drogas e outras perversões ocidentais, era seguro presumir que a aids acabaria nos atingindo e que as medidas preventivas eram, portanto, não apenas apropriadas, mas obrigatórias.

"É a liberdade", concluiu minha avó. "É o que a liberdade em excesso traz. Existem coisas boas e coisas ruins. É impossível manter as pessoas sempre sob controle. Impossível impedir que todos contraiam esse vírus. Acho que é por isso que precisamos dessas ONGs. Para nos proteger de todas essas novas doenças, todos esses desastres futuros. Não podemos depender do Estado para isso. É por isso que precisamos da sociedade civil."

"Sociedade civil" era o novo termo acrescentado recentemente ao vocabulário político, mais ou menos como substituto de "Partido". Sabia-se que a sociedade civil havia trazido a Revolução de Veludo para a Europa Oriental. Ela havia acelerado o declínio do socialismo. No nosso caso, o termo se popularizou quando a revolução já estava realizada, talvez para dar sentido a uma sequência de eventos que a princípio pareciam improváveis e depois exigiram um rótulo para se tornarem significativos. Juntou-se a outras novas palavras-chave, como "liberalização", que substituiu "centralismo democrático"; "privatização", que substituiu "coletivização"; "transparência", que substituiu "autocrítica"; "transição", que permaneceu a mesma, mas agora indicava a transição do socialismo para o liberalismo em vez da transição do socialismo para o comunismo; e "combate à corrupção", que substituiu "luta anti-imperialista".

Essas novas ideias tinham todas a ver com liberdade, embora não mais a liberdade do coletivo, que nesse meio-tempo se tornara um palavrão — mas do individual. Havia essa suspeita persistente, ou talvez memória cultural residual, de que, sem controle social, uma maior liberdade individual implicaria na liberdade dos indivíduos de prejudicarem uns aos outros. Esse controle social, supunha-se agora, não podia mais ser confiado ao Estado. Isso dava maior urgência à necessidade de abraçar a sociedade civil. Supunha-se que ela deveria estar fora do Estado, mas também seria algo que poderia substituí-lo; supunha-se que surgiria organicamente, mas também precisava ser estimulada; supunha-se que traria harmonia ao mesmo tempo que reconheceria que algumas diferenças nunca seriam resolvidas. A sociedade civil era composta de muitos grupos e organizações comunitárias diferentes, que brotavam como amizades numa fila socialista, alguns derivados de iniciativas nacionais, mas a maioria com a ajuda de nossos amigos estrangeiros. Ouvia-se com frequência que um dos problemas do nosso país era que não tínhamos uma sociedade civil funcional. Não estava claro se a tivemos no passado e fora capturada pelo Partido, como Cronos engolindo seus filhos ao nascer, ou se deveríamos criá-la do zero. De qualquer modo, parecia mais seguro proceder como se ambos fossem necessários, fazer Cronos vomitar seus filhos de volta e produzir a vida social vibrante que permitiria aos indivíduos não apenas se organizar espontaneamente, trocar ideias, interagir uns com os outros e criar espaços tanto para aprendizado mútuo quanto para trocas comerciais, mas também para se protegerem dos perigos futuros.

Meus anos de adolescência foram de hiperativismo na sociedade civil. Como muitos outros, eu não estava cega para os benefícios, que eram espirituais e materiais. Com as equipes de debate do Open Society Institute, por exemplo, era possível discutir moções como "A pena capital se justifica" e aprender sobre a Oitava Emenda da Constituição dos Estados Unidos. Ao debater "Sociedades abertas exigem fronteiras abertas", podia-se aprender sobre a função da Organização Mundial do Comércio. Com as campanhas de informação da Action Plus sobre aids, podia-se matar uma tarde comendo amendoim grátis e bebendo coca-cola na antiga sala de pingue-pongue do Palácio dos Esportes. Com os Amigos do Esperanto, havia promessas de viajar a Paris. Com a Cruz Vermelha, era possível passar o tempo distribuindo mantimentos para famílias necessitadas e receber um pacote de arroz grátis. Era diferente do arroz que costumávamos pedir emprestado aos vizinhos; em primeiro lugar, havia mais; em segundo, vinha do Ocidente; e em terceiro, continha uma data de "válido até" que informava até quando se deveria comê-lo, geralmente na semana anterior.

Minha amiga Marsida começou um grupo de leitura do Alcorão. Sua família deixara a Albânia no *Vlora*, mas fora mandada de volta, como todos os outros. Quando a oficina de sapatos de seu pai foi convertida em boate, ele perdeu o emprego e decidiu treinar para se tornar um imã, seguindo os passos de seu pai. Marsida me ensinou a sura Al Ikhlas: *Bismillah Hir Rahman Nir Raheem/ Que huwa Allahu ahad/ Allahu assamad/ Lam yalid walam yulad/ Walam yakullahoo/ kufuwan ahad.** Uma das melhores suras para aprender, disse ela, era a declaração dos atributos de Deus: unidade, autoridade e eternidade. Demorava doze segundos para dizê-la em voz alta, mas, segundo o Profeta, recitá-la era o equivalente a conhecer um terço do Alcorão. Quando ela traduziu e aprendi que Alá é aquele a quem recorremos em busca de apoio, decidi entrar na mesquita para poder ouvir mais sobre o Deus muçulmano.

"Você rezou para que eu encontrasse um emprego?", brincou meu pai, quando lhe contei que a mesquita fora acrescentada à minha lista de atividades da sociedade civil. "Não vai ajudar", respondi. "Você precisa mudar a fonte do seu CV. Precisa mudar de Times New Roman para Garamond."

---

* "Em nome de Alá, o mais clemente e misericordioso/ Alá é Único e Indivisível/ Alá é aquele a quem todos recorremos em busca de apoio/ Jamais gerou ou foi gerado/ E ninguém é comparável a ele."

Funcionou. Não sei se foi a oração ou a mudança de fonte — ou talvez as novas conexões políticas de minha mãe —, mas meu pai recebeu uma oferta de emprego na época do meu aniversário de catorze anos. Foi contratado para administrar a Plantex, uma companhia estatal que antes lidava com exportação de plantas medicinais, mas cujo objetivo imediato era a redução da enorme dívida deles.

Meu pai aceitou o emprego depois de receber várias garantias de que seu antecessor havia cuidado de todas as demissões. Estava animado com a perspectiva e se sentia pronto para enfrentar o desafio.

Seu histórico pós-comunista em lidar com as finanças de nossa família falava por si. Algumas semanas antes de sua contratação pela Plantex, ele conseguira reembolsar o dinheiro que tomáramos emprestado quando Ronald Reagan derrotou Jimmy Carter, em 4 de novembro de 1980. Lembro-me da data porque era assim que minha família registrava o último empréstimo que meu tio fizera.

Quando penso nisso agora, a transição profissional do meu pai de plantar árvores para levantar dinheiro me parece um pouco como mandar Pinóquio para o Campo dos Desejos. Mas não havia nada de especialmente arrogante ou incomum na confiança que ele sentia; sua atitude em relação às finanças era compartilhada por todo o país.

Não tínhamos dinheiro guardado em 1993. Os empréstimos entre parentes e vizinhos estavam desaparecendo lentamente, em parte porque agora havia a possibilidade de viajar para o exterior, ou de *gastar* o que se economizava, o que raramente acontecia no passado. E em parte porque a renda das pessoas começou a diferir drasticamente e havia o risco de que bater na porta de alguém para pedir ajuda pudesse identificá-lo como um fracassado. O que costumava ser chamado de "loteria do local de trabalho", uma forma de crédito reunida por meio de contribuições voluntárias de salários para ajudar colegas a comprar uma máquina de lavar ou um aparelho de televisão, também estava desaparecendo. As transações pessoais foram anonimizadas; companhias de empréstimos e de seguros estavam em ascensão. Minha família não confiava nessas companhias o suficiente para depositar quaisquer economias nelas ou confiar para pedir empréstimos. "Lembra do capítulo sobre falências em *César Birotteau*?", dizia minha avó, como se citar personagens de ficção da *Comédia humana* de Balzac constituísse a prova definitiva da imoralidade do sistema de crédito. Minha mãe tinha opiniões mais nuançadas sobre o assunto. Seria bom, sugeriu ela, se nós também tivéssemos imóveis, como sua família fizera no passado. Mais tarde, ela mudou de ideia, mas nesse meio-tempo, continuamos a guardar o pouco dinheiro que economizávamos no bolso interno do casaco velho do meu avô, "para trazer boa sorte".

O casaco era uma das poucas coisas que funcionavam da mesma maneira sob o capitalismo e sob o socialismo. Nós nos mantivemos sem dívidas. Minha avó começou a dar aulas particulares de francês e italiano para crianças. Logo se espalhou a notícia de que ela não havia aprendido suas línguas com ajuda de músicas e filmes, como todo mundo, mas estudara num liceu francês. Em consequência, logo houve mais demanda do que ela podia atender. Nosso quarto foi transformado em sala de aula, com mesas e cadeiras dobráveis, um cavalete, giz e verbos que ficavam permanentemente conjugados no quadro negro, como que para imortalizar as ações que descreviam: *je viens d'oublier; tu viens d'oublier; il/elle vient d'oublier*. Sentia-me como se tivesse fixado residência permanente na escola. Meu pai recolhia o dinheiro no final de cada aula, combinando graça e autoridade ao solicitar pagamentos em atraso e administrando nossas finanças com uma frugalidade disciplinada que ninguém no passado teria associado a ele. Minha avó achava que ele tinha um talento natural para os negócios, assim como minha mãe. Na realidade, ele tinha pavor de dívidas. Costumava dizer que a dívida é como uma fera que dorme no socialismo, como tudo, mas fica acordada no capitalismo. Tínhamos que matá-la, antes que ela nos matasse. E ele não descansou até termos pagado tudo o que devíamos. Depois de eliminar uma espécie de fera, sentia-se pronto para enfrentar a próxima. Daí seu entusiasmo pela próxima missão heroica: salvar a Plantex.

Minha mãe lhe comprou uma gravata preta decorada com pequenos elefantes brancos no mercado de segunda mão e remendou o paletó e as calças de meu avô. Em seu primeiro dia de trabalho, minha avó, que nunca antes demonstrara qualquer inclinação religiosa, obrigou-o a beijar o Alcorão três vezes antes de sair de casa, "só para garantir". Entre nosso histórico financeiro recente, os elefantes na gravata, a roupa de boa sorte que ele usava no escritório e o respeito prestado a Alá, havia apenas uma frente de onde o infortúnio poderia atacar: sua falta de proficiência em inglês.

De início, isso parecia uma preocupação trivial. Meu pai era fluente em cinco idiomas além do albanês. Falava francês, que aprendera na infância, como todos na família; dominara o italiano ao ler exemplares contrabandeados das *Novelle per un anno* de Pirandello; e havia vencido competições de russo, quando nosso país ainda mantinha boas relações com Moscou. Com o apoio de seu russo e ajuda visual da televisão iugoslava, aprendeu também sozinho servo-croata e macedônio, que alegava ser o mesmo que búlgaro. Ele não poderia saber que nada disso compensaria o que ele viria a considerar o maior erro que já havia cometido: não aprender inglês. Não só não se confortava com suas outras línguas, como começou a tratar sua fluência nelas como obra da manipulação de forças malévolas, que o haviam afastado do único idioma que ele realmente deveria ter aprendido: o inglês. "Se ao menos eu tivesse assistido

Línguas estrangeiras em casa", costumava dizer para mim, segurando a cabeça entre as mãos. "Se ao menos eu tivesse estudado o *Essenchel*."

"Chama-se *Essential English para Estudantes Estrangeiros*", corrigi.

Isso o incomodou ainda mais. "Você teve sorte, *brigatista*. Você começou o inglês na escola porque já tínhamos rompido com os soviéticos. Eu só falava russo." O inglês se tornou seu novo demônio, o pesadelo que o mantinha acordado. "Chegarão em breve", dizia ele com a voz trêmula, "os especialistas estrangeiros. Eles logo estarão aqui e não vou conseguir me comunicar." Então, novamente, mais tarde: "Serei demitido assim que o governo mudar. Eu sei. Não tenho o inglês."

"Mas Zafo, você pode aprender", respondeu minha avó gentilmente. "E você sabe francês — Bruxelas é importante, você sabe, já que estamos prestes a ingressar na União Europeia. Há muitas pessoas que ainda aprendem francês."

"Sim, os franceses ainda aprendem", zombou minha mãe. "Eles aprendem duas vezes. Uma vez como língua nativa e a segunda como estrangeira." Ela se sentia superior porque tinha um pouco de inglês básico, graças a Nona Fozi, que havia frequentado um internato americano para meninas ricas antes da guerra. "Mas é verdade, aprenda!", ordenou minha mãe. "Não perca seu tempo se preocupando."

Meu pai não costumava "perder tempo" se preocupando. Era o contrário, era passar de um conjunto de preocupações para outro que o ajudava a marcar o decorrer do tempo, que estruturava eventos e moldava expectativas. Preocupar-se era a condição básica de sua existência, uma situação tão natural quanto respirar e dormir. Ele teria encontrado um motivo para se sentir ansioso em relação ao seu novo emprego, ainda que algo muito menos vital que o inglês estivesse em jogo. O problema com o inglês não era que ele se preocupasse, mas que ninguém pudesse oferecer conforto. Ninguém poderia dizer que não importava.

No início, ele enfrentou o desafio da mesma forma que havia feito no passado: pegou um dicionário e escolheu um livro para traduzir. Esse esforço logo fracassou. Talvez porque tenha percebido que não podia confiar nas línguas que conhecia para ajudá-lo a progredir. Ou talvez porque o livro em questão fosse *As obras completas de Shakespeare*, numa edição de luxo do século XIX que parecia ter escapado ao confisco dos pertences da família apenas para humilhar meu pai meio século depois.

Depois disso, tentei convencê-lo a ingressar no programa de inglês vespertino em que me matriculei. Chamava-se Cambridge School e oferecia aulas gratuitas. Em troca, o aluno tinha de escrever cinquenta ou sessenta cartas para endereços aleatórios no Reino Unido. Cada participante do curso recebia um pacote com várias páginas fotocopiadas de uma lista telefônica e podia selecionar os destinatários. Nas cartas, apresentávamos a nós e a nossas famílias, anexávamos uma ou duas fotos, expressávamos o desejo de fazer amigos no exterior e pedíamos dinheiro para patrocinar o curso de inglês. Foi-me atribuída a letra F. Nunca soube qual seria o próximo passo depois de receber uma resposta, pois nunca obtive nenhuma. Era como jogar gotas de colírio no oceano. Havia rumores de que alguns participantes tinham conseguido ajuda financeira e que outros foram convidados a visitar ou estudar no Reino Unido. Mas ninguém nunca viu prova disso, pois as pessoas que recebiam esses convites não traziam as cartas para a aula, para evitar que alguém menos sortudo "roubasse o endereço do patrocinador". No meu caso, os benefícios ficaram restritos ao aprimoramento do meu inglês. Cada carta tinha de ser diferente, e isso me ajudou a encontrar uma variedade de formulações para expressar o que eram, em última análise, os mesmos fatos elementares. Meu pai também ficou entusiasmado. Mas quando foi se matricular, foi informado de que o programa era restrito a crianças e adolescentes. Era improvável, disseram-lhe, que alguém respondesse às cartas enviadas por homens albaneses de meia-idade. Desnecessário dizer que isso o arrastou ainda mais para baixo.

A esperança veio na forma de um encontro fortuito na viagem de ônibus do trabalho para casa com um grupo de jovens americanos. Provavelmente fuzileiros navais, disse ele — foi assim que ele os ouviu se apresentarem. Podia-se ver isso na disciplina com que carregavam a mochila preta, na calça justa, na camisa branca bem passada, no rosto bem barbeado e nos cabelos curtos impecavelmente cortados. Os fuzileiros navais abordaram meu pai para pedir orientações. Ele tentou explicar que não entendia uma palavra, mas também deve ter transmitido a tristeza que passava por aquela situação. Eles escreveram alguma coisa num pedaço de papel e o enfiaram no seu bolso. Eles organizavam aulas gratuitas de inglês à noite, disseram, e ele era bem-vindo para se matricular.

Meu pai foi às aulas na primeira oportunidade. E ficou extremamente satisfeito com o arranjo. Encontrou pessoas que conhecia, inclusive nosso vizinho Murat, o sapateiro, que agora estudava para se tornar um imã. Meu pai não só estava progredindo rapidamente no aprendizado de inglês com falantes nativos, como os livros didáticos que usavam também eram interessantes por si só. Ele ficou sabendo de uma coisa chamada de Igreja dos Santos dos Últimos Dias e de uma nova doutrina da qual nunca tinha ouvido falar. Assim como o islã, essa igreja permitia a poligamia. Os debates em aula eram sempre muito profundos, muito substanciais, meu pai relatou, nunca triviais como se esperaria de uma aula de inglês elementar. Vários participantes defendiam a superioridade do profeta Maomé, que, ao contrário de Jesus, nunca teve a temeridade de sugerir que era filho de Deus; era apenas um profeta entre muitos, mas com a vantagem de ser o último e, portanto, o mais correto. Meu pai não tomou partido. Ele havia lido em algum lugar que assuntos de racionalidade e assuntos de fé não podiam ser julgados segundo os mesmos critérios. Mas gostava de ouvir e arbitrar. Algumas pessoas no curso podiam ser bastante agressivas em suas críticas aos Santos dos Últimos Dias, disse ele. Murat convidou os fuzileiros navais a visitar a antiga mesquita, que fora um centro juvenil e havia sido reconvertida e recentemente reformada com a ajuda de amigos muçulmanos da Arábia Saudita.

Na verdade, eles não se chamavam fuzileiros navais, meu pai tinha aprendido. Sua compreensão de inglês era tão ruim que ele havia ouvido errado no ônibus. Não eram *marines*, eram mórmons. Disseram que eram missionários, mas havia alguma controvérsia em minha família quanto à natureza exata da missão deles. Meu pai achava que só queriam ensinar inglês; Nini insistia que, se quisessem apenas ensinar inglês, não se chamariam missionários, mas professores. Os missionários eram assim chamados porque sua missão era converter as pessoas à sua religião. "Tudo faz parte da sociedade civil", foi a contribuição de minha mãe para a conversa, como se a mera menção dessas duas palavras pudesse acabar com todas as disputas religiosas.

"Pobres meninos", suspirou minha avó.

"Pobres meninos mesmo", respondeu meu pai. "É muito injusto dizer que eles estão tentando converter as pessoas. São a minoria naquela classe e sempre têm que se defender. Murat e seus amigos é que estão tentando convertê-los ao islamismo."

"É isso que quero dizer", disse minha mãe. "Tudo faz parte do debate."

"Pobres meninos", repetiu Nini.

Daquele dia em diante, sempre que meu pai assistia à aula de inglês à noite, ela dizia que ele tinha ido ver "aqueles pobres meninos".

17.
O Crocodilo

Meu pai também praticava seu inglês com o "pobre homem", inicialmente conhecido como Crocodilo. Seu nome era Vincent Van de Berg. Nascido em Haia, morara no exterior a maior parte da vida. Era também uma espécie de missionário: trabalhava para o Banco Mundial. Ele não andava carregando a Bíblia numa mochila; em vez disso, tinha um jornal cor-de-rosa chamado *The Financial Times*. Ele o carregava numa pequena bolsa de couro onde também transportava um computador chique, o primeiro computador que eu havia visto. Mudara-se para a Albânia a fim de assessorar o governo em vários projetos de privatização. Era um "especialista" — o tipo de especialista que meu pai previra corretamente que iríamos conhecer em breve, e por quem ele sentia a urgência de aprender inglês.

Vincent era um especialista em sociedades em transição. Também vivia em seu próprio tipo de transição. Estava sempre em movimento de uma sociedade em transição para outra. Havia morado em tantos países diferentes que me lembro de somente uma pergunta que o deixou ainda mais constrangido do que quando lhe perguntamos quanto ganhava: onde havia morado antes? Não conseguia lembrar os nomes de todos os diferentes lugares que visitara. Deu de ombros ligeiramente, apertou os olhos e fez uma pausa, olhando para o vazio. Olhou para o horizonte como se esperasse que as nuvens se reunissem na forma do globo, formassem um mapa que o ajudaria a ver todos os países que havia cruzado. Coçou a cabeça e quase corou quando disse com um meio-sorriso misterioso, entre o arrependido e o pesaroso: "Ah, muitos, muitos países. Muitos.

223

Na África, na América do Sul. Na Europa Oriental. Agora nos Bálcãs. Em todos os lugares. Sou um cidadão do mundo".

Vincent era careca, embora tivesse algumas mechas de cabelo grisalho curto, e ostentava grandes óculos com armações finas prateadas. Usava jeans azul-escuro e camisas de manga curta que se pareciam um pouco com as dos fuzileiros navais americanos, exceto que, em vez de bolso, tinham um minúsculo crocodilo. O crocodilo era feito de pano, olhava sempre na mesma direção, tinha a boca bem aberta e dentes afiados que pareciam desproporcionalmente grandes em relação ao resto do corpo. Van de Berg trocava de camisa com frequência e usava uma cor diferente a cada dia, mas o crocodilo era um elemento fixo. Brinquei que talvez ele gostasse de crocodilos porque o lembravam de todos os lugares exóticos que ele visitara. Meu pai respondeu que era mais provável que ele ajudasse as pessoas a reconhecer Vincent. Quando Van de Berg veio morar em nosso bairro, todos o chamavam de Crocodilo, até que aconteceu algo que lhe rendeu o apelido de "pobre homem".

Foi Flamur quem trouxe Van de Berg para a nossa rua. Os dois se conheceram no mercado de alimentos, onde Flamur trabalhava como batedor de carteiras. Ele escolhera essa vocação quando teve de abandonar a escola depois que a fábrica de sua mãe fechou e várias tentativas de deixar o país fracassaram. Ele tentou roubar a carteira de Vincent antes de perceber o que estava enfrentando. Van de Berg era especialista tanto em identificar objetos que se deslocavam em seu bolso quanto em gerenciar transição. "Deixei a carteira onde estava", relatou Flamur mais tarde, "e, para distraí-lo, perguntei se ele precisava de ajuda no mercado. Mostrei a ele as várias barracas. Ele acabara de chegar e estava procurando um lugar para alugar. Ofereci nossa casa."

Van de Berg veio ver a casa e gostou da aparência. Perguntou quando poderia se mudar e Flamur respondeu que os atuais inquilinos haviam prometido sair muito em breve, no máximo dentro de uma semana. Durante aquela semana, ajudamos Flamur e sua mãe, Shpresa, a empacotar todos os seus pertences e a se mudar para um quarto que haviam concordado em alugar de seus vizinhos, a família Simoni, cuja casa estava vazia depois que emigraram para a Itália. Com o dinheiro que a família ganhava da diferença do aluguel e pelo fato de Shpresa ter oferecido seus serviços de faxineira e cozinheira para Van de Berg, Flamur pôde voltar à escola, onde relatou detalhadamente as atividades do holandês. O Crocodilo sai muito cedo pela manhã, contou ele. O Crocodilo só convida estrangeiros para jantar, nunca albaneses. O Crocodilo jantou salada no jardim com seus amigos. O Crocodilo disse que ela o lembrou da salada grega. O Crocodilo namorou uma garota que trabalhava para a escola católica italiana, depois uma amiga dela, que traduzia para a Fundação Soros. O Crocodilo disse que sua cueca foi roubada do varal ontem à noite. Esse tipo de coisa.

O Crocodilo começou a ser chamado de "pobre homem" algumas semanas depois de se mudar para a casa de Flamur; depois do primeiro jantar, todos os vizinhos se organizaram para recebê-lo em nossa rua. Ele não era de fato pobre; pelo menos, nós presumimos que não era. Se ele fosse realmente pobre, teria tentado deixar nosso país, como todo mundo fez; não teria vindo para se estabelecer nele. Ao contrário, todos achavam que Van de Berg era muito rico, mas também muito mesquinho. Ele nunca oferecia nada quando nos encontrava na rua, nem um chiclete ou uma bala, ao contrário de todos os turistas que encontrávamos quando éramos pequenos.

O jantar de boas-vindas a Vincent foi uma ocasião feliz, a princípio. Dispusemos mesas e cadeiras no quintal dos Papas, como fazíamos antigamente. Havia o burburinho de sempre, as crianças corriam de um lado para outro em busca de talheres e pratos, cães vasculhavam debaixo das mesas e música tocava de alto-falantes. Vários pratos de *meze* foram trazidos de diferentes casas, e também *byrek*, almôndegas, pimentões recheados, berinjelas assadas, azeitonas, vários molhos de iogurte, cordeiro no espeto, manjar turco, baclavá, *kadaifi*, cerveja, vinho, *slivovitz*, *raki* de uva, *ouzo*, café turco, expresso, chá da montanha, chá chinês e muitas, muitas latas, não só de coca-cola, mas de todos os outros refrigerantes que começavam a aparecer nas lojas. Flamur assumiu o papel de DJ e sentou-se no alto da varanda, trocando incansavelmente as fitas cassetes para satisfazer todos os estilos e gostos, e mandando as crianças mais novas buscar mais cassetes se achava que o repertório tinha uma lacuna. A pista de dança permaneceu cheia durante toda a noite: algumas pessoas se levantaram para participar da tradicional dança de fila, algumas pularam apenas quando ouviram a música dos cossacos, outras surgiram graciosamente em casais já formados de trás das mesas quando tocou o "Danúbio Azul" e outros ainda, como meu pai, só consideravam dançar ao som de Bill Haley e Elvis Presley. E quando as pessoas não dançavam, cantavam: de "Ochi Chyornye" a "Let It Be", de Al Bano e "Felicità" de Romina Power a "Luleborë", que foi a única música cuja letra foi cantada com alguma semelhança com a letra verdadeira.

Van de Berg estava sentado à mesa no centro do quintal, no lugar que seria reservado para os noivos se fosse um casamento. Ele não cantava nem dançava, mas parecia contente enquanto batucava na mesa, balançando ritmicamente a cabeça para a esquerda e para a direita, cantarolando as músicas que conhecia. Aquilo o lembrava das festas em Gana, disse ele. Os homens se revezaram se apresentando, apertaram vigorosamente sua mão e deram-lhe tapinhas nas costas. "Bem-vindo, Vincent! Mais uma dose de *raki*! Eu fiz esse", alguém disse. "Esta rodada é à sua saúde!", alguém acrescentou. E novamente: "É dos Países Baixos que você vem, você não disse?

Esta é pela amizade entre a Albânia e os Países Baixos!". Ou também: "Aqui, Vincent! Viva o Banco Mundial! Deus salve a América!".

À medida que a noite avançava, as mulheres assumiram o controle. Elas não eram tão barulhentas quanto os homens, mas não estavam menos empenhadas em garantir que Van de Berg se sentisse bem-vindo, permanecesse envolvido nas discussões cada vez mais animadas e, o mais importante, tivesse o suficiente para comer. "Vincent, você experimentou o *byrek* de carne e cebola?" "Está adorável", respondeu Vincent. "Já comi samosa antes, mas essa é mais picante." "Samovar? O que é isso? Russo, certo? Aqui, pegue umas almôndegas com molho de tomate, é assim que se come, não, essa não, Vincent; esse molho esfriou, você deve comê-las com este aqui, ou com o molho de iogurte, este, este é muito melhor; Leushka, vá buscar o pilão e o almofariz, esquecemos de moer um pouco de pimenta, Vincent precisa experimentar com pimenta..."

No meio da refeição, Vincent parecia cansado. Ele batucava menos na mesa e segurava a barriga com a mão como se estivesse com dor. As pessoas continuavam a perguntar onde ele havia morado, queriam saber o que achava de seu trabalho na Albânia e perguntavam sobre suas circunstâncias familiares: "Você nasceu em Haia, não é? Tenho um primo que mora em Haia. Ele deixou o país nos anos cinquenta, através da fronteira iugoslava. Seu nome era Gjergji, Gjergji Maçi. Acho que ele se chamava Joris lá; já cruzou com ele — Joris, Joris Maçi? Claro, ele pode estar morto agora...". Van de Berg balançou a cabeça. Uma ruga formou-se em sua testa, quase invisível, e ele sorria menos, mas ninguém pareceu notar.

Depois de um tempo, ele se levantou e perguntou onde era o banheiro. Um grupo de homens o acompanhou para dentro da casa, depois o acompanhou de volta quando ele terminou. "Vincent", Donika perguntou quando ele voltou ao seu lugar, "você não é casado, não é? Por quê? Você não é muito velho; quantos anos você disse que tinha? Não se preocupe, talvez você conheça uma garota albanesa adorável. As mulheres albanesas são muito bonitas e trabalham muito! Aqui, coma um pouco de baclavá, eu mesma fiz a massa, tem nozes." "Nozes", Vincent repetiu, mas recusou educadamente. "Já comi o de amendoim, mas não o de nozes, mas agora estou cheio, obrigado." "Cheio? Você não está cheio! Um homem grande como você, cheio! Talvez você esteja com calor? Quer tirar o casaco? Veja quanta coisa ainda tem; Shpresa ficará chateada se você não experimentar o *kadaifi* dela também, é delicioso, sirva-se de um pouco de baclavá agora e deixe algum espaço para o *kadaifi* mais tarde."

A gota d'água foi quando Flamur tocou a tradicional dança napoloni, levantando o volume no estéreo. Ao som das primeiras notas, todos que ainda estavam sentados à mesa reconheceram a música e correram para a pista de dança improvisada com o tipo de urgência que normalmente se associa à necessidade de encontrar abrigo após um desastre natural. Então alguns se lembraram que Van de Berg ficara sozinho à mesa. Uma delegação de dois homens, um mais novo e outro mais velho, foi mandada de volta às pressas, e, indicando a área onde o resto do grupo estava cantando, dançando e agitando seus lenços, gritaram em seu ouvido: "Vincent, temos de dançar, é a napoloni, você tem de aprender, você não pode viver na Albânia sem aprender a napoloni, venha!".

Van de Berg fez um gesto para indicar que não gostava muito de dançar. Os homens puxaram sua cadeira e gritaram novamente: "Venha, não seja tímido, é a napoloni, você deve dançar isso; aqui, aqui está um lenço!". Van de Berg fez um movimento com os ombros para se libertar do aperto. "Não sei dançar", disse ele. "Não sou um bom dançarino. Eu gosto de assistir. A napoloni parece um pouco com a dança de Zorba."

À medida que a dança avançava e a música se aproximava das últimas notas, os homens, um pouco irritados por perderem sua música favorita, insistiram com ele ainda mais enfaticamente.

"Vincent!", o mais jovem dos dois homens gritou quase com desespero. "Rápido, rápido, Vincent, está quase terminado, a napoloni está quase no fim. Como assim, não sabe dançar! Claro que você pode dançar, todos podem dançar a napoloni; olhe aqui, você só segura o lenço assim e agita no ar, e mantém os braços abertos como um avião, e os segura assim, para cima, para cima, para cima e aberto, sem mover os braços, e você só precisa mexer a barriga…"

Para mostrar como era um avião dançante, o mais velho dos dois homens agarrou o braço esquerdo de Vincent e o mais novo o braço direito, e ambos tentaram segurá-los. Van de Berg ficou vermelho. Pequenas gotas de suor escorriam de sua testa. Ele empurrou os dois homens para fora de seu caminho, recuperou seu lugar na cadeira e, enquanto a música chegava ao fim, bateu com o punho na mesa, fazendo com que um copo de *raki* caísse no chão. Ele estava fora de si de raiva. "Olhem, eu sou livre!", gritou ele. "Vocês entendem? Eu sou livre!"

Todos na pista de dança congelaram. Viraram-se para as mesas. O marido de Donika, Mihal, que estava sentado no lado oposto do círculo e não conseguia ver com muita clareza, levantou-se e foi verificar se havia começado uma briga entre homens bêbados. Então percebeu que algo estava errado com Van de Berg, lembrou-se de que não conseguia se comunicar em nenhum idioma além do seu e pediu ajuda na tradução. Vincent, que havia recuperado o controle de seus nervos, juntou suas coisas, levantou-se da cadeira e disse a Mihal: "Peço desculpas. Eu tenho de ir. Eu estou muito cansado. Obrigado pelo jantar adorável".

Houve um murmúrio na multidão enquanto as pessoas voltavam para suas mesas, e Mihal acompanhou Van de Berg até a porta. "Ele disse que estava cheio", comentou Shpresa depois que ele saiu, "mas pensei que ele queria economizar comida e estava preocupado com nossas despesas. Pobre homem."

"Pobre homem", repetiu Donika. "Provavelmente são os mosquitos. Ou o calor. Esses turistas, eles simplesmente não aguentam. Falei para ele várias vezes, mas ele não quis tirar o casaco."

"Pobre homem", repetiu meu pai. "Ele me disse uma vez que não era um bom dançarino, que não gostava disso."

"*Eu sou livre!*", repetiram os dois homens que tentaram ensinar Vincent a dançar a napoloni. Eles reviraram os olhos e deram de ombros. "Afinal, o que isso quer dizer? Como se alguém estivesse tentando tirar sua liberdade. Somos todos livres aqui. Se você quer dançar, tudo bem. Se você não quer dançar, tudo bem. Apenas deixe claro, não há necessidade de bater o punho na mesa. Pobre homem. Ele devia estar com muito calor."

Houve um acordo tácito, depois daquele jantar, de que, por mais que tentássemos integrar Van de Berg, ele nunca seria um de nós. Meu pai foi o único na rua a manter contato regular com ele, ou porque queria praticar números em inglês discutindo resultados de futebol do outro lado do portão, ou porque eram obrigados a se ver com frequência em reuniões para discutir privatização. Quanto aos outros vizinhos, cumprimentavam-no de modo cortês à distância enquanto continuavam a fofocar sobre "o pobre homem", às vezes "o pobre holandês" ou, mais raramente, "o Crocodilo". Quando ele aparecia no final da rua, as mulheres que conversavam na porta desapareciam, mas voltavam a se reunir alguns minutos depois. Elas retomaram sua análise detalhada dos hábitos do "pobre homem", como um grupo de terapeutas conduzindo uma sessão psicanalítica na ausência de seu paciente. Você notou, diziam elas, como ele corre todas as manhãs, quase como se tivesse sido criado na Revolução Cultural? Será que ele é um espião? E não é estranho que ele nunca abrace ou aperte a mão de ninguém? Eu me pergunto se os pais dele ainda estão vivos. Provavelmente numa casa de repouso em algum lugar, é assim que eles fazem. Ele deve estar ganhando muito dinheiro para querer viver com todas essas filas e cortes de energia. Cem por dia, talvez? Mil?

Nos fins de semana, Van de Berg explorava o campo. Continuava com as camisas de crocodilo, mas trocava a bolsa do laptop por uma mochila, usava short bege em vez de jeans escuro, e um chapéu de palha com a inscrição "Equador", levando uma câmera que o fazia parecer com todos os outros turistas.

"Vincent, você já foi ao monte Dajti?", meu pai lhe perguntou enquanto trocava gentilezas do outro lado do portão. "Ainda não", respondia Van de Berg, "mas pretendo ir em breve, também para aquele outro lugar, não me lembro o nome agora. Não me lembro exatamente, era difícil de pronunciar, nem vou tentar!"

De todos os hábitos que Van de Berg tinha, esse era o que mais deixava as pessoas perplexas. Ele nunca era capaz de lembrar os nomes exatos dos lugares que havia visto, ou das pessoas que conheceu e das coisas que fez. Diferentes sons, sabores e encontros eram todos arquivados em sua mente como documentos numa mesa caótica da qual apenas o dono sabia a ordem. Sempre que sugeríamos um novo prato para experimentar, ou um local turístico que ele gostaria de visitar, ou sempre que queríamos lhe ensinar uma palavra comum em nossa língua, ele acolhia a recomendação sem surpresa, pensava em outra experiência com a qual pudesse compará-la, e se deixava guiar sem mostrar sinais de desorientação. Também era assim quando tentávamos adverti-lo a respeito de desafios ou ajudá-lo a lidar com as dificuldades. Vincent ficava grato por receber as dicas, mas sempre deixava a impressão de que, a rigor, não precisava delas.

Com exceção do jantar em que ele perdeu a paciência, nunca vi um traço de ansiedade. "Vincent", dizíamos, "pode haver um corte de energia à noite; não houve um o dia todo. Você tem velas?" Ou: "Vincent, são duas da tarde; a água tende a voltar agora, é melhor armazená-la em garrafas ou você vai ficar sem água de novo em meia hora". Ao que Vincent respondia: "Entendi! Obrigado por me avisar. Tivemos a mesma coisa quando eu estava em… algum lugar no Oriente Médio, também tivemos problemas de abastecimento de água e cortes de energia frequentes. Pelo menos não há bombas aqui!". A replicabilidade era a arma secreta de Vincent; a impressão de déjà vu que ele transmitia era como um poder mágico, um truque que o ajudava a domesticar tudo o que era novo, a reduzir o estranho a categorias familiares.

Isso tinha o efeito oposto sobre nós. Quando Vincent evocava essas associações com lugares por onde estivera, e compartilhava experiências de sua vida passada, o familiar tornava-se estrangeiro. Não nos ofendia saber que não estávamos ensinando nada de novo a Vincent, mas havia algo preocupante na descoberta de que o que pensávamos ser exclusivamente nosso não era, no fim das contas, tão característico nosso; que tudo o que imaginávamos que se destacava fazia parte de um padrão familiar para aqueles que conheciam o resto do mundo. Os pratos que partilhávamos com outras cozinhas, os ritmos das canções e danças tradicionais, os sons da nossa língua, tudo parecia pertencer não só a nós, mas também aos outros; éramos culpados de não saber disso. Nossos heróis eram pessoas comuns, e havia milhões de outros como eles no mundo; nossa língua era uma colcha de retalhos de palavras que emergiam quem sabe de onde. Existíamos não como produto de nossos esforços, mas da misericórdia dos outros, inimigos mais poderosos talvez, que decidiram nos deixar ser, cujas marcas de vitória eram mil lugares menores à sua própria imagem, todos parecidos uns com os outros, e todos se julgando diferentes.

A capacidade de Van de Berg de traçar paralelos entre as experiências mais díspares, identificar semelhanças entre pessoas em diferentes partes do mundo, fazer você perceber, por exemplo, que um *byrek* na Albânia não tem gosto diferente de uma samosa sem condimentos, ou que um depósito de lixo em Durrës era parecido com um depósito de lixo em Bogotá, às vezes me lembrava minha professora Nora. O conteúdo do que diziam não era o mesmo, mas havia certa semelhança na atitude deles em relação à generalização, na capacidade de abstrair detalhes minuciosos, na maneira como comparavam situações e usavam a comparação para explicar uma visão mais ampla do mundo, para revelar seu conhecimento de todo um sistema. Nora costumava dizer que tínhamos mais em comum com nossos irmãos e irmãs em outras partes do mundo do que imaginávamos. Todos, explicou ela, a menos que tivessem se libertado, como nós fizemos, estavam sujeitos à mesma exploração capitalista; todos nós fazíamos parte da mesma luta anti-imperialista global. A opressão, dizia ela, tem a mesma cara em todos os lugares.

Van de Berg não reconhecia o capitalismo, ou pelo menos não achava que capitalismo fosse um termo plausível para se referir a qualquer tipo de desenvolvimento histórico. Não era um rótulo mais útil para um fenômeno do que os nomes exatos dos lugares onde havia morado. A única distinção que ele aceitava era aquela entre sociedades em transição e aquelas que já haviam transitado; entre as pessoas em movimento e aquelas que já haviam se movimentado. Claro, ele tinha uma vaga noção de destino. Mas recuperar o atraso importava mais do que explicar para onde se estava indo. E, ao contrário de minha professora primária Nora, que insistia na necessidade de organizar a luta proletária global, Van de Berg não estava lá para mobilizar qualquer resistência, mas para "promover a transparência", "defender os direitos humanos" e "combater a corrupção". Ele tinha outros agentes de mudança, como "a comunidade internacional" e "atores da sociedade civil". E tinha outras intenções.

18.
Reformas estruturais

"Sabe qual foi a coisa mais difícil que fiz na vida?", perguntou meu pai numa tempestuosa manhã de novembro, antes de ir para o trabalho. Estava diante das cortinas fechadas da nossa sala de estar, ouvindo o som do batente da janela que chacoalhava com a ventania, mexendo seu café.

"Foi quando você teve que mentir para mim sobre nossa relação com Ypi, o primeiro-ministro?", perguntei. "Aquilo deve ter sido difícil."

Ele sacudiu a cabeça.

"Espere, eu sei", eu disse. "Lembra quando eu estava desesperada para ter uma foto de Enver Hoxha na estante? Você me disse que precisávamos de uma moldura bonita para ele, e tínhamos de esperar até que estivesse pronta. Quase acreditei naquilo." Eu ri.

Cinco anos após a queda do socialismo, episódios de nossa vida de então passaram a fazer parte do repertório de divertidas anedotas familiares. Não importava se as lembranças fossem absurdas, hilárias ou dolorosas, ou tudo isso ao mesmo tempo. Brincávamos com elas durante as refeições, como marinheiros bêbados que sobreviveram a um naufrágio e adoram mostrar as cicatrizes uns aos outros. Meu pai brincava mais do que qualquer um. Ele fazia piadas o tempo todo, tanto que muitas vezes era difícil inferir pelo tom de suas perguntas se elas eram a sério ou se ele queria nos fazer rir. A certa altura de sua vida, ele descobrira que a ironia era mais do que um artifício retórico, era um modo de sobrevivência. Fazia amplo uso dela e geralmente ficava satisfeito quando meu irmão e eu tentávamos imitá-lo.

"Ou foi quando eu..."

"O mundo nem sempre gira em torno de você, Leushka", interrompeu-me secamente. Ele não estava em seu estado de espírito brincalhão habitual.

Havia sido recentemente promovido a diretor-geral do porto, o maior porto do país e um dos maiores do mar Adriático. Instalaram uma linha telefônica em nossa casa, e a primeira coisa que ele fazia todas as manhãs era ligar para o escritório do porto. Preocupava-se com as tempestades que impediam as balsas de atracar, com os guindastes ameaçados pelo vento, com as filas que se formavam na alfândega. Depois de passar dois anos administrando a Plantex e acumular um histórico comprovado de corte de gastos e redução de dívidas, alguém do alto escalão deve ter pensado que ele estava pronto para responsabilidades ainda maiores. Passou a ganhar um salário mais alto, designaram-lhe um motorista pessoal que o buscava numa Mercedes Benz todas as manhãs para ir trabalhar, e dobrou a dose de Valium que normalmente tomava para dormir.

Fiz outras suposições, corrigindo o tom das minhas respostas. Foi a época em que, quando menino de seis ou sete anos, tentou proteger sua mãe de ser chutada por um policial? Ou quando teve de doar seu cachorro de estimação porque a família estava sendo deportada? Ou quando encontrou seu pai, depois que ele foi libertado da prisão, e se perguntou sobre quem era o estranho que viera morar com eles? Seria ter suspeitado que seu melhor amigo era um espião?

Ele sacudiu a cabeça e continuou olhando para o fundo de sua pequena xícara de café, como se esperasse que o líquido escuro concentrado levasse seus pensamentos ainda mais sombrios.

"Foi isso", disse ele, movendo lentamente a cortina para revelar um grupo de vinte ou trinta ciganos reunidos no jardim. Algumas das mulheres tinham bebês amarrados às costas; outras amamentavam os bebês sentadas no chão. Outros tantos estavam amontoados do lado de fora do portão, com os rostos apertados contra as barras de metal, como prisioneiros congelados atrás das grades. Quando notaram meu pai atrás da cortina aberta, um movimento súbito se espalhou no pátio; todos apontaram o dedo para a nossa janela e começaram a gritar: "Lá está ele! Ele está lá! Ele está acordado! Ele vai sair!".

Meu pai fechou a cortina. Sentou-se no sofá e pegou sua bomba, respirando fundo algumas vezes para inalar o remédio. Suas mãos sempre tremiam; o resultado de anos de uso de medicamentos anti-histamínicos para a asma que contraíra quando criança. Desta vez, elas tremeram mais.

"Eles trabalham no porto", disse ele depois de uma pausa. "Sabe como os chamamos? Reformas estruturais."

Seu rosto estava contorcido por uma expressão de dor que ele tentava conter, como alguém que está prestes a aparecer no palco e acaba de ficar com os dedos presos nas portas do camarim. Desde o início de seu contrato no porto, ele estivera em negociações com especialistas estrangeiros como Van de Berg para discutir o que o Banco Mundial chamava de "reformas estruturais". Como todas as empresas estatais, o porto estava deficitário e foi instado a cortar gastos. Dessa vez, ninguém prometeu que não haveria dispensas. Os especialistas traçaram o que chamaram de "roteiro", cujo primeiro passo previa uma série de demissões, principalmente de trabalhadores pouco qualificados. Centenas de ciganos trabalhavam no porto: carregadores, faxineiros, transportadores de carga, empregados de armazéns. Meu pai era responsável por demiti-los todos.

Quando os que trabalhavam no porto souberam que estavam prestes a perder o emprego, começaram a visitar nossa casa nas primeiras horas da manhã, esperando pacientemente do lado de fora até que meu pai saísse. No início, eram apenas quatro ou cinco, mas à medida que as notícias das reformas estruturais se espalhavam, os grupos cresciam. Ficavam no pátio até meu pai aparecer na porta, então gritavam-lhe, implorando para que pensasse duas vezes. "Bom dia, chefe. Você é um bom homem, chefe, não faça isso, não dê ouvidos a esses ladrões." "É por causa da bebida, chefe? É isso? Posso parar de beber amanhã, se esse for o problema. Amanhã posso parar de beber, e posso parar de fumar também, se você quiser. Quem tem dinheiro para *raki* hoje em dia? Cortei muito, chefe, realmente cortei, sabe." "Só tenho poucos anos até a aposentadoria, chefe. Só mais dois anos. Trabalho no porto desde os treze anos." "Chefe, nunca roubei nada. Sabe, dizem que os ciganos roubam tudo. Talvez alguém lhe tenha dito que roubei do armazém. Eu nunca roubei um centavo, chefe. Juro pela cabeça dos meus filhos que nunca roubei nada." "Deixe-me fazer meu trabalho. Eu gosto do meu trabalho. É um trabalho difícil, mas eu gosto. Conheço todos no porto. O porto é como a minha casa. Durmo lá, como lá, faço tudo no porto. Quando vou para casa, meus filhos estão dormindo."

"Não sei como ir lá fora", disse meu pai naquela manhã. "A cada dia, há mais pessoas. Ontem, tive outra reunião com eles no escritório. Tenho reuniões o tempo todo. Primeiro com o Banco Mundial, depois com eles, depois novamente com o Banco Mundial. Dê uma olhada nessas pessoas, de pé ali. Elas acham que depende de mim. Acham que eu posso fazer alguma coisa. Não sei o que dizer a elas. Agora há novas regras. As coisas funcionam de forma diferente, as empresas são administradas de forma diferente. Partes do porto precisarão ser privatizadas. Alguém tem de fazer isso. Acontece que sou eu, mas se não fosse eu, seria outra pessoa, quem quer que seja, alguém tem de fazer isso."

"Por que você tem de fazer isso?", perguntei.

"Não podemos mantê-los todos na folha de pagamento", disse ele. "Van de Berg diz que precisamos nos modernizar, economizar dinheiro, comprar novos equipamentos. Ele fala em substituí-los, como se fossem máquinas. Como se livrar de uma máquina velha e comprar uma mais rápida. Puf, sem aviso. Não sei como fazer isso. Eu não sou uma máquina. Gostaria de ser uma máquina, para que alguém pudesse me programar para fazer isso. Van de Berg diz que fizeram isso na Bolívia. Nunca estive na Bolívia. Essas pessoas nem sabem onde fica a Bolívia. O que isso significa, eles fizeram isso na Bolívia — e daí? Olhe para eles. Não são máquinas. São pessoas. Elas têm lágrimas nos olhos e suor nas sobrancelhas. Também teriam esperança, se sobrasse alguma. Vá para a janela. Fique ali e dê uma olhada. Reformas estruturais, assim são chamadas. Reformas estruturais."

Meu pai puxou nervosamente sua capa de chuva do cabide e saiu de casa, batendo a porta. Eu fiz como me foi dito. Voltei para a janela e abri para ouvir. Quando ele apareceu no pátio, a multidão permaneceu em silêncio. O portão se abriu e um homem apareceu; um homem da mesma altura de uma criança de cinco anos, que usava as mãos para pular no chão e balançava suas duas coxas amputadas como um rabo de peixe. Da janela, reconheci Ziku, o cigano aleijado que eu via quando criança, que mendigava na entrada do cemitério.

Ziku sorriu e acenou como alguém que vê um velho amigo. Nunca havia notado que lhe faltavam os dentes da frente, tal como suas pernas. Nunca o tinha visto sorrir antes. Era um sorriso contorcido, quase uma careta.

"Você se lembra de mim, chefe!", exclamou Ziku. "Eu disse a eles que você não teria coragem de fazer isso. Você nunca passou por este aleijado sem lhe dar uma coisinha. Às vezes mais, às vezes menos, mas um pouco de cada vez. Eu disse a eles que você é um homem do povo. Sei que você não vai decepcioná-los. Não há muitas pessoas que amam ciganos e que amam aleijados, mas você ama. Sei que você ama. Você nunca me deixa ir sem pão. Você não vai deixar essas crianças passarem fome. Eu disse a eles que você não vai. Você é um bom homem. Eu disse a eles."

Meu pai procurou meus olhos do outro lado da janela. *Não é culpa do Ziku ser aleijado*, ele me dizia quando eu era pequena. *Não é minha culpa*, seu rosto dizia agora. Ele enfiou a mão no bolso direito de sua calça, como se procurasse trocados. Desta vez, não encontrou moedas, apenas um lenço, com o qual enxugou o rosto. Ziku o avistou e se arrastou para mais perto dos pés de meu pai. "Ele está chorando." Virou-se para os outros. "Vocês veem, ele está chorando", repetiu apontando o dedo para meu pai. "Eu disse a eles, chefe, eu disse a eles que você faria qualquer coisa que pudesse." "Nós sabemos que você é um bom homem, chefe", os outros homens se juntaram. "Não faça isso, não ouça. Eles só querem ganhar dinheiro para eles mesmos. Você não quer ganhar dinheiro, você quer dar para os pobres, você não quer ficar com ele." Duas mulheres que amamentavam seus filhos se jogaram aos pés dele, soluçando, implorando-lhe que salvasse os empregos dos maridos. Quando as crianças viram suas mães chorando, choraram também. Não era um protesto; parecia mais um luto. Não havia raiva, apenas desespero.

"Não aqui, não aqui, por favor", meu pai disse a Ziku com uma voz moribunda. "Esta é a minha casa. Podemos discutir isso no escritório. Se eu… se eu… o dinheiro não é meu. Eu manteria todo mundo no trabalho, não depende de mim, não sou eu que tomo a decisão. Quer dizer… sim, eu tomo a decisão, mas a decisão é… bem, não é minha." Ele percebeu que estava divagando e tentou organizar seus pensamentos. "Vejam", virou-se para a multidão, "isso não é como dar dinheiro para Ziku, não é a mesma coisa. Nos põem diante de um dilema, vejam. Vocês devem entender, existem regras. Precisamos fazer a economia de mercado funcionar. Há um caminho que deve ser seguido. Se o fizermos corretamente, será melhor para todos, para todos nós. São reformas estruturais. Tudo precisa mudar, e precisamos mudar o modo como fazemos as coisas — não podemos manter todo mundo no trabalho, não é possível. Em breve, haverá empregos para todos, será melhor. Mas agora não temos escolha, todos temos de fazer sacrifícios, simplesmente temos de fazer. Isso precisa ser feito."

Ele prometeu a seus chefes que faria isso, mas nunca o fez. Nunca assinou as demissões. Repetia que as reformas estruturais eram inevitáveis, mas as evitou o máximo que pôde. "Tem a ver com a política", dizia. "São decisões políticas, sou apenas um administrador, um burocrata. Só posso atrasar as coisas. Não posso detê-las." Ele passava longas noites olhando para números, tabelas e gráficos, tentando descobrir como cortar gastos sem demitir pessoas. Não estava orgulhoso dos resultados. Uma parte dele se sentia constrangida, envergonhada até, por não ter coragem de cumprir as tarefas que lhe foram confiadas. Trabalhara conscienciosamente durante toda a sua vida. Minha avó nos havia ensinado a nos esforçarmos até nas tarefas mais sem sentido, a sempre tentar assumir as consequências, mesmo que não pudéssemos assumir as causas. Ele não podia admitir o fracasso em seu papel. "Em breve, muito em breve", dizia.

Ele fez reuniões com o vice-ministro, depois com o ministro, depois com o primeiro-ministro. Todos eles repetiram o aviso de Van de Berg. "A reforma estrutural é como ir ao dentista: você pode adiar, mas quanto mais o fizer, mais doloroso será." Mas meu pai nunca quis ser dentista; queria ser algo diferente do que era, embora nunca tivesse a chance de descobrir o quê. No fundo, continuava a ser um dissidente. Criticava o capitalismo. Jamais acreditara nas regras que agora lhe pediam para pôr em ação. Também não tinha muita fé no socialismo. Odiava a autoridade em todas as suas formas. Agora que ele representava essa autoridade, ressentia-se do papel. Não endossaria as reformas estruturais, nem as obstruiria. Odiava destruir a vida das pessoas e odiava deixar o trabalho sujo para os outros.

De início meu pai sentira orgulho de suas promoções. Depois de anos dependendo da boa vontade de seus superiores e de uma vida inteira confiando na misericórdia dos funcionários do Partido, ele celebrou a independência que presumia que o novo cargo lhe daria. Logo percebeu que a independência tinha seus limites; que não era tão livre quanto imaginara. Queria mudar as coisas, mas descobriu que havia pouco que pudesse fazer. O mundo tinha adquirido uma forma definitiva antes que alguém pudesse entender o que era essa forma. Imperativos morais e convicções pessoais importavam muito pouco. Ele descobriu que, embora ninguém lhe desse ordens sobre o que dizer e para onde ir, precisava dizer alguma coisa e estar em algum lugar antes de ter tempo de refletir sobre aquilo, considerar os benefícios e pesar os custos. No passado, quando surgiam dilemas e ele não cumpria seus compromissos, podia culpar o sistema. Agora era diferente. O sistema havia mudado. Não tentara impedir as mudanças; ele as acolhera, as encorajara.

Ou talvez não. Meu pai supunha, como muitos de sua geração, que se perdia a liberdade quando outras pessoas nos diziam como pensar, o que fazer, para onde ir. Ele logo percebeu que a coerção nem sempre precisa assumir uma forma tão direta. O socialismo havia negado a ele a possibilidade de ser quem ele queria, cometer erros e aprender com eles, e explorar o mundo em seus próprios termos. O capitalismo negava isso aos outros, às pessoas que dependiam de suas decisões, que trabalhavam no porto. A luta de classes não acabara. Ele era capaz de entender isso. Não queria que o mundo continuasse um lugar onde se destrói a solidariedade, onde apenas os mais aptos sobrevivem e o preço da conquista para alguns é a destruição da esperança de outros. Ao contrário de minha mãe, que achava que os seres humanos eram naturalmente propensos a prejudicar uns aos outros, ele acreditava que havia um núcleo de bondade em todos, e que a única razão pela qual isso não emergia era que vivíamos nas sociedades erradas.

Mas ele não conseguia apontar as sociedades certas: não conseguia apresentar exemplos de qualquer lugar existente onde as coisas funcionavam. Desconfiava das grandes teorias. "Pare de filosofar!", costumava me admoestar. Ele havia crescido lendo romances realistas socialistas e filmes soviéticos que explicavam o que era certo e errado, como a justiça acontece, como a liberdade se concretiza. Admirava as intenções, mas hesitava em endossar suas prescrições. O mundo que ele queria ver era sempre diferente daquele em que vivia. Quando percebeu o início de um movimento que resistia ao jeito como as coisas eram, achou que havia uma promessa. Mas assim que esse movimento se tornou concreto, assim que teve seus próprios líderes, seu próprio conjunto de restrições e convenções, assim que se tornou algo oposto à rejeição de outra coisa, ele perdeu a fé. Sabia que tudo tinha um custo, mas não estava preparado para aceitar esse custo. As pessoas que admirava eram niilistas e rebeldes, homens e mulheres que passaram a vida apenas condenando o mundo em que habitavam, mas sem se comprometer com alternativas.

Quando confrontados com as mesmas decisões sobre reformas estruturais, seus colegas tornaram-se cínicos. "Bem", diziam eles, "nós sobrevivemos aos turcos. Sobrevivemos aos fascistas e aos nazistas. Sobrevivemos aos soviéticos e aos chineses. Sobreviveremos ao Banco Mundial." Ele tinha pavor de esquecer o que essa sobrevivência havia custado. Agora que estava a salvo, agora que nossa família não corria mais o risco de ser assassinada, presa ou deportada, estava ansioso para que em breve não se lembrasse mais de como era acordar de manhã e se preocupar com o que o dia traria. Ele tentava lembrar os nomes de todas as pessoas que trabalhavam no porto, embora houvesse centenas delas. "Se eu esquecer seus nomes, vou esquecer suas vidas", dizia ele. "Eles não serão mais pessoas; se tornarão números. Suas aspirações, seus medos, não importarão mais. Lembraremos apenas das regras, não daqueles a quem elas se aplicam. Pensaremos apenas nas ordens, não no propósito delas. Isso é provavelmente o que a Mula pensou enquanto informava sobre as famílias de seus alunos. O que Haki repetia para si mesmo ao pegar seus instrumentos de tortura."

O simples pensamento de ser como eles, de cumprir as regras da mesma maneira abstrata e impiedosa, era o suficiente para deixar meu pai sem dormir à noite. Ele não compartilhava das ideias de Van de Berg a respeito de como tudo funcionaria quando a transição estivesse completa. Sabia que uma coisa parecida com uma economia de mercado seria necessária, mas nunca havia pensado muito na forma que ela tomaria. Como muitos de sua geração, estava mais preocupado com a liberdade de pensamento, com o direito de protestar, com a possibilidade de viver de acordo com sua consciência moral.

Mesmo que compartilhasse da teoria, mesmo que estivesse convencido das verdades que todos agora aceitavam, teria se preocupado por acreditar demais. Ele havia conhecido muitas pessoas para quem as teorias vinham primeiro; sabia que se pode ferir os outros agindo de boa-fé. Os ideais agora pareciam diferentes; talvez até chamá-los de ideais fosse um exagero, talvez fossem apenas prescrições prudentes. Eles ainda exigiam a intervenção humana para serem transformados em prática. Ele tinha sido inocente no passado. Tinha sido uma vítima. Como poderia, de repente, se tornar o agressor?

19.
Não chore

Na metade dos anos 1990, enfrentei minha própria cota de tormento. Meus anos de adolescência foram principalmente de sofrimento, que se intensificava à medida que minha família negava que houvesse motivo para ele existir. Pareciam presumir que alguém só podia sentir-se miserável quando havia motivos objetivos: se corresse o risco de passar fome ou congelar, ou não tivesse onde dormir, ou vivesse sob a ameaça de violência. Esses eram limiares absolutos. Se algo pudesse ser feito para se elevar acima do limiar, perdia-se o direito de protestar; caso contrário, seria um insulto aos menos afortunados. Era um pouco como os vales-alimentação no socialismo. Como todos tinham uma parte de alguma coisa, a fome não poderia existir. Se alguém dissesse que estava com fome, tornava-se um inimigo do povo.

Eu era instada a me sentir grata, a mostrar meu apreço pela graça da liberdade, que chegara tarde demais para meus pais desfrutarem e, portanto, exigia que eu a exercitasse com mais responsabilidade. Quando não me compadecia com a situação deles, era repreendida por meu egoísmo, por ser insensível ao sofrimento de meus ancestrais, por apagar a memória da situação deles com a leviandade de meu comportamento. Eu não me sentia totalmente livre. Sentia-me especialmente constrangida no inverno. Anoitecia cedo, e não tinha permissão para sair depois que o sol se punha. "Você vai ter problemas", diziam meus pais, sem sentir a necessidade de especificar que tipo de problema eles esperavam, assim como eu não sentia necessidade de pedir que eles esclarecessem.

Os problemas podiam assumir muitas formas. Alguém podia ser morto por um carro, como meu colega de classe Dritan, que certa noite andava pela praia e foi atropelado por um jovem que estava aprendendo sozinho a dirigir o Audi do tio. Ou podia-se desaparecer sem deixar rastro, como Sokrat, pai de Besa, que coxeava e trabalhava com um bote. Todas as noites, ele ajudava a atravessar pessoas ilegalmente para a Itália, depois voltava a dormir em sua cama, exceto na noite em que não o fez. E todos os tipos de pequenos acidentes poderiam acontecer, como bater num poste quebrado numa rua escura enquanto se caminhava, ou cair num bueiro cuja tampa acabou de ser roubada por causa do aço. Ou alguém podia ser assediado durante todo o caminho para casa por cães vira-latas famintos. Ou talvez por homens bêbados, ou garotos apostando em como as garotas responderiam às cantadas. Para meus pais, não se tratava de problemas reais. Afinal, estávamos em transição. Só tínhamos que ter paciência. E sempre havia alguma coisa que se podia fazer para evitar esses infortúnios. Podia-se simplesmente ficar dentro de casa.

E assim eu fiz. Trancava-me no quarto e passava longas tardes mastigando sementes de girassol. Se dissesse que estava entediada arriscaria tornar a condição interessante ao qualificá-la, ao anexar uma descrição a uma massa de eventos em que nada merecia se destacar. O tempo era o eterno retorno do mesmo. Os clubes que eu frequentava quando criança, de poesia, teatro, canto, matemática, ciências naturais, música ou xadrez, acabaram abruptamente em dezembro de 1990. Na escola, os únicos assuntos a serem levados a sério eram as ciências duras: física, química, matemática. Para as humanidades, ou novas matérias foram introduzidas, como quando Economia de Mercado substituiu Materialismo Dialético, e não tínhamos nenhum livro didático, ou, como acontecia com o material de história e geografia, em que ainda descreviam nosso país como "o farol das lutas anti-imperialistas ao redor do mundo". Terminava minha lição de casa depressa e ficava imaginando como matar o tempo que restava. Agora tínhamos uma linha telefônica, e eu falava com minhas amigas, depois lia romances na cama, muitas vezes tremendo debaixo de um cobertor, com uma vela acesa acima da cabeça. A eletricidade continuava a acabar, e em algumas noites de inverno o frio era mais forte do que a tristeza.

A cada quarenta e cinco minutos minha avó entrava sem bater, trazendo um copo de leite ou um pedaço de fruta. "Você está bem?", perguntava. Eu assentia com a cabeça. Ela tinha ouvido falar de uma nova doença ocidental chamada anorexia, que atacava adolescentes. Não tinha ideia de como isso se espalhava ou por quê, mas decidiu que se ela me obrigasse a comer em intervalos regulares eu estaria segura. Quando negociei para trocar seus lanches por meus próprios suprimentos de sementes de girassol, ela exigiu ver as cascas. Os intervalos foram estendidos para noventa minutos. "Temos tanta sorte", dizia ela para si mesma, a propósito de nada, assim que saía do quarto. Eu imaginava que estivesse se referindo ao copo de leite, para o qual não precisávamos mais fazer fila.

Alguns pubs e clubes começaram a abrir. A maioria deles pertencia a traficantes de pessoas, de drogas ou de sexo. Tudo isso era mencionado como ocupações normais, da mesma forma que se explicaria no passado que fulano era um cooperado, um operário fabril, um motorista de ônibus ou uma enfermeira. Muitas vezes, rótulos de diferentes épocas eram ligados às mesmas pessoas. "Aquele homem da BMW com as janelas escuras é o filho de Hafize", fofocavam os vizinhos enquanto tomavam café na varanda. "Ele trabalhava na fábrica de biscoitos. Foi demitido antes de fecharem de vez. Conseguiu ir para a Suíça. Agora é empresário. Faz importação e exportação. Maconha, cocaína, esse tipo de coisa."

Eu só tinha permissão para ir às matinês dos clubes, quando as cortinas eram abaixadas para que pudéssemos agir como se estivesse escuro, ponche e cigarros eram contrabandeados, e meus colegas jogavam um novo jogo importado do exterior chamado verdade ou desafio. Entrei na brincadeira e fingi não notar os rostos contorcidos dos meninos quando a garrafa apontou na minha direção, ou não ouvir seus murmúrios quando finalmente chegou a minha vez de beijá-los: "Não beijo homens!", disseram eles. "Não sou gay!"

Eu ainda não sabia quem ou o que era gay, mas me sentia envergonhada de perguntar. Que eu parecia um menino, não havia dúvidas. Não éramos mais obrigados a usar uniformes na escola; podíamos fazer o que quiséssemos. Enquanto as outras garotas contrabandeavam maquiagem entre as cabines do banheiro da escola e reduziam o comprimento de suas saias, eu adotei calças largas e as camisas socialistas xadrez do meu pai. Assim que elas começaram a alisar o cabelo e tingi-lo de loiro, pedi ao barbeiro que cortasse o meu curto. Elas se rebelavam contra suas famílias imitando Madonna em "Material Girl"; eu me rebelei contra as fitas e laços que a minha família impusera me transformando numa garota-propaganda da Revolução Cultural. Meu apelido em casa mudou de *Brigatista* para Gavroche. Na escola, passei de Mamuazel para Vaso (em albanês *qypi*, que rima com Ypi), não tanto pela forma do meu corpo, que era magro e frágil como sempre, mas pelas roupas muito largas que eu usava.

Muitas vezes me perguntava se as coisas seriam diferentes caso Elona ainda estivesse ali. Às vezes eu via o pai dela com sua nova esposa e seu novo filho, e via como ele fingia não me reconhecer. Talvez Elona também tivesse adotado maquiagem pesada, unhas postiças e minissaias. Talvez também tivesse tingido o cabelo loiro de ainda mais loiro. Talvez lhe fosse permitido ficar do lado de fora depois do pôr do sol.

Talvez tivesse descoberto recentemente *Crime e castigo* ou *Os irmãos Karamázov*.

No inverno de 1996, vi Arian, o garoto — agora um rapaz — que morava na minha rua e com quem Elona havia fugido. Seus pais tinham ampliado a casa ao comprar a casa ao lado, que pertencia à família de Marsida, que, por sua vez, havia saído do bairro para alugar uma casa menor em outra parte da cidade. Era um pouco estranho vê-lo parado na porta da mesma casa onde Marsida e eu costumávamos nos abrigar quando crianças sempre que Arian aparecia na rua. Estava de cabelos compridos que cobriam seus ombros e usava um colar grosso de ouro, uma jaqueta de couro escura com uma caveira estampada nas costas, calças de couro e botas pretas pesadas cobertas de correntes de prata. Ele dirigia um grande Mercedes Benz, que trouxera da Itália para deixar com seus pais. O carro dava a partida com um som alto e áspero. Agora havia menos crianças brincando nas ruas, mas quando ouviam o som do carro corriam todas de volta para dentro, tal como sempre fizeram quando Arian aparecia. Não havia sinal de Elona. Não ousei perguntar.

Sentia falta de minha amiga. Queria contar a ela que a mulher de quem comprávamos sementes de girassol perto de nossa escola havia desaparecido, mas seu lugar havia sido ocupado por um menino bonito de cerca de dez anos que vendia bananas e maços de cigarro. Queria contar a ela que a loja *valuta* havia fechado, mas se podia comprar o sutiã vermelho de que ela gostava em qualquer lugar; e no mercado de segunda mão, podia-se comprá-lo pelo preço de duas bananas ou cinco xícaras de sementes de girassol. Queria contar a ela que até eu precisava de um sutiã agora, tal como minha avó nos avisara que isso aconteceria em breve, que nossos corpos mudariam, assim como nossas mentes. Minha avó também dissera que poderíamos começar a desenvolver o que ela chamava de *des amitiés amoureuses*. Queria perguntar a Elona se ela conseguira descobrir o que era uma *amitié amoureuse*, se era isso que ela tinha com Arian, ou se ela já ouvira falar de uma coisa muito mais crua, solitária e dolorosa, uma coisa que os livros chamavam de amor.

A vida era menos limitada, mas não menos sombria no verão, quando a escola fechava. Em junho de 1995, depois de uma semana do mesmo ritual de ir à praia, voltar para almoçar, fazer uma sesta à tarde e o passeio obrigatório no início da noite pela orla para ver minhas amigas, que fofocavam enquanto desfilavam seus vestidos novos de verão, aconteceu um desastre. Minha avó me avisara que havia somente uma categoria de garotos por quem eu nunca deveria, sob nenhuma hipótese, me apaixonar: filhos de ex-agentes do serviço secreto. Naquele verão isso aconteceu, duas vezes. Senti-me tão culpada que decidi aumentar minhas visitas à mesquita. Pensei em usar véu, mas minha família proibiu isso também. Há uma diferença entre religião e fanatismo, disse Nini. Uma vez que mais garotas apareciam na mesquita usando véus e eu não queria me destacar, mudei para uma nova religião: budismo, que descobri lendo o antigo dicionário Larousse de meu avô, quando os livros acabaram. Acrescentei sessões de meditação à minha agenda diária, mas nunca aprendi a meditar sem chorar. Era assombrada por histórias da perseguição que minha família havia sofrido nas mãos de agentes da Sigurimi, um pensamento que não só não me ajudava a deixar de me apaixonar por seus filhos, como tornava esse amor mais desesperado.

"Nossa Leushka parece o jovem Werther", brincou meu pai, ignorando a causa de minhas lágrimas. "Não chore", repreendeu Nini. "Chorar nunca ajudou ninguém. Se eu tivesse pensado em chorar, não estaria aqui. Teria me jogado debaixo de um trem ou me juntado aos meus primos no manicômio. Faça alguma coisa. Leia outro livro. Aprenda um novo idioma. Encontre alguma atividade."

Tornei-me voluntária da Cruz Vermelha e me envolvi num projeto do orfanato local. Todas as manhãs, levávamos as crianças à praia e, junto com as cuidadoras, ficávamos de olho nelas enquanto brincavam na areia ou se banhavam no mar. "Vai ajudá-la a colocar sua vida em perspectiva", estimulou-me minha avó. "Você não percebe o quão sortuda você é. Há muita miséria lá fora."

"Lembre-se", disse-me minha mãe no dia em que comecei meu trabalho voluntário na Cruz Vermelha, "o orfanato não está mais onde costumava estar. O prédio antigo foi devolvido aos donos."

Sempre que dizia "donos", minha mãe se referia aos antigos proprietários. O Estado, para ela, nunca poderia ser considerado dono de nada, apenas uma entidade criminosa construída a partir da apropriação violenta do trabalho árduo de outras pessoas. Lembrei-me de ver o sobrenome desses donos nos mapas dos limites das propriedades de sua família espalhados pelo chão de nossa casa. "Esses mapas fazem uma bagunça tão grande", reclamava minha avó enquanto limpava. "Pioram a asma de Zafo. Ele é alérgico ao pó. Uma centena de vezes eu disse a Doli, uma centena de vezes. Ela os traz do registro de imóveis e os deixa espalhados. Se quiser levá-los ao tribunal, tudo bem. Nada vai sair dessas propriedades. São apenas linhas desenhadas no papel."

Mas o orfanato não era apenas linhas desenhadas no papel. Os proprietários anteriores conseguiram recuperar o prédio e o venderam para algum tipo de igreja. O orfanato se mudara para novas instalações: três quartos em um prédio abandonado de dois andares. Possuía pouca luz natural, um cheiro característico de leite azedo e um silêncio antinatural na hora do cochilo da tarde que era quebrado apenas pelo roer dos ratos no térreo. O número de crianças abandonadas crescera nos últimos anos, variando de recém-nascidos a pré-escolares. Vinham da região local e, quando completassem seis anos, se ainda não tivessem sido adotadas, seriam devolvidas aos pais, se estivessem dispostos a recebê-los de volta, ou enviadas para um orfanato para crianças mais velhas, no Norte.

Muitas das cuidadoras que eu lembrava de minhas visitas anteriores com Elona foram despedidas ou deixaram o país. Reconheci apenas uma delas, Teta Aspasia, uma mulher de meia-idade exuberante que costumava ficar encarregada do quarto dos bebês e dava água com açúcar para mim e para Elona quando íamos ver sua irmã. "Você cresceu!", exclamou ela. "Bebê Mimi cresceu muito também. Ela está num orfanato diferente agora, em Shkodra. O pai nunca aparece. Seus avós a visitam de vez em quando. Eles concordaram com sua adoção por um casal canadense. Então o casal canadense decidiu levar os gêmeos ciganos. Lembra dos ciganos no quarto dos bebês, aqueles com os pais na prisão? Os pais saíram após uma anistia em 1990, mas foram acusados de tentar vender os gêmeos assim que foram libertados. Eles voltaram direto. Não têm chance. É muito difícil alocar crianças ciganas. Ninguém as quer. As pessoas dizem: 'Por favor, nada de ciganos; eles são difíceis de controlar, roubam tudo'. Um dos gêmeos acabou tendo algum tipo de deficiência, um problema mental, não me lembro exatamente o quê. Os que têm deficiência são ainda mais difíceis de alocar. Os canadenses estavam vendo Mimi, mas perguntaram se eles gostariam dos gêmeos. Perguntávamos a todos; ninguém os queria. Foi incrível quando concordaram. Eram provavelmente pessoas religiosas. O diretor achava que Mimi seria mais fácil de alocar, mas ainda está em Shkodra. Sua amiga, a irmã dela, também costumava mandar cartas…"

"Elona?", exclamei. "Você sabe onde ela está? O que ela faz?"

"Faz tempo que não temos notícias dela", contou. "As cartas demoram uma eternidade agora, quando chegam. Ela ligou algumas vezes. Sim, eu sei o que ela faz. Uma das cuidadoras que agora mora em Milão a reconheceu perto de uma estação de trem. Ela trabalha. Para cima e para baixo nas calçadas. Você sabe o que eu quero dizer. Ela saiu com o êxodo, com algum rapaz daqui. Ele também trabalha. Está envolvido em algum tipo de tráfico, de mulheres eu acho, provavelmente começou com ela... Você tem de ir, querida, a van da Cruz Vermelha está lá embaixo, estão esperando. A van está como nova. Foi uma doação dos franceses. Os pequenos estão muito animados. Nunca viram o mar antes. Eles mal saíram ao sol, coitadinhos. Não temos jardim neste prédio. Tome cuidado para que eles não se queimem no sol. Eu trouxe um pouco de azeite de casa. Não tire a roupa deles imediatamente, devemos esperar alguns dias. Aqui, pegue Ilir. Ele está todo pronto para ir. Drita irá com você." Ela apontou para sua colega. "Ilir está no turno da manhã. Você vai gostar dele; é muito querido. A mãe dele é como sua velha amiga. Ela se parece um pouco com ela também, e faz o mesmo trabalho. Ilir, venha aqui, conheça Lea, ela vai te levar para a praia."

Eu ainda estava digerindo as notícias sobre Elona, mas não tive tempo de perguntar. Ilir estava escondido do lado de fora da porta. Quando ouviu seu nome, entrou, tímido no início, depois com mais confiança. Era um garotinho gordinho de cerca de dois anos, com cabelos cacheados e grandes olhos castanhos. "Mamãe", ele sussurrou ao se aproximar, como se estivesse prestes a me revelar seu segredo mais profundo. Seu rosto se iluminou e suas pupilas dilataram. "Mamãe aqui... Mamãe..."

"Não, mamãe não", interrompeu Aspasia. "Sem mamãe, querido. Mamãe ainda está na Grécia. Esta é a Lea, ela vai te levar para a praia." Ela se virou para mim. "Estou surpresa que ele se lembre dela; no ano passado foi a única vez que ele a viu, ela veio visitá-lo regularmente todos os dias por uma semana ou mais. Mas ela manda fotos, nós mostramos a ele. Você não se parece com ela, talvez apenas a idade. Quantos anos você tem, me lembre? Quinze, sim, foi o que pensei, a mãe dele é um pouco mais velha, talvez dezessete. Mesma idade de sua amiga. Como Elona, mas ela trabalha na Grécia, não na Itália."

Mais tarde naquele mesmo dia, também fiquei sabendo a história completa da mãe de Ilir, como ela havia contado anteriormente às cuidadoras. Ela fora estuprada pelo namorado, depois pelos amigos do namorado. Foi traficada para a Grécia logo após dar à luz o bebê, que ela insistiu em manter. Deixou Ilir no pé da escada do orfanato quando ele tinha cerca de três semanas, enrolado num cobertor, com uma caixa de roupas, algumas garrafas de leite e uma carta na qual prometia buscá-lo em seu sexto aniversário. Ela ligava e escrevia com frequência e mandava dinheiro para comprar presentes. As cuidadoras estavam confiantes de que ela voltaria. Ilir não estava na lista de adoção. Também sabia que sua mãe voltaria para buscá-lo um dia. Quando me viu, deve ter decidido que o dia havia chegado.

"Ilir vai mamãe", ele insistiu. "Ilir vai mamãe praia." "Sem mamãe, querido. Você vai à praia com Lea. Esta é Lea, não a mamãe, mamãe está na Grécia. Mamãe estará de volta em breve", corrigiu-o Aspasia novamente. Então ela se virou para mim. "Você precisa insistir nisso. Explique que você não é a mãe dele, o.k., apenas uma de nós. Eles fazem isso às vezes; chamam-nos de mamãe. Temos que ser muito rigorosas. Caso contrário, eles ficam apegados, não deixam você ir para casa no fim do dia, é muito difícil. Tente explicar para ele, o.k.? Diga a ele que mamãe está na Grécia; ela nos deixou dinheiro para comprar um brinquedo para o aniversário dele e para o Ano-Novo. Ele entende isso."

Mas Ilir nunca entendeu. Ou talvez nunca tenha aceitado. Depois de algumas visitas em que eu brincava com ele, lia histórias ou o levava à praia, ele se tornou mais insistente. "Mamãe aqui!", gritava toda vez que me via. "Vai mamãe praia!" Então, quando chegava a hora de eu ir embora, ele se agarrava na minha perna, se jogava no chão e chutava suas cuidadoras, insistindo para que eu ficasse com ele ou o levasse comigo. "Leva Ilir para casa", gritava ele. "Mamãe leva Ilir." Ele se tornou cada vez mais difícil de lidar na minha presença: se recusava a sair da água na praia, comer sua comida ou descer para tirar uma soneca. Quando tentava ir embora, notava que minha bolsa havia sumido, ou minhas sandálias. Poderia ser um comportamento normal de criança, exceto que os bebês do orfanato nunca choravam e as crianças nunca faziam birra. O problema, explicaram as cuidadoras, consistia na minha presença, em seu apego a mim. Ilir não precisava ser infeliz assim; ele ficaria bem se eu ficasse fora de vista. Pediram-me para reduzir minhas visitas ao quarto dos bebês e me mudei para outra área do prédio, com bebês mais novos, que esqueciam as pessoas com mais facilidade.

Então o verão chegou ao fim. O tempo mudou, o projeto ficou sem financiamento e interrompi minhas visitas. Não sei o que aconteceu com Ilir, nem ouvi mais nada sobre Elona ou sua irmã. Às vezes me perguntava se Elona ainda estava nas ruas e se Mimi havia encontrado pais canadenses. Voltei ao meu quarto, onde minha avó entrava sem bater, a intervalos regulares de noventa minutos, trazendo um copo de leite ou um pedaço de fruta. "Temos tanta sorte", dizia para si toda vez que saía do quarto.

20.
Como o resto da Europa

A princípio, seria minha mãe quem concorreria a deputada em 1996. Ela era filiada ao partido desde o dia em que ele foi fundado. Conhecia todo mundo nos círculos do partido, até havia lido o manifesto. Chamávamos de partido, embora não fosse o Partido: era o Partido Democrático da Albânia, o principal adversário dos ex-comunistas nas eleições. Mas todos entendiam o que queríamos dizer. Não havia perigo de minha família apoiar os ex-comunistas. Existia apenas um partido para nós, assim como somente um partido para eles.

Àquela altura, já havia cinco anos que minha mãe era politicamente ativa. Ela endossou o principal slogan do partido, cuja simplicidade desarmante escondia décadas de aspiração frustrada: "Queremos que a Albânia seja como o resto da Europa". Quando perguntavam à minha mãe o que significava o resto da Europa, ela resumia em poucas palavras: combater a corrupção, promover a livre iniciativa, respeitar a propriedade privada, estimular a iniciativa individual. Em resumo: liberdade.

No entanto, como minha mãe logo percebeu, explicar o slogan não era suficiente para torná-la uma candidata ao parlamento bem-sucedida. Outras virtudes eram necessárias. Ela tinha carisma no palco, mas perdia a paciência nas reuniões. Possuía o fervor do profeta, e embora seus discursos entusiasmassem a curto prazo, a longo prazo assustavam as pessoas. A seriedade com que assumia seus compromissos a deixava relutante em transigir. Seu comportamento continuava a ser o de uma professora de matemática rigorosa.

Ela ofereceu meu pai para tomar seu lugar. "Ele é homem. Isso ajuda", explicou enquanto o encampava. "E ele é amado como se fosse uma mulher. Isso ajuda também." Em geral, meu pai era muito mais popular que minha mãe. Poucos candidatos poderiam atrair tanto os trabalhadores ciganos que lutavam para manter seus empregos no porto quanto as antigas famílias dissidentes que lutavam para recuperar as propriedades de seus avós. Ele tinha uma boa reputação mesmo entre seus oponentes socialistas porque não os interrompia em debates e tentava expor suas opiniões sem personalizar a crítica. "Ele também pode lutar, se precisar", minha mãe apressou-se a acrescentar, como se acabasse de lhe ocorrer que as maneiras afáveis de meu pai poderiam comprometer suas chances. "Ele pode combater a corrupção. Há muita corrupção por aí. Precisamos de políticos honestos."

"Corrupção" era uma nova palavra da moda. Era uma explicação genérica para todos os tipos de males, presentes e passados, pessoais e políticos, um problema dos humanos e uma deficiência das instituições. Foi onde a liberalização econômica e a reforma política se encontraram e, em vez de se integrarem harmoniosamente, como prometido, começaram a apodrecer. Descrita ora como abandono do dever moral, ora como abuso de poder, era vista com mais frequência como um fracasso da natureza humana após sua tentativa de transformação socialista. Além disso, era extremamente difícil combatê-la. Como a Hidra, para cada cabeça que se cortava, mais duas cresciam. A corrupção tinha sua própria lógica, mas ninguém tentava decifrá-la, muito menos contestar a premissa. A palavra em si era suficiente para explicar o problema.

De início, meu pai ficara relutante em concorrer ao cargo. Nunca havia sido membro do partido. Temia que seus pontos de vista fossem muito obscuros, e até controversos. Não tinha certeza sobre a privatização e o livre mercado. Não tinha certeza de que o país deveria entrar para a Otan. E nem tinha certeza de que nosso maior problema era a corrupção. Ele não sabia onde suas opiniões o colocavam, à esquerda ou à direita. Sentia-se "à esquerda" na justiça, mas "à direita" na liberdade. Minha mãe o corrigiu. Em um antigo país comunista, disse ela, não havia esquerda ou direita, apenas "comunistas nostálgicos" e "liberais esperançosos". Ele também não se encaixava necessariamente na categoria dos esperançosos. Mas estava frustrado com sua vida de burocrata. Todos os dias voltava do porto cada vez mais ansioso e ressentido com histórias de iniciativas que deram errado, com papéis que não deveriam ter sido assinados. Era fácil convencê-lo, como minha mãe conseguiu, de que se ele se importasse, se quisesse fazer algum bem ou limitar o mal, não deveria ficar parado. Que ele deveria agir, e que ser ativo significava envolver-se na política. A política importa, disse ela, porque você não só implementa as decisões de outras pessoas, você as toma. É disso que trata a democracia.

No entanto, nenhum partido teria sido capaz de impedir as reformas estruturais. Estavam intrinsecamente vinculadas ao que agora se chamava, em tom cândido de autocongratulação, "o processo de integração na família europeia". Pode ter havido momentos e lugares na história de meu país em que a política fez a diferença, onde ser um ativista em vez de um burocrata significava que você poderia tentar mudar as regras intervindo no nível em que as leis eram feitas, em vez de aplicadas. Aquele não era um desses momentos. As reformas estruturais eram tão inevitáveis quanto o clima. Elas foram adotadas em todos os lugares da mesma forma, porque o passado fracassara e nunca aprendemos a moldar o futuro. Não havia mais Política, apenas políticas. E o propósito das políticas era preparar o Estado para a nova era de liberdade e fazer com que as pessoas se sentissem como se pertencessem ao "resto da Europa".

Durante esses anos, "o resto da Europa" era mais do que um slogan de campanha. Representava um modo de vida específico, que era imitado com mais frequência do que entendido e absorvido com mais frequência do que justificado. A Europa era como um longo túnel com uma entrada iluminada por luzes brilhantes e sinais luminosos, e com um interior escuro, invisível a princípio. Quando a viagem começou, ninguém se deu conta de perguntar onde terminava o túnel, se a luz iria falhar e o que havia do outro lado. Ninguém se deu conta de trazer tochas, ou desenhar mapas, ou perguntar se alguém conseguia sair do túnel, ou se havia uma única ou várias saídas, e se todo mundo saía da mesma maneira. Em vez disso, apenas entramos e torcemos para que o túnel continuasse iluminado, supondo que trabalharíamos duro o suficiente e esperaríamos o suficiente, assim como costumávamos esperar nas filas socialistas — sem nos importar com o tempo que passava, sem perder a esperança.

"Como o resto da Europa", repetiu o imã local, Murat, numa agradável tarde de maio, quando o visitamos para perguntar se meu pai poderia contar com seu apoio nas próximas eleições. "Claro, claro que vamos apoiá-lo, Zafo", disse Murat. "Mas você precisa de dinheiro. Não pode fazer essas coisas sem dinheiro."

Depois de vender a casa para os pais de Arian, a família de Murat saíra do nosso bairro e alugara um pequeno apartamento perto do cemitério. O apartamento era apertado, com móveis empilhados como uma barricada. Reconheci as mesmas cortinas de poliéster verde com estampas de flores e borboletas. A estante havia sido removida para dar lugar a uma televisão em cores. No chão havia exemplares espalhados do Alcorão em diferentes idiomas e vários pares de sapatos embrulhados em jornal, porque Murat ainda fazia consertos em seu tempo livre.

"Assisti a uma entrevista com Berlusconi outro dia", continuou ele. "Você conhece Berlusconi. Que homem. Ele parece tão em forma. Como um jovem de vinte e poucos anos. Sempre sorrindo. Assisti a uma entrevista em que Berlusconi contou sua história de vida. Começou com construção. Depois tocou música num barco. Depois comprou um canal de televisão privado. É preciso tentar coisas diferentes; nunca se sabe o que funciona. Ele mesmo disse isso. É um homem de negócios. Agora outras pessoas cuidam de seus negócios; ele está na política. Se ele sabe como ganhar dinheiro, sabe como ganhar eleições. Claro, ele tem muitos inimigos, as pessoas são invejosas, sempre são. Mas ele pode simplesmente ignorá-las; tem suas próprias estações de televisão, seus próprios jornais. Se você quer ganhar, precisa de dinheiro. A gente sempre precisa de dinheiro. Se você não tem dinheiro para si mesmo, não pode dar aos outros. Onde está seu dinheiro?"

"No bolso do casaco do meu pai", brincou meu pai.

Murat deu uma risadinha.

"Você vai precisar de muito dinheiro, Zafo, muito dinheiro", continuou. "Eu sei como essas coisas funcionam. Vejo isso com os árabes que fazem doações para a mesquita." Ele fez uma pausa para acender um cigarro. "Quando a fábrica da Flutura fechou" — ele olhou na direção da esposa — "pensei: o que vamos fazer? Todos nós vamos passar fome. Pensei: Allah Qerim.* Mas Alá ajuda quem se ajuda. Então, felizmente, as coisas mudaram para melhor. As empresas começaram. Você sabe o que eu quero dizer. As empresas..."

"Xhaxhi Murat, tenho uma pergunta", interrompi. "Você realmente canta 'Allahu-akbar' no minarete todas as manhãs e tardes, ou é uma gravação? Apostamos na escola. Algumas

---

* "Alá é o mais generoso."

pessoas dizem que você faz isso todos os dias. Eu disse que é uma gravação."

"É uma gravação, Leushka", respondeu ele. "É uma gravação. Agora você me deve dez mil leques." Ele piscou. Depois se virou para meu pai novamente com um olhar sério no rosto. "Sude, Populli, Kamberi, Vefa. As empresas. Você tem de colocar algum dinheiro, para que possa tirar mais dinheiro. Não tínhamos dinheiro para investir. O que poderíamos fazer? Tentamos sair do país. Estávamos no *Vlora*, lembre-se. Tudo o que ganhamos com nossa viagem à Itália foram alguns hematomas. Foi quando decidimos vender a casa. As crianças ficaram tristes por deixar a nossa rua. Ficamos tristes também, tínhamos bons vizinhos. Construí aquela casa com minhas próprias mãos. As mesmas mãos que fizeram todos os seus sapatos." Ele fez uma breve pausa e ergueu as mãos, como se segurasse todos os sapatos que havia feito.

"É preciso fazer sacrifícios. Os Bakis, nossos vizinhos, compraram a casa e nos pagaram em dinheiro. Podíamos fazer o que quiséssemos com ele. Poderíamos gastá-lo, ou poderíamos…" Ele pensou por um momento. "Qual é a palavra? Investir. Nós investimos. Não guardamos nada. O que você acha que o resto da Europa faz com o dinheiro? Eles investem. Investem para que o dinheiro possa crescer."

Meu pai estava pensando. Tinha uma expressão levemente culpada em seu rosto. Havíamos falado pouco tempo atrás sobre as novas empresas em casa. Sude, Kamberi, Populli, Vefa, eram os nomes das empresas que começavam a surgir, prometendo juros altos em recompensa à poupança. No auge de sua atividade, mais de dois terços da população estava envolvida em investimentos que representavam metade do PIB do país. Algumas das empresas também construíram hotéis, restaurantes, clubes e centros comerciais. Mas minha família relutava em depositar o dinheiro que tínhamos em casa.

Murat soprou a fumaça, apagou o cigarro que segurava entre os dedos e acendeu outro.

"Zafo, me escute", disse ele com um ar sério. "Você não pode guardar todas as suas economias no bolso do casaco. Os tempos mudaram. Você precisa investi-las. Como o resto da Europa. O que você está esperando? Tínhamos todas as nossas economias na Kamberi, mas eles só davam dez por cento por mês, então transferimos o dinheiro para Populli, onde se recebe trinta por cento. Então descobrimos a Sude, e dobram nossas economias a cada mês. Ainda mais. Claro que não tiramos tudo, deixamos lá para crescer. Como o resto da Europa. Você tem de economizar e investir. Economize e invista, para que o dinheiro possa render."

Meu pai sorriu e assentiu com a cabeça. Sempre que discutíamos sobre as empresas em casa, meus pais brigavam. Minha mãe dizia que devíamos esquecer o bolso do casaco e colocar nossas economias nas empresas. O resto da família relutava.

"Não entendo como se pode simplesmente depositar cem mil leques numa empresa", disse meu pai, "e receber o dobro dessa quantia depois de alguns meses. Parece jogo de azar."

"Poderíamos tentar com uma quantia pequena", respondeu minha mãe, "e ver no que dá. Podemos ir devagar. Não estou dizendo que devemos vender nossa casa nem nada."

"Mas de onde vem todo o dinheiro?", insistiu meu pai. "Não há fábricas aqui, não há produção."

"Só porque você não está acostumado com isso, não significa que seja uma coisa suja", argumentou minha mãe. "As empresas também fazem investimentos. Elas têm restaurantes, clubes, hotéis. O dinheiro circula. As pessoas mandam dinheiro de volta da Itália, da Grécia, muitos imigrantes ajudam seus pais. A maior parte é de trabalho honesto. É daí que vem o dinheiro. Eles mandam para os pais, os pais guardam nas empresas, e elas mantêm tudo seguro junto, investem e pagam juros às pessoas. Então, se você precisar, se precisar fazer uma compra, eles podem te dar ou emprestar dinheiro. Não é ciência nuclear. Você tem um diploma universitário. O que é tão difícil de entender?"

"O que *eu* não entendo", Nini entrou na conversa, "é o que acontece se todos exigirem seu dinheiro de volta ao mesmo tempo? Como as empresas conseguem pagar a todos?" Essa última observação foi especialmente irritante para minha mãe. "Por que as pessoas deveriam pedir dinheiro ao mesmo tempo?", respondeu ela. "Por que iriam querer tudo de volta? Não é como se você pudesse gastar tudo de uma vez. Por que você preferiria guardar seu dinheiro debaixo do colchão em vez de numa empresa?"

"Por que você guardaria seu dinheiro no bolso de seu pai?" Murat também repetiu para meu pai. "Minha família, estamos bem agora. Um dia poderemos comprar nossa casa de volta. *Positive thinking*", ele disse em inglês. "Como o resto da Europa. Nunca fomos ensinados ao *positive thinking*. Eu lhe digo, esse é o nosso problema."

No fim, o *positive thinking* venceu. Não vendemos nossa casa, mas "investimos" a maior parte de nossas economias em uma das empresas, Populli, cujo nome completo era Demokracia Popullore (Democracia Popular). Minha avó nunca se acostumou; ela sempre confundia a empresa com a Fronti Demokratik (Frente Democrática), a unidade do conselho local de onde recebíamos nossos vales-alimentação antes de 1990. "Você conseguiu nosso juro da Frente Democrática?", perguntou ela ao meu pai no fim do primeiro trimestre, quando ele voltou do escritório da Populli com os juros das economias que havia depositado. "Consegui", respondeu ele. "Está tudo no bolso."

O *positive thinking* também venceu no que dizia respeito à eleição de meu pai para deputado. Ele obteve mais de 60%

dos votos. Foi o único sucesso que registrou em sua curta carreira de deputado. O resto dos meses transcorridos no parlamento foram um fracasso absoluto. Logo descobriu que não tinha o instinto destemido de um líder nem a paciência calculada de um assessor. Faltava-lhe disciplina partidária. Ele hesitava em tomar decisões, mas não estava disposto a endossar as dos outros. Não tinha a ambição de guiar, nem a inclinação para seguir.

Foi uma época amaldiçoada para ser deputado. As eleições daquele ano acabaram sendo uma das mais contestadas da história do país. A oposição socialista acusou o governo em exercício de fraude. Não reconheceram o resultado e nunca tomaram assento no parlamento. O país foi inundado por observadores internacionais, mediadores diplomáticos e conselheiros políticos.

Também foi inundado por experts financeiros que se especializaram em popularizar nomes técnicos para problemas que consideravam urgentes: *mercados emergentes, confiança do investidor, estruturas de governança, transparência para combater a corrupção, reformas de transição.* O único termo técnico que eles não conseguiram popularizar foi aquele para as "empresas" às quais a esmagadora maioria dos meus compatriotas havia confiado suas economias: *esquemas de pirâmide.* Eles haviam começado a surgir no início dos anos 1990 para compensar o subdesenvolvimento do setor financeiro do país, e no contexto de um mercado de crédito informal baseado em laços familiares e sustentado por remessas de emigrantes. Depois que a ONU suspendeu as sanções à ex-Iugoslávia em 1995, houve menos oportunidades de contrabando e mais pessoas sentadas em dinheiro, o que significava que as empresas de pirâmide podiam prometer taxas de juros cada vez mais altas em troca de depósitos. As eleições de 1996 agravaram o problema: várias dessas empresas doaram para a campanha do Partido

Democrático no poder, chamando a atenção e contribuindo para a onda geral de investir para lucrar *como o resto da Europa*.

Alguns meses depois, descobriu-se que esses esquemas de pirâmide eram incapazes de manter seus pagamentos de juros altos prometidos. Todos eles se tornaram insolventes. Mais da metade da população, inclusive minha família, perdeu suas economias. As pessoas acusaram o governo de conspirar com os donos das empresas e saíram às ruas para exigir seu dinheiro de volta. Os protestos, que começaram no Sul, com sua forte base tradicional de apoio ao Partido Socialista, logo se estenderam ao resto do país. Seguiram-se saques, ataques civis a guarnições militares e uma onda de emigração sem precedentes. Mais de duas mil pessoas perderam a vida. Esses eventos são registrados nos livros de história como a Guerra Civil Albanesa. Para nós, basta mencionar o ano: 1997.

21.

1997

Como se escreve sobre uma guerra civil? Abaixo está o que escrevi em meu diário entre janeiro e abril de 1997.

1º de janeiro de 1997

Não sei por que as pessoas sempre tentam me convencer de que um novo ano trará uma nova vida. Até as luzes das árvores são recicladas. Até os fogos de artifício são os mesmos do ano anterior.

9 de janeiro

Tivemos uma prova de eletrotécnica.* Tirei 10.

14 de janeiro

A escola é inútil. Não gosto dela. Mas é o fim do semestre, e este ano é o último. Preciso me concentrar nas notas. Passei o dia inteiro estudando matemática e física.

27 de janeiro de 1997

A Sude faliu.** O governo congelou as contas de todas as outras empresas. Há protestos no Sul. Sinto falta de K. Acho que estou me apaixonando por ele. Mas ele me ignora.

---

* Disciplina obrigatória no ensino médio focada em máquinas e engenharia, um resquício do currículo de orientação soviética. ** Um dos primeiros esquemas de pirâmide a entrar em colapso.

7 de fevereiro

Está escuro e estou na cama ouvindo o novo álbum do Metallica. Aposto que alguém virá reclamar que está alto demais.

10 de fevereiro

A Gjallica faliu.* As pessoas estão exigindo seu dinheiro de volta. Tem acontecido alguma agitação em Vlora.** Os manifestantes querem que o governo renuncie.

13 de fevereiro

Fizemos um evento com a Mula na escola, para o Dia dos Namorados. Visitantes da embaixada francesa estavam lá, não entendi por quê. K. estava vestido com um moletom, como se não desse a mínima. Ele perguntou o que meu pai pensa da situação política. Eu disse que ele assinou uma moção no parlamento pedindo a renúncia do governo. O pai de K. está morto. Morreu em circunstâncias misteriosas no início dos anos 1990. Ele costumava ser agente da Sigurimi. Tão irritante.

14 de fevereiro

[Carta de amor muito longa para K. que ele nunca receberá e nunca saberá que foi escrita.]

---

* Outro esquema de pirâmide, difundido especialmente no Sul do país.
** Cidade do Sul do país, tradicionalmente de esquerda.

15 de fevereiro

Ganhamos o debate nacional de Soros. A moção era "Sociedades abertas requerem fronteiras abertas".

24 de fevereiro

Fui à Olimpíada de Física hoje. Olhei para os problemas, passei três horas lá dentro, depois escrevi um poema sobre o tédio.

25 de fevereiro

A situação política continua tensa. Os estudantes de Vlora estão em greve de fome. A moção de Babi,* assinada com outros treze deputados, foi publicada em todos os jornais. Causou um grande auê. Eles foram acusados pelo partido de serem "oportunistas vermelhos".

Haverá uma votação no parlamento para confirmar Berisha** na presidência em 9 de março. A União Europeia realizou uma reunião ontem e declarou seu apoio a ele. Babi diz que os signatários da moção escreveram que são pró Europa, o que os coloca numa posição difícil. Como a UE está apoiando Berisha, eles considerariam a oposição explícita a ele "desestabilizadora". Disse a ele que se votar a favor de Berisha, é um covarde. Ele diz que a política é complicada. Acho que as pessoas devem fazer o que acham certo, não o que as circunstâncias ditam.

---

* Termo carinhoso para "pai" em albanês. ** Sali Berisha (1944-), cardiologista e ex-partidário, foi um dos líderes históricos do movimento estudantil que derrubou o socialismo nos anos 1990. Era o chefe do Partido Democrático da Albânia, do qual meu pai era deputado, e que estava no governo no momento em que os eventos ocorreram.

26 de fevereiro

Não fiz nenhum dever de casa hoje. Amanhã vamos boicotar a escola em solidariedade à greve de fome em Vlora. Todo mundo está muito animado em perder as aulas.

27 de fevereiro

O diretor não se opôs ao boicote, mas disse que para evitar repercussões disciplinares diretas sobre ele, devemos apresentar uma petição assinada por toda a escola. Elaboramos o seguinte: "Em solidariedade aos alunos de Vlora, e enquanto nos distanciamos dos atos de violência das últimas semanas, declaramos que vamos boicotar as aulas por tempo indeterminado." Nem todos assinaram.

Quando voltei para casa à tarde, o secretário da liga juvenil do Partido Democrático ligou para perguntar se eu sabia quem havia organizado a paralisação. Falei que não sabia de nada, era tudo espontâneo e não tínhamos líderes. Então ele disse que, se quiséssemos férias extras, poderiam arranjar isso, mas o que tínhamos feito era muito desagradável. Respondi que não tinha sido feito apenas para tirar férias. Ele perguntou se eu sabia algum dos nomes dos organizadores. Eu disse que é todo mundo. Então ele perguntou se havia outras pessoas como eu, próximas do partido, que pudessem convencer os outros a voltarem para a escola. Eu disse que não estava planejando convencer ninguém a voltar. Por que você quer tanto protestar, disse ele, sua mãe está no partido, seu pai é deputado, seu partido está no governo, quando o primeiro-ministro renunciar, o que você vai comer, sua própria merda? Não dei nomes. Eu pareço uma espiã ou algo do tipo?

28 de fevereiro

K. ficou aborrecido porque o artigo sobre boicotes escolares estava na página cinco do *Koha Jonë** e ele disse que deveria estar na página dois. Na maioria das vezes ele me ignora, mas tivemos uma boa conversa hoje. Ele brincou com o fato de que, das pessoas que vão à escola, oitenta por cento não falam albanês correto, dez por cento falam albanês mas não leem jornais, e cinco por cento leem jornais mas não os compreendem. Ele é legal como amigo. Não acho que foi uma boa ideia me apaixonar por ele. Ele é esquisito.

Houve mais telefonemas da liga juvenil para me pressionar a apoiar o partido na escola. Para quê? O poder lhes escapou; eles não podem segurá-lo com fios de cabelo.

1º de março

Nove pessoas morreram em Vlora durante confrontos com a polícia. Babi recebeu um telefonema à uma da madrugada de ontem para convocá-lo a uma sessão extraordinária no parlamento hoje de manhã. Houve mais agitação em outras cidades. Muitas estradas ao sul estão bloqueadas por barricadas. Dizem que uma "guerra civil" está prestes a estourar. Não entendo quem lutaria contra quem. Todo mundo perdeu seu dinheiro. Fomos sábios em não vender nossa casa. Mami disse que tudo bem ir até lá e ficar do lado de fora da escola, mas preciso calar a boca e não incitar os protestos. Vi K. Encontrei-me também com Besa. Ela estava indo para uma festa na casa de alguém. Todo esse boicote à escola tem sido legal. A gente consegue se encontrar bastante.

---

* Jornal de esquerda crítico do governo.

2 de março

20h

É estranho. O primeiro-ministro renunciou. Berisha organizou uma mesa-redonda com todos os partidos. Ontem os socialistas concordaram com um novo governo, liderado pelos democratas. Hoje eles se retiraram do acordo. O Sul está um caos. Em Saranda e Himarë,* cinco depósitos de armas foram atacados e um depósito naval foi explodido. Todos os condenados por homicídio escaparam da prisão.

22h

Parei de escrever para ver as notícias. Babi voltou do parlamento e saiu de novo. Ele ligou enquanto estava a caminho de Tirana a fim de me avisar para não sair de casa. Ele diz que não é seguro, e se as pessoas estiverem iradas com ele, podem descontar em mim. O presidente declarou estado de emergência e transferiu poderes para os militares. O regime militar parece horrível. Você não pode sair em grupos de mais de quatro pessoas, há um toque de recolher, não pode haver atividades organizadas, inclusive para fins culturais, e os soldados têm o direito de abrir fogo se o virem infringir a lei. O povo em Vlora está marchando em direção a Tirana para derrubar o governo. Todos ao meu redor sussurram. Recebi hoje um telefonema de alguns jornalistas italianos que conheci antes na escola. "*È grave*", foi tudo o que consegui dizer em italiano. Estou assustada. Mas está tudo quieto por aqui. Talvez sejam apenas as palavras. Regime militar. Estado de emergência. Soam aterrorizantes.

---

* Cidades do Sul, tradicionalmente de esquerda.

3 de março

Hoje de manhã assistimos pela televisão à farsa da eleição presidencial. Dos 118 deputados do Partido Democrático, 113 votos a favor, um contra e quatro abstenções. Babi estava entre os quatro. Esta manhã, em Tirana, os escritórios do *Koha Jonë* foram incendiados e um jornalista desapareceu. Não acho que os militares sejam fortes o suficiente para derrubar os rebeldes. Ontem à noite, às duas da madrugada, os estudantes de Vlora abandonaram a greve de fome. Não sabiam com quem negociar. Diferentes gangues estão atacando quartéis militares, roubando armas, saqueando lojas. Nossos tanques são tão velhos. Nem sei se de fato funcionam.

Estou assustada. Babi disse que eu não deveria de forma alguma sair de casa, e se encontrarmos um jeito, eles me mandarão para a Itália. Ouviu dizer que, se você tem boas notas, há bolsas de estudo universitárias às quais pode se candidatar. Bashkim Gazidede, o general no comando, anunciou hoje o fechamento das escolas. Parece que ele não tem a mínima noção. Há um toque de recolher entre as 20h e as 7h. As lojas fecham às 15h. Durrës está tranquila. Talvez seja bom ir embora. Vou sentir falta daqui. Tudo está ferrado. Não quero ir.

4 de março

13h40

Mami acabou de voltar de uma reunião do partido. Disse que o partido está registrando nomes a fim de distribuir armas para que as pessoas possam se defender se precisarem. Babi diz que não quer uma arma em casa. De qualquer modo, ele não a usaria. Mami diz que pode ter um efeito dissuasivo. Ela diz que a usaria. Carros com placas de Vlora foram vistos em Durrës hoje. O governo mandou tanques para o Sul. Aparentemente, os tanques ainda funcionam. Os manifestantes fugiram para as montanhas e todos os jornalistas foram evacuados de helicóptero. Não sei o que vamos fazer se os protestos chegarem a Durrës. Está tudo bem aqui. Jogo xadrez e cartas em casa. Não quero ir embora. Quero terminar a escola.

5 de março

Sinto falta de K. Quero vê-lo antes de partir. Não quero ir embora. Partir faz a gente esquecer as coisas. Faz a gente esquecer as pessoas.

7 de março

12h30

O presidente disse que se as pessoas entregarem suas armas haverá um governo de coalizão e anistia em 48 horas. Houve uma mesa-redonda entre os partidos ontem. Achei que a atmosfera no parlamento era civilizada. Ainda não posso sair de casa. Sou só eu. Todos os outros estão saindo. As pessoas da escola ainda estão se reunindo fora do horário do toque de recolher. Não sei por que não tenho permissão. Não consigo entender.

20h40

Especialistas europeus aconselharam a elaboração de uma nova constituição e a realização de novas eleições. Não disseram nada sobre se o governo pode usar os meios necessários para reprimir as insurreições.

8 de março

Há um armistício por 48 horas. Os rebeldes tomaram Gjiro-kastra.* Muitas delegações indo e vindo.

9 de março

A situação está melhorando. Houve outra mesa-redonda on-tem e os partidos concordaram com um governo de coalizão, novas eleições em junho, anistia para pessoas que devolve-rem suas armas dentro de uma semana. Talvez eu não precise ir embora. Tive permissão para sair depois do meio-dia. O es-tado de emergência deve terminar em breve e a escola será reaberta. Estou tão feliz. Estava ficando insuportável. Chega-mos tão perto da guerra. Sinto falta de K. Espero que tudo fi-que bem com meus exames. Estou ansiosa para começar de novo. Babi está em tal estado que não se pode falar com ele. Lamento que sua vida na política tenha sido tão curta. Não sei se ele vai concorrer novamente nas novas eleições. Acho que depende se eles reestruturarem o partido.

10 de março

Tão chato. Não vejo K. há dez dias. Dez dias.

11 de março

Apesar do acordo entre os partidos, apesar do governo técnico com um primeiro-ministro socialista, apesar de todos os esfor-ços "bilaterais" para resolver a crise, os protestos continuam. Acabei de ouvir no noticiário que algumas cidades do Norte,

---

* Cidade de esquerda no Sul, onde nasceu Enver Hoxha.

Shkodra, Kukës e Tropoja, também estão agora nas mãos de insurgentes. O parlamento aprovou uma anistia para as pessoas que devolverem suas armas. Não acho que isso parou os saques.

13 de março

Não consigo enxergar através das minhas lágrimas. Estou no meu quarto. A única coisa que ouço além dos meus próprios soluços é o trovejar das metralhadoras. Nem sei de onde vem. Ouço de todos os lugares. Ninguém pensou que a confusão chegaria aqui. Ontem ouvimos explosões aqui e ali, e sons de helicópteros, mas não pensamos muito nisso. Quando ouvimos rumores de que os problemas tinham chegado a Tirana presumimos que os ruídos eram ecos. Então me sentei perto da janela da cozinha e vi pessoas correndo. Todos os homens da nossa rua subiam a colina carregando armas: alguns tinham Kalashnikovs, outros, pistolas, outros ainda carregavam bombas de barril. Vi nosso vizinho Ismail, ele é tão velho que anda com uma bengala. Estava lutando para arrastar uma grande coisa metálica num carrinho de mão de madeira. Ele disse que era um foguete RS-82 de médio alcance. Fazia um som de raspagem. Pessoas o elogiavam: Ismail, isso parece ótimo, você tem a plataforma de lançamento também? Ele disse que não tinha, mas talvez alguém a encontrasse. Nunca se sabe quando vai se precisar de um foguete, comentou.

Mais tarde, surgiram rumores de um novo êxodo; espalhou-se a notícia de que os barcos que estavam no porto levariam pessoas para a Itália. Alguns conseguiram pular na balsa de passageiros *Adriatica*, abriram fogo e forçaram o capitão a sair. Entrei no nosso quarto e encontrei Nini tremendo. Ela disse que Babi está preso no parlamento, e provavelmente há uma luta acontecendo agora, o parlamento está em chamas. A linha telefônica está interrompida. Ela estava muito pálida.

Mami está na praia com Lani, eles foram lá esta manhã antes que as coisas saíssem do controle. E ainda não voltaram. Comecei a chorar, aí veio a Besa e disse que ia sair com a mãe para ver se encontravam um barco no porto. A mãe dela perguntou a Nini se ela me deixaria ir com eles, mas ela disse que não. Chorei ainda mais. Então abri a boca para dizer que queria ir, mas nenhum som saiu. Tentei novamente. Nada. Não consegui dizer nada.

Perdi minha voz. Não tentei mais. Não sei se vou poder falar de novo. Não quero tentar, caso minha voz não saia. Há muito barulho ao redor. Tudo o que posso ouvir são Kalashnikovs. Donika veio aqui para ficar com Nini. Não entendo por que todo mundo está me pedindo para falar, para usar minha voz. E se não sair? Não quero tentar. Nini disse que, quando Babi voltar, eles me mandarão ver um médico. Assim que me pedem para falar, vêm as lágrimas. Não consigo parar as lágrimas. Elas apenas fluem. Tento detê-las, mas não consigo. Não posso falar. Não sei o que fazer. Estou sozinha agora, e quero tentar, mas e se não sair? E se for para sempre? Se eu chorar, talvez ela volte.

14 de março

9h50

Só ouço metralhadoras. Mami e Lani foram para a Itália ontem. Um homem veio nos contar. Estavam na praia e viram um barco parar no cais, então pularam nele. O homem que nos contou também estava no cais com a família, mas decidiu não ir. As pessoas dentro do barco tinham Kalashnikovs e estavam atirando. Mami tentou convencê-lo de que havia tiroteio em todos os lugares, então é melhor ir para a Itália, mas ele disse que sua família estava com muito medo. Ele disse que Mami e Lani estão provavelmente num campo de refugiados em Bari agora. Mas não sei se conseguiram, não telefonaram. Não sei como pagaram a viagem. Não tinham dinheiro com eles. Provavelmente nem poderão sair do campo. Serão mantidos lá por duas semanas e enviados de volta. O telefone voltou a funcionar. Depois parou. Agora acho que funciona, mas ninguém ligou. As ruas estão bloqueadas, mas acho que a televisão informaria se alguém morresse no parlamento, então acho que Babi está bem.

Mas ainda não consigo falar. Acho que minha voz não voltou. Não sei se algum dia voltará. Nini diz para tentar falar para que quando Babi voltar não leve um choque. Ela me deu Valium. Disse que ajudaria. Não fez nenhum efeito. Então me deu outro. Ainda não consigo falar. Não tentei, mas e se eu tentar e minha voz sumir para sempre? Nini diz que a situação não é tão ruim. Ela diz que eu preciso ser forte; preciso achar alguma força. Não sei quando ela acha que a coisa vai ficar realmente ruim. Minha voz se foi. Estou com sono.

15h30

Kalashnikovs parecem fogos de artifício na véspera de Ano-Novo. Elas simplesmente continuam e continuam. Dia e noite. Quem poderia ter previsto isso? O estado de emergência está saindo pela culatra. Fala-se em trazer tropas da Otan. Temo que isso piore as coisas, porque vai começar um derramamento de sangue maciço. Como os pacificadores na Bósnia. É esperar para ver. Nini tem razão, provavelmente preciso me acostumar com isso. Estou tentando. Sinto um arrepio na espinha quando penso em ontem, pessoas correndo, carros dirigindo em alta velocidade, atirando na rua. Hoje está um pouco melhor. Acho que estou ficando melhor em lidar com isso. É como se todos tivessem enlouquecido ao mesmo tempo, eles destroem tudo.

Babi voltou de Tirana. Ele disse que o porto foi completamente destruído. Todos os escritórios foram queimados. Pouquíssimas lojas estão de pé e os donos as defendem com Kalashnikovs. Só ouço tiros. O país está nas mãos de bandidos. É uma anarquia total. Ninguém mais fala em soluções políticas. Não se trata de socialistas versus democratas. Agora todos os poderes políticos estão completamente impotentes. Ninguém entende nada. É como se um país inteiro cometesse suicídio. Quando parecia que as coisas estavam melhorando, tudo foi morro abaixo. Agora que estamos todos caindo de um precipício, não há como voltar. É muito pior do que 1990. Pelo menos havia então esperança na democracia. Agora não há nada, apenas uma maldição.

17h

Não suporto isso. Prefiro sair e levar uma bala do que ficar aqui sentada. Não há ninguém para conversar. Sempre pensei que se houvesse uma guerra, eu seria forte. Nunca pensei que fosse apenas ficar chorando. É a espera. A espera me sufoca.

Nini disse para afastar minha cama da janela. Muitas balas Kalashnikov caíram no parapeito da janela. Não sei de onde elas vêm, mas se forem atiradas de não muito longe daqui e mantiverem a maior parte de sua velocidade, podem matar. Foi o que ela disse. Mude a cama de lugar.

18h

Esses tiros. É como se explodissem na minha cabeça. Eu simplesmente não consigo parar as lágrimas. Toda vez que tento falar, fico com lágrimas nos olhos.

15 de março

Nini me deu outros tranquilizantes mais cedo. Acabei de acordar. Estou me sentindo um pouco melhor. Não sei se as coisas estão realmente ruins ou se é minha imaginação que as torna piores. Agora que Besa também foi embora, não tenho com quem conversar. De qualquer modo, não posso falar. Ouvi menos tiros hoje. Aparentemente, haverá uma força policial internacional. Quero voltar para a escola.

12h30

Pensei em me matar, mas tive pena de Nini. Durou apenas quinze minutos. Preciso encontrar um novo livro para ler.

20h50

A tarde estava boa. Mami ligou mais cedo, pela primeira vez. Eles estão num campo de refugiados em Bari. Babi está com raiva dela. Ele diz que ela não deveria ter ido embora sem perguntar. Nini falou com ela e depois passou o telefone para Babi, e ele não disse nada, apenas passou o telefone para mim, mas não consegui falar nada. Não tentei, mas acho que não consigo falar. Acho que minha voz não voltou. Mami disse que simplesmente viu o barco e foi nele. Ela estava tentando salvar Lani. Nini disse que não se pega um filho e deixa o outro. Babi jura que nunca mais vai falar com ela.

16 de março

Eu saí hoje. Saí de casa enquanto Nini dormia. Não aguentava mais. Pensei: se eu for morta, e daí? Subi ao topo da colina para ver o antigo Palácio Real. Não sobrou nada. Os corrimãos estão quebrados. As telhas foram roubadas. As flores foram todas colhidas. Os lustres sumiram. O teto parece que vai cair na sua cabeça. Quando eu estava lá, tentei gritar. Minha voz saiu. Eu sabia que estava lá, só não queria usá-la. Estava tudo tão vazio. Completamente vazio. Não havia mais móveis.

Comecei a ler *Guerra e paz*. Há muitos personagens. É como se a gente passasse a conhecê-los. É provavelmente melhor passar tempo com personagens fictícios do que sentir falta daqueles reais que você nunca mais verá. Parei de pensar na escola. Parei de pensar em K.

17 de março

Flamur se matou. Ele estava brincando com uma Tokarev TT33 e achou que não estava carregada. Sua mãe estava lá. Ele puxou o gatilho e havia uma bala dentro. Só uma. As pessoas na rua disseram que ouviram uma explosão, mas eu não ouvi nada. São tantas explosões. Eu só ouvi Shpresa gritando, como um rugido seco, como um animal. Ela saiu na rua, puxando o cabelo, ela simplesmente enlouqueceu. Não parava de dizer que alguém precisava entrar e cobri-lo. Foi a única coisa que ela disse. Vá lá dentro e cubra-o.

18 de março

É muito divertido sair com Babi. Fomos juntos às lojas hoje. Mas ele fala muito. E também conhece gente demais, leva séculos. Tinha gente lá fora hoje. As coisas pareciam um pouco melhores. Acho que tudo vai ficar bem. Eu só preciso ser corajosa. Nini é tão corajosa. Não sei como ela consegue. Tem um cuco preso dentro da nossa casa. Procuramos muito, mas não o encontramos. Mas dá para ouvi-lo, é muito alto. Nini diz que dão azar.

19 de março

Falei com a Mami ao telefone hoje. Ela disse que eles vão deixar o acampamento em breve. Achou um emprego em Roma de cuidadora de uma senhora idosa que está paralisada. Mami diz que vai pedir asilo político. Eles lhe dão comida e alojamento e quinhentas mil liras, e ela pode ficar com Lani. Diz que depois de um tempo talvez consiga um emprego de professora de matemática. Então, solicitará a cidadania e conseguirá a reunificação familiar. Ela não tem noção. Não assiste à televisão. Vi um programa sobre albaneses na Itália. É mais provável que ela encontre um homem do que obtenha a cidadania. Babi ainda não fala com ela.

20 de março

Não consegui escrever ontem à noite. Tivemos um corte de energia às 17h, e a luz só voltou esta manhã. Depois apagou de novo, mas acabei de encontrar uma vela. Ontem não havia ninguém nas ruas. O porto está cheio de gente tentando ir embora. Havia um vento tão louco que parecia que ia levantar a casa e jogá-la longe. Não sei para onde eles pensam que vão com esse vento. Terminei *Guerra e paz*. Turguêniev aparentemente escreveu que o romance tem algumas coisas que são insuportáveis e outras maravilhosas, e as maravilhosas dominam. Não achei nada insuportável. No final, não conseguia largar. Babi disse que se Mami voltar, ele vai levá-la ao tribunal. Diz que nunca vai perdoá-la. Ainda há luta. Minha cabeça está explodindo. É como se houvesse algo dentro dela, mas não descobri o que é. É muito barulhento na minha cabeça. É muito barulhento lá fora. Não há pessoas nas ruas, mas é barulhento de verdade. Os tiros não param.

25 de março

Acho que a escola não vai reabrir este ano. Não tenho ideia do que vai acontecer com meus exames finais. A faculdade já era. Ainda não decidi o que quero estudar. Em breve haverá soldados estrangeiros: italianos, gregos, espanhóis, poloneses. Forças de paz internacionais. Acho que vai ser bom para a economia, bom para a prostituição.

29 de março

Um barco que navegava de Vlora para a Itália afundou ontem à noite perto de Otranto. Transportava cerca de cem pessoas e foi atingido por um navio militar italiano que patrulhava as águas. Os italianos fizeram uma manobra para tentar parar o barco e ele virou. Há cerca de oitenta corpos dispersos no mar, eles ainda estão procurando, principalmente mulheres e crianças, algumas com apenas três meses de idade. Nosso primeiro-ministro havia assinado um acordo com Prodi* no dia anterior, ele concordou com o uso da força para garantir o controle territorial italiano das águas, inclusive atingindo navios no mar como forma de os enviar de volta. Não tomo mais Valium. Estou tomando valeriana, é para ser mais leve.

6 de abril

O ministro da Educação veio com uma ideia ridícula chamada "Educação pela televisão". Eles não vão reabrir as escolas. Não é seguro. Vão dar aulas pela televisão para que "ninguém fique de fora". Não sei o que vai acontecer com os exames finais. Talvez sejam realizados pela televisão.

---

* Romano Prodi, então primeiro-ministro italiano (centro-esquerda).

22.
Os filósofos têm apenas interpretado o mundo; a questão, porém, é transformá-lo

As escolas permaneceram fechadas até o fim de junho de 1997, quando abriram por alguns dias a fim de que alunos do último ano, como eu, fizessem seus exames. Tropas internacionais de paz haviam chegado algumas semanas antes, num esforço para estabilizar o país — não tanto para deter a violência, mas para ajudar o Estado a recuperar o monopólio sobre ela. Soldados estrangeiros estavam espalhados por toda parte, usando os mesmos uniformes verdes e capacetes cinza, distinguidos apenas pela cor das bandeiras costuradas em suas mangas. A operação "Alba" era liderada pela Itália; pela segunda vez desde a Segunda Guerra Mundial, uma missão "civilizadora" trazia soldados italianos para o solo albanês.

Em breve teríamos novas eleições. Também haveria um referendo para decidir se o país deveria permanecer uma república ou restaurar a monarquia. Descendentes do rei, o mesmo rei Zog cujos poderes foram brevemente transferidos para meu bisavô quando o país se tornou um protetorado fascista, voltaram para tentar administrar o colapso do país. Tendo fugido da Albânia carregando ouro do banco nacional em 1939, eles compraram um espaço publicitário na televisão para fazer campanha a favor do voto na monarquia. Todas as noites, uma tela dividida mostrava imagens da Albânia em chamas ao lado de fotos de pontos de referência de Oslo, Copenhague e Estocolmo. Em azul, escrito sob as fotos, lia-se: "Noruega: Monarquia Constitucional";

"Dinamarca: Monarquia Constitucional"; "Suécia: Monarquia Constitucional".

A propaganda teve a capacidade instantânea de arruinar o humor da minha avó, mais do que o trovejar das Kalashnikovs do lado de fora da janela. "Zog!", ela bufava. "Não me fale de Zog. Fui ao casamento dele. Zog! Que loucura é essa? Não posso acreditar!"

As intervenções do meu pai eram menos carregadas de emoção, mas igualmente perplexas. "Suécia", dizia cada vez que o anúncio aparecia, sem explicar. "Olof Palme. Leushka, você já ouviu falar de Olof Palme? Ele era um bom homem. Você deveria ler sobre ele. Era um social-democrata. De verdade. Você teria gostado dele. Olof Palme era um bom homem." Anos depois, aprendi mais sobre Olof Palme, suas críticas ferozes tanto aos Estados Unidos quanto à União Soviética, seu apoio à descolonização e seu assassinato. Só então me ocorreu que durante toda a vida meu pai só admirou os políticos depois de mortos.

Na noite anterior ao meu último exame, de física, sentei-me diante de um atlas, tentando memorizar as capitais do mundo. Achei difícil me motivar a revisar o livro de física novamente. Estava exausta. Havia meses que eu estudava sem interrupção todas as noites, da mesma forma que faria durante o dia se a escola estivesse aberta. À noite, o som das Kalashnikovs era esporádico. Ainda se podia ouvir cães latindo; podia-se até ouvir um grilo ocasional no jardim. Os cortes de energia tornaram-se mais previsíveis: ou havia eletricidade durante a noite, ou não havia. À meia-noite, se sabia. No escuro, a vida quase voltou ao normal, exceto por minha avó, que se remexia durante o sono e depois acordava para me advertir que se eu estudasse demais ficaria doente. Essa parte era incomum: ela nunca me dissera para parar de ler.

Na escola, fomos informados de que qualquer coisa que fizéssemos durante os exames provavelmente não faria diferença.

As notas finais provavelmente seriam atribuídas para corresponder às notas estimadas. Achei difícil deixar para lá. Eu queria estar preparada para todas as contingências. Não havia garantia de que todas as provas seriam realizadas ou de que o conselho que recebemos permaneceria o mesmo. Eu poderia estar prestes a repetir o ano. Ou estar prestes a terminar a escola sem nunca ter aprendido as capitais do mundo.

No dia do último exame, meu professor Kujtim abriu o envelope contendo a lista de questões enviada pelo Ministério da Educação. Houve um silêncio solene no pavilhão de esportes da escola, onde carteiras individuais foram colocadas a um metro de distância uma da outra para nos impedir de trapacear. Ele leu o que chamamos de "ementa do exame" com a gravidade que se esperaria em circunstâncias normais. Seu tom me fez pensar que, apesar do contexto extraordinário, eu estava certa em levar a sério a preparação. Ele leu: "Um ônibus espacial que voa em direção à Terra com velocidade V emite sinais de luz na direção em que está voando. Qual é…".

Antes que Kujtim pudesse terminar de ler a pergunta, o diretor entrou no corredor. Kujtim tirou os óculos e esperou. O diretor sussurrou algo no ouvido de Kujtim, e ele sussurrou de volta, então o diretor assentiu e saiu. Kujtim olhou pela janela, tossiu, engoliu e, sem voltar a colocar os óculos, recomeçou a ler: "Um ônibus espacial que voa em direção à Terra com velocidade V emite sinais de luz na direção em que está voando. Qual é a velocidade dos fótons em relação à Terra?".

Quando terminou as perguntas, virou-se para o quadro-negro e preencheu os dois lados com gráficos e equações. Depois virou-se para nós, segurando a folha A4 perto do rosto como um escudo. "Aqui estão as respostas", disse ele, cercado por uma nuvem de pó de giz. "Ninguém vai ser reprovado. Se sua nota estimada for 6, você deve copiar apenas duas respostas. Se for 8, você precisa copiar três. Se for 10, você tem que copiar todas as quatro. Não tentem respondê-las vocês mesmos. O diretor recebeu um telefonema anônimo. Uma bomba pode ter sido colocada na escola e pode explodir em duas horas. Duas horas, disseram-lhe. A polícia já procurou; não viram nada. Pode ser um de seus amigos fazendo uma brincadeira. Vocês não precisam entrar em pânico. Mas precisam ser rápidos."

Aquela foi minha última prova. A escola não explodiu: era um alarme falso. Quando relatei o episódio em casa, meu pai riu — um riso delirante, batendo na mesa repetidamente com a mão aberta e enxugando as lágrimas que rolavam nas suas bochechas. "Uma bomba!", ele gritou. "Uma bomba! Eu disse para você dormir, Leushka! Eu disse que ia ser uma formalidade! Uma bomba! Isso é genial! Uma bomba! E eles permitem que você continue! Mestres! Gênios!"

À tarde, me afligi porque o vestido turquesa de seda que comprei para minha festa de fim de ano escolar era longo demais e não consegui encontrar uma costureira que me ajudasse rápido a ajustar o comprimento. "Já está bem acima de seus joelhos", disse minha avó quando experimentei. "Estou com a cortina nos olhos", desculpou-se, referindo-se à catarata, "não posso fazer nada."

Era o tipo de pequeno ajuste de roupas em que minha mãe se especializara. Fiquei ressentida por ela não estar lá. Eu só usava calças na escola e queria marcar a ocasião. Meu pai revirou os olhos com seu habitual ar de impotência, com uma expressão levemente culpada em seu rosto. Pelo menos ele teve a elegância de não sugerir que o vestido já estava curto.

No dia seguinte, realizamos nossa festa de fim de ano num hotel romântico na praia chamado Califórnia. Pertencia à principal gangue local, a mesma gangue que havia contrabandeado minha mãe para a Itália e que controlava a maioria das armas saqueadas. O hotel Califórnia estava cercado por homens armados que disparavam periodicamente para o ar, tanto para avisar as gangues rivais que o hotel estava bem defendido quanto para contribuir para a atmosfera festiva dentro do salão principal, seguindo a antiga tradição balcânica de atirar durante os casamentos. A festa parecia um casamento: os meninos usavam terno e gravata, e todas as meninas, exceto eu, exibiam longos vestidos de noite. Os garçons trouxeram *meze* ao longo do dia, e a dança em linha continuou até por volta das quatro da tarde, quando os homens armados entraram para nos informar que o toque de recolher estava prestes a começar. Para encerrar, tocaram "Hotel California", e enquanto empacotávamos nossas coisas para sair do salão, cantávamos *"Welcome to the Hotel California! Such a lovely place, such a lovely face!"* com armas apontadas para nós. "Eu odeio isso", disse uma garota da minha classe quando estávamos do lado de fora. "Eu odeio esse calor! Veja o que aconteceu com minha maquiagem, está toda escorrendo no meu rosto, como se eu fosse uma pessoa morta coberta de lama."

Quando penso no fim das aulas agora, lembro de sentir alívio por termos escapado das provas com tanta leveza e ressentimento por minhas noites de preparação para elas terem sido desperdiçadas. Meu esforço para manter a ordem nessa única dimensão da minha vida, apesar de tudo o que acontecia ao meu redor, agora parece um tipo de patologia.

Havia tanta coisa que eu acabara aceitando durante aqueles meses. Aceitei que meu pai eventualmente poderia ficar preso no parlamento sem saber quando voltaria para casa, se é que conseguiria. Aceitei as notícias entusiasmadas de minha mãe sobre o destino de sua permissão de trabalho italiana e sua cômica tranquilização de que ela não se importava em limpar banheiros de estranhos por um tempo; dizia que isso tirava sua cabeça da política. Aceitei perder a voz. Aceitei que poderia ter de expressar meus pensamentos por escrito a partir de então. Aceitei que meu amigo de infância, Flamur, que certa vez matara um gato na minha frente, se matou na frente de sua mãe enquanto brincava com aquela Tokarev TT33. Aceitei o tilintar das balas de Kalashnikovs caindo no parapeito da minha janela. Aprendi a dormir com elas. Aceitei bombas durante o exame e armas no baile da escola.

Aprendi a conviver com a sensação da precariedade da minha existência. Aceitei a insignificância de realizar ações cotidianas como comer, ler ou dormir, quando não se sabe se, no dia seguinte, poderá fazer o mesmo. Aceitei o anonimato de todas as tragédias que se desenrolavam diante de mim, e como de repente se tornou inútil descobrir que tipo de morte sofreu um vizinho ou parente — intencional ou acidental, solitária ou cercada pela família, violenta ou pacífica, cômica ou digna.

Aceitei as diferentes explicações sobre o que havia causado isso ou aquilo, que a comunidade internacional tinha alertado sobre esta ou aquela decisão, que os Bálcãs tinham uma história explosiva desde muito tempo atrás — que é preciso levar em consideração as divisões étnicas e religiosas que permeiam aquele canto do mundo, e também o legado do socialismo. Aceitei a história que ouvi na mídia estrangeira: que a guerra civil albanesa podia ser explicada não pelo colapso de um sistema financeiro falho, mas pelas animosidades de longa data entre diferentes grupos étnicos, os ghegs no Norte e os tosks no Sul. Aceitei isso apesar de seu absurdo, apesar de não saber o que *eu* era, se ambos ou nenhum. Aceitei isso, embora minha mãe fosse uma gheg e meu pai um tosk, e durante toda a vida de casados apenas suas divisões políticas e de classe tivessem importado, nunca o sotaque com que falavam. Aceitei isso, como todos nós, assim como aceitamos o *roteiro* liberal que havíamos seguido como um chamado religioso, assim como aceitamos que esse plano só poderia ser interrompido por fatores externos — como o atraso de nossas próprias normas comunitárias — e nunca vítima de suas próprias contradições.

Eu aceitei que a história se repete. Lembro-me de pensar: foi isso que meus pais vivenciaram? É isso que eles queriam que eu experimentasse? É assim que é perder a esperança, tornar-se indiferente à categorização, às nuances, às distinções, a avaliar a plausibilidade de diferentes interpretações, à verdade?

Era como estar de volta a 1990. Havia o mesmo caos, a mesma sensação de incerteza, o mesmo colapso do Estado, o mesmo desastre econômico. Mas com uma diferença. Em 1990, não tínhamos nada além de esperança. Em 1997, a perdemos também. O futuro parecia sombrio. E, no entanto, tive de agir como se ainda houvesse um futuro, e tive que tomar decisões me imaginando nele. Precisei decidir o que queria ser quando adulta e escolher meu campo de estudo na universidade. Achei a escolha terrivelmente difícil. Achei difícil avaliar as possibilidades, imaginar-me em um tipo de vida em vez de outro, e pensar no meu futuro em cada uma das opções. Achei impossível pensar em campos de estudo isolados como direito, medicina, economia, física, engenharia, no que eram e como alguém poderia se tornar um especialista. Não parava de refletir sobre o valor compartilhado deles, se havia algo que tinham em comum e para que serviam. Eu me perguntava sobre o papel deles em nos ajudar a dar sentido a essa coisa chamada história, que consideramos ser mais do que uma sequência caótica de personagens e eventos, e sobre a qual projetamos significado, um senso de direção e a possibilidade de aprender sobre o passado e usar esse conhecimento para moldar o futuro. Eu não sabia o que escolher. Tudo que eu tinha eram dúvidas.

Mas as dúvidas me ajudaram a decidir. Uma noite, anunciei o resultado da decisão durante o jantar com meu pai e minha avó, enquanto comíamos algumas azeitonas. Meu pai ficou alarmado.

"Filosofia", disse. "Filosofia, como a Mula?"

"A Mula?", perguntei, surpresa por ele ter mencionado minha professora.

"Filosofia. Marxismo", insistiu. "Foi isso que a Mula estudou. Mesma coisa. Até Marx sabia que não valia a pena. Você sabe o que ele disse? Disse que os filósofos têm apenas interpretado o mundo. A questão é transformá-lo. Ele disse isso na *Décima primeira tese sobre Feuerbach*. Você quer ser como a Mula? Não saíram muitas verdades de Marx, mas essa pode muito bem ter sido uma."

Meu pai recitou a *Décima primeira tese sobre Feuerbach* como se recitasse um versículo do Alcorão ou da Bíblia. Não cobiçarás. Não estudarás filosofia.

"Nunca ouvi essa frase antes", retruquei. "E de qualquer modo, pode-se mudar o mundo estudando filosofia", continuei, ainda mastigando uma azeitona.

"Esse é o argumento de Marx", respondeu meu pai. "A filosofia está morta. Os filósofos apresentam teorias, uma teoria após a outra, mas todas se contradizem. Simplesmente não há como afirmar quem está certo e quem está errado. Você deve escolher uma ciência exata, algo que possa ser verificado ou falsificado, como química ou física. Ou escolha um assunto que lhe dê habilidades que você possa usar para melhorar a vida das pessoas. Como ser médica ou advogada, qualquer coisa, na verdade."

"Claro que há como afirmar", argumentei, ainda pensando na citação do meu pai.

Ele parecia perplexo.

"Você disse que a questão não é interpretar o mundo, mas mudá-lo. Talvez Marx quisesse dizer que a teoria filosófica que muda o mundo na direção certa é a certa", murmurei, enquanto torcia a língua em volta da azeitona na boca, tentando tirar o caroço.

"Você já está falando como um marxista", ele disse. "Eles acham que sabem qual é a direção certa."

Essa segunda referência a Marx foi mais alarmante do que a primeira. Sempre que meus pais diziam que "fulano era marxista" ou que "sicrano ainda é marxista", o que eles queriam dizer era qualquer coisa que ia de "fulano é estúpido" a "não se deve confiar nele" e "fulano é um criminoso". Ser chamado de marxista nunca foi um elogio.

"Filosofia não é uma profissão!", exclamou. "No máximo, você vai acabar sendo professora do ensino médio, explicando a história do Partido para jovens apáticos de dezesseis anos."

"Que Partido?", perguntei, mastigando mais azeitonas. "Não há nenhum Partido. Não estudamos nenhuma história do Partido."

"Seja o que for que a Mula ensina hoje em dia", admitiu ele, corrigindo-se.

"Eu não mencionei Marx", falei, começando a levantar a voz. "Foi você. Isso é tudo o que você sabe de filosofia. Vocês são todos obcecados pelo marxismo. Talvez o marxismo esteja morto." Nesse ponto, minha voz começou a vacilar. "Mas há muito mais na filosofia. Não entendo nada de marxismo. Posso ver como ele arruinou a vida de vocês. Mas…"

"Teria arruinado a sua também, se você tivesse nascido alguns anos antes", interrompeu meu pai.

"Já está arruinada o bastante. O marxismo não vai piorá-la."

Minha avó se levantou para pegar os pratos do jantar, então se virou para meu pai, como se estivesse pensando melhor. "Você não estudou o que queria na universidade", disse ela calmamente. "Por que você quer infligir o mesmo à sua filha? Qual é o sentido de fazer com sua filha algo de que você se ressentiu a vida toda?"

Seu tom contrastava com suas palavras. Ela falava sem entusiasmo, como se estivesse ajudando a diagnosticar uma doença em vez de discutir opções para o futuro. Resolvi ficar calada.

"Não entendo", meu pai disse nervosamente. "Eles nunca estudaram filosofia na escola. Nem mesmo Marx. Como vou pedir às pessoas que me emprestem dinheiro para ela estudar? Para estudar o quê? FI-LO-SO-FI-A. As pessoas vão pensar que perdemos a cabeça. O que ela sabe sobre filosofia?" Havia raiva em sua voz.

Naquela noite, fizemos um pacto. Eles prometeram me deixar estudar filosofia, e eu prometi ficar longe de Marx. Meu pai me deixou ir. Saí da Albânia e atravessei o Adriático. Acenei dando adeus a meu pai e a minha avó na praia e viajei para a Itália em um barco que navegou sobre milhares de corpos afogados, corpos que um dia carregaram almas mais esperançosas que as minhas, mas que encontraram destinos menos afortunados. Eu nunca mais voltei.

Epílogo

Todos os anos, começo meus cursos sobre Marx na London School of Economics dizendo aos alunos que muitas pessoas entendem o socialismo como uma teoria das relações materiais, luta de classes ou justiça econômica, mas que, na realidade, algo mais fundamental o anima. O socialismo, digo-lhes, é sobretudo uma teoria da liberdade humana, de como pensar o progresso na história, de como nos adaptamos às circunstâncias, mas também tentamos superá-las. A liberdade não é sacrificada apenas quando os outros nos dizem o que falar, para onde ir, como nos comportar. Uma sociedade que afirma permitir que as pessoas realizem seu potencial, mas não consegue mudar as estruturas que impedem que todos floresçam, também é opressora. E, no entanto, apesar de todas as restrições, nunca perdemos nossa liberdade interior: a liberdade de fazer o que é certo.

Meu pai e minha avó não viveram para ver no que deram meus estudos. Depois de largar sua carreira de deputado, meu pai foi empurrado de um empregador privado para outro, sempre culpando seu inglês ruim pela demissão e, de modo crescente, suas habilidades rudimentares de informática. Para facilitar a busca por emprego, a família se mudou para um apartamento na capital, próximo ao antigo Jardim Botânico, hoje uma das áreas mais poluídas do país. Sua asma piorou. Certa noite de verão, pouco depois de completar sessenta anos, teve um ataque violento de asma. Ele correu para a janela e abriu-a para respirar, mas foi envolto por uma nuvem de monóxido de carbono e poeira. A ambulância o encontrou morto.

Minha mãe estava na Itália quando isso aconteceu. Meus pais se reconciliaram, mas ela trabalhava lá sazonalmente como cuidadora ou faxineira para ajudar a pagar algumas de nossas novas dívidas, enquanto os irmãos na Albânia iam atrás de suas antigas propriedades confiscadas. Esses esforços, que Nini sempre considerara uma "perda de tempo", deram frutos alguns meses depois de sua morte, após a de meu pai. Um grande pedaço de terra costeira foi vendido a uma construtora árabe, e nossa sorte mudou da noite para o dia.

Eu não precisava mais contar meus últimos centavos até a próxima parcela da bolsa de estudos. Podia desfrutar de refeições fora de casa e beber até tarde em bares discutindo política com meus novos amigos da faculdade. Muitos desses amigos eram socialistas autodeclarados — quer dizer, socialistas ocidentais. Falavam de Rosa Luxemburgo, Leon Trótski, Salvador Allende ou Ernesto "Che" Guevara como se fossem santos seculares. Ocorreu-me que eram como meu pai nesse aspecto: os únicos revolucionários que consideravam dignos de admiração haviam sido assassinados. Esses ícones apareciam em pôsteres, camisetas e xícaras de café, assim como a foto de Enver Hoxha estava na sala de estar das pessoas quando eu era criança. Quando mencionei isso, meus amigos quiseram saber mais sobre meu país. Mas eles não achavam que minhas histórias dos anos 1980 fossem de alguma forma significativas para suas crenças políticas. Às vezes, minha apropriação do rótulo de socialista para descrever minhas experiências e o envolvimento político deles era considerada uma provocação perigosa. Costumávamos ir a um grande concerto ao ar livre em Roma no Primeiro de Maio, e não podia deixar de relembrar os desfiles da minha infância no Dia dos Trabalhadores. "O que você tinha não era socialismo de verdade", diziam eles, mal escondendo a irritação.

Minhas histórias sobre o socialismo na Albânia e referências a todos os outros países socialistas com os quais nosso socialismo se comparara eram, na melhor das hipóteses, toleradas como as observações embaraçosas de um estrangeiro ainda aprendendo a se integrar. União Soviética, China, República Democrática Alemã, Iugoslávia, Vietnã, Cuba; também não havia nada de socialista neles. Eram vistos como os merecidos perdedores de uma batalha histórica de que os verdadeiros e autênticos portadores desse título ainda não haviam participado. O socialismo dos meus amigos era claro, brilhante e no futuro. O meu era complicado, sangrento e do passado.

E, no entanto, o futuro que eles buscavam e aquele que os estados socialistas haviam outrora encarnado encontraram inspiração nos mesmos livros, nas mesmas críticas da sociedade, nos mesmos personagens históricos. Mas, para minha surpresa, eles tratavam isso como uma infeliz coincidência. Tudo o que dera errado no meu lado do mundo podia ser explicado pela crueldade de nossos líderes ou pela natureza excepcionalmente retrógrada de nossas instituições. Acreditavam que havia pouco para aprender. Não havia o risco de repetir os mesmos erros, não havia razão para refletir sobre o que fora alcançado e por que fora destruído. O socialismo deles se caracterizava pelo triunfo da liberdade e da justiça; o meu, por seu fracasso. O socialismo deles seria realizado pelas pessoas certas, com os motivos certos, nas circunstâncias certas, com a combinação certa de teoria e prática. Só havia uma coisa a fazer a respeito do meu: esquecê-lo.

Mas eu relutava em esquecer. Não que eu me sentisse nostálgica. Não que romantizasse minha infância. Não que os conceitos com os quais cresci estivessem tão profundamente enraizados em mim que fosse impossível me desembaraçar deles. Mas se havia uma lição a tirar da história da minha família e do meu país era que as pessoas nunca fazem história nas circunstâncias que escolhem. É fácil dizer: "O que vocês tinham não era a coisa real", aplicando isso ao socialismo ou ao liberalismo, a qualquer híbrido complexo de ideias e realidade. Isso nos liberta do peso da responsabilidade. Não somos mais cúmplices de tragédias morais criadas em nome de grandes ideias e não precisamos refletir, pedir desculpas e aprender.

"Estamos criando um grupo de leitura sobre *O capital*", contou-me um amigo um dia. "Se você participar dele, aprenderá sobre o verdadeiro socialismo." E assim fiz. Quando li as primeiras páginas do prefácio, senti um pouco como ouvir francês: uma língua estrangeira que aprendera na infância, mas raramente praticava. Lembrei-me de muitas palavras-chave — capitalistas, trabalhadores, latifundiários, valor, lucro — e elas ecoaram na minha cabeça na voz e nas formulações simplificadas de minha professora Nora, adaptadas para crianças. As pessoas, escreveu Marx nas páginas iniciais, são assim tratadas apenas "na medida em que elas constituem a personificação de categorias econômicas, as portadoras de determinadas relações e interesses de classe". Mas, para mim, por trás de cada personificação de uma categoria econômica, havia a carne e o sangue de uma pessoa real. Atrás do capitalista e do latifundiário estavam meus bisavôs; atrás dos trabalhadores estavam os ciganos que trabalhavam no porto; atrás dos camponeses, as pessoas com quem minha avó havia sido enviada para trabalhar nos campos quando meu avô fora para a prisão, e de quem ela falava com condescendência. Era impossível terminar de ler e seguir em frente.

Minha mãe acha difícil entender por que ensino e pesquiso Marx, por que escrevo sobre a ditadura do proletariado. Ela às vezes lê meus artigos e os acha desconcertantes. Aprendeu a resistir a perguntas embaraçosas de parentes. Eu realmente acredito que essas ideias são convincentes? Ou viáveis? Como isso é possível? Em geral, ela mantém suas críticas para si mesma. Apenas uma vez chamou a atenção para as observações de um primo de que meu avô não passou quinze anos preso para que eu deixasse a Albânia e fosse defender o socialismo. Nós duas rimos sem jeito, então fizemos uma pausa e mudamos de assunto. Isso me fez sentir como alguém envolvido em um assassinato, como se a mera associação com as ideias de um sistema que destruiu tantas vidas em minha família fosse suficiente para me tornar a responsável por puxar o gatilho. No fundo, eu sabia que era isso que ela pensava. Sempre quis esclarecer, mas não sabia por onde começar. Achei que seria preciso um livro para responder.

Aqui está o livro. A princípio, seria um livro filosófico sobre as ideias sobrepostas de liberdade nas tradições liberal e socialista. Mas quando comecei a escrever, assim como quando comecei a ler *O capital*, as ideias se transformaram em pessoas; as pessoas que me fizeram quem eu sou. Elas se amavam e lutavam entre si, tinham concepções diferentes de si mesmas e de suas obrigações para com outras pessoas. Eram, como escreve Marx, o produto de relações sociais pelas quais não eram responsáveis, mas ainda assim tentavam superá-las. Elas achavam que haviam conseguido. Mas quando suas aspirações se tornaram realidade, seus sonhos se transformaram em minha desilusão. Vivíamos no mesmo lugar, mas em mundos diferentes. Esses mundos se sobrepuseram apenas brevemente; quando o fizeram, vimos as coisas através de olhos diferentes. Minha família equiparou o socialismo à negação: a negação de quem eles queriam ser, do direito de cometer erros e aprender com eles, de explorar o mundo em seus próprios termos. Eu equiparei o liberalismo a promessas quebradas, à destruição da solidariedade, ao direito de herdar privilégios, a fechar os olhos para a injustiça.

De certa forma, fiz um círculo completo. Quando se vê um sistema mudar uma vez, não é tão difícil acreditar que ele pode mudar de novo. Combater o cinismo e a apatia política se transforma no que alguns podem chamar de dever moral; para mim, significa uma dívida que sinto dever a todas as pessoas do passado que sacrificaram tudo porque *elas* não eram apáticas, *elas* não eram cínicas, *elas* não acreditavam que as coisas se encaixariam se você simplesmente as deixasse seguir seu curso. Se eu não fizer nada, seus esforços terão sido em vão, suas vidas não terão sentido.

Meu mundo está tão longe da liberdade quanto aquele de que meus pais tentaram escapar. Ambos ficam aquém desse ideal. Mas seus fracassos assumiram formas distintas, e, se não formos capazes de entendê-las, ficaremos para sempre divididos. Escrevi minha história para explicar, reconciliar e continuar a luta.

Agradecimentos

A maior parte deste livro foi escrita numa despensa em Berlim durante a pandemia de Covid-19. Acabou sendo o local perfeito para me esconder das crianças que eu deveria ensinar em casa (as minhas) e refletir sobre as palavras de minha avó: "Quando é difícil ver o futuro com clareza, você tem de pensar no que pode aprender com o passado". Obrigada à minha mãe, Doli, e meu irmão, Lani, por estarem dispostos a revisitar aquele passado comigo, por me deixarem compartilhar *suas* histórias com *minhas* palavras e por sempre dizerem a verdade.

Agradeço à minha editora, Casiana Ionita, por ser a primeira pessoa a me perguntar se alguma vez pensei em levar meus escritos acadêmicos a um público amplo, e à minha agente, Sarah Chalfant, por me dar a confiança necessária para levar adiante um projeto que acabou sendo muito diferente de como foi inicialmente previsto. Sem sua inteligência, perguntas, comentários, paciência e bom humor em várias etapas, o livro não existiria.

Obrigada a Alane Mason da Norton e a Edward Kirke da Penguin pelas excelentes sugestões editoriais sobre o manuscrito como um todo, e às equipes incrivelmente talentosas e apaixonadas que transformaram o livro em realidade material: Sarah Chalfant, Emma Smith e Rebecca Nagel da Wylie Agency; Casiana Ionita, Edward Kirke, Sarah Day, Richard Duguid, Thi Dinh, Ania Gordon, Olga Kominiek, Ingrid Matts e Corina Romonti da Penguin Press; e Alane Mason, Mo Crist, Bonnie Thompson, Beth Steidle, Jessica Murphy e Sarahmay Wilkinson da Norton.

Obrigada a Chris Armstrong, Rainer Forst, Bob Goodin, Stefan Gosepath, Chandran Kukathas, Tamara Jugov, Catherine Lu,

Valentina Nicolini, Claus Offe, David Owen, Mario Reale, Paola Rodano e David Runciman pelos excelentes comentários sobre os primeiros rascunhos do livro, e pelo apoio e amizade constantes.

Obrigada aos meus amigos da Albânia e do "outro" lado da Cortina de Ferro em geral, que compartilharam suas infâncias comigo, me ajudaram a reconstruir eventos e impressões e me fizeram elogios e críticas na devida proporção. Sou especialmente grata a Uran Ferizi e Shqiponja Telhaj (meus editores não oficiais!) e a Odeta Barbullushi, Migena Bregu, Eris Duro, Borana Lushaj, Xhoana Papakostandini e ao Pioneiro Secreto pelos excelentes comentários sobre o manuscrito e pelas inestimáveis perspectivas comparativas geográficas e políticas.

Obrigada também a Joni Baboci, Tsveti Georgieva, Anila Kadija, Bledar Kurti, Viliem Kurtulaj, Gjyze Magrini, Adlej Pici, Roland Qafoku, Fatos Rosa, Flora Sula e Neritan Sejamini pela ajuda em diferentes aspectos do projeto, ou pelo envio de material de Tirana a curto prazo, mesmo durante os lockdowns.

Obrigada aos meus colegas maravilhosamente solidários e aos meus brilhantes alunos da London School of Economics por muitas conversas inspiradoras sobre liberdade, a todos os membros do colóquio de Ordens Normativas em Frankfurt por uma excelente discussão inicial de minhas ideias para o livro e ao Leverhulme Trust e à Humboldt Foundation por financiarem a licença para pesquisa que me permitiu escrever estas páginas.

Obrigada à minha família: Jonathan (outro editor não oficial!), Arbien, Rubin, Hana, Doli, Lani e Noana, por compartilharem todos os tormentos e alegrias deste livro, e por tudo o mais.

Meu pai, Zafo, e minha avó, Nini, estiveram comigo o tempo todo. Zafo teria achado uma piada para fazer neste momento, provavelmente sobre eu alegar ser marxista enquanto dizia "obrigada" tantas vezes. Nini me ensinou a viver e a pensar sobre a vida. Sinto falta dela todos os dias. O livro é dedicado à sua memória.

Free: Coming of Age at the End of History © Lea Ypi, 2021

Todos os direitos desta edição reservados à Todavia.

Grafia atualizada segundo o Acordo Ortográfico da Língua Portuguesa de 1990, que entrou em vigor no Brasil em 2009.

Este livro é uma obra de não ficção baseada na vida, nas experiências e nas memórias da autora. Em alguns casos, nomes de pessoas foram alterados para proteger sua privacidade.

capa
Flávia Castanheira
foto de capa
Ferdinando Scianna/ Magnum Photos/ Fotoarena
preparação
Eloah Pina
revisão
Fernanda Alvares
Tomoe Moroizumi

1ª reimpressão, 2025

Dados Internacionais de Catalogação na Publicação (CIP)

Ypi, Lea (1979-)
    Livre : Virando adulta no fim da história / Lea Ypi ; tradução Pedro Maia Soares. — 1. ed. — São Paulo : Todavia, 2022.

    Título original: Free : Coming of Age at the End of History
    ISBN 978-65-5692-351-2

    1. Autobiografia. 2. Memórias. 3. Comunismo — Albânia. 4. União Soviética — História. I. Soares, Pedro Maia. II. Título.

CDD 949.6

Índice para catálogo sistemático:
1. História da Península dos Bálcãs 949.6

Bruna Heller — Bibliotecária — CRB 10/2348

todavia
Rua Luís Anhaia, 44
05433.020 São Paulo SP
T. 55 11. 3094 0500
www.todavialivros.com.br

fonte
Register*
papel
Avena 80 g/m²
impressão
Forma Certa